# 스틸

# 스틸

**초판 1쇄 발행** 2024년 3월 18일
**초판 3쇄 발행** 2024년 11월 28일
**지은이** | 박성수
**펴낸이** | 金禎珉
**펴낸곳** | 북로그컴퍼니
**책임편집** | 김나정
**디자인** | 김승은
**주소** | 서울시 마포구 와우산로 44 (상수동), 3층
**전화** | 02-738-0214
**팩스** | 02-738-1030
**등록** | 제2010-000174호

ISBN 979-11-6803-009-1 03680

마음을 훔치는 드라마 쓰기

# 스틸

박성수 지음

북로그컴퍼니

for YOU

# 스틸,
# 드라마 작가를 위한 실전 가이드북

"다니던 회사에 사표를 냈어요. 이제부터 오로지 글쓰기에만 전념할 거예요."

어느 작가 지망생에게 이 말을 듣고 격려와 응원에 앞서 걱정과 불안이 먼저 밀려왔다. 드라마 작가의 길이 얼마나 험난한지를 잘 알고 있기 때문이다. 그가 제출한 두 편의 단막극 대본에 내가 호평을 해서 그런 결단을 내렸을까? 자신의 인생은 스스로 결정하는 거지만, 그 길이 드라마 작가라면? 그 결정 과정에 내가 영향을 미쳤다면? 확신할 수 없는 그의 미래에 마음이 무거워졌지만, 한편으로는 결단을 내린 그의 순수한 열정이 아름다워 보였다.

여러 해가 지난 후, 어느 채널의 시리즈 라인업 표에서 그의 이름을 우연히 발견했다. 탄성을 질렀고, 안도의 한숨을 쉬었다. 그러나 그것도 잠시, 다시 걱정이 밀려왔다. 시리즈를 준비하는 과정에서 신인 작가가 마주하는 장애물을 생생히 알고 있기 때문이다. 그가 전업 작가의 길을 결정했을 때 아무런 도움도 주지 못했던 나로서는, '시리즈' 작업이라면 도움을 줄 수 있지 않을까 생각했다. 사실, 나 자신이 주로 '미니시리즈'를 연출하며 운 좋게 일생의 보람을 얻었고, 뼈아픈 실패도 겪었으니 시리즈가 나의 전공 분야라고 해도 과언이 아니다. 성공을 통해서도 배웠지만, 실패를 겪으며 나는 더 많이 배웠다.

그 작가에게 도움을 주려고 두서없이 이메일을 쓰려는데 깊은 잠재의식 속에서 어떤 목소리가 들려왔다.

"책을 써봐요. 신인 드라마 작가를 위한 책을."

유난히 뜨거웠던 2023년 초여름, 여름 감기에 걸려 고열에 시달리던 와중에 나는 이 부름에 응답했다.

'드라마 작가를 위한 책을 집필하자!'

그런데 드라마 PD가 작법에 대한 책을 쓴다고?


맞다. 나는 드라마 연출가, 지상파 드라마 국장, 제작사 프로듀서로 30년 넘게 일한 드라마 PD다. 그 시간 동안 나와 가장 치열하게 일한 동료는 드라마 작가다. 나는 여러 작가들과 협업하며 그들이 일하는 과정, 극본이 정체되거나 발전하는 과정을 목격하고 학습했다. 지상파 드라마 국장으로 일하며 드라마 편성의 은밀하고 긴박한 일들을 결정하기도 했다. 외주 제작사 프로듀서 경험은 방송사 밖에서 '을의 입장'이 되어 드라마 시장과 작가들을 새롭게 인식하게 된 기회가 되었다. 다양한 극본 공모전에서 심사위원으로도 활동하며 신인 작가의 극본을 평가해왔다. 작가교육원에서 작가 지망생들을 가르치며 그들이 꿈이 얼마나 간절한지 목격했고, 그들을 위한 작법 강의안을 밤늦게까지 머리를 쥐어짜며 만들기도 했다. 드라마 작가를 위한 책을 써야겠다는 마음이 생기자, 나의 모든 경험과 탐구가 이 책 한 권을 집필하기 위한 준비 단계로 보이기 시작했다.

내가 책을 쓰겠다고 결심한 또 다른 이유는, 드라마 작가 지망생이 계속 늘어나는 상황에서 이들에게 도움이 될 만한 책은 찾기 어렵다는 데에도 있다. 물론 대형 서점에 가면 시나리오 이론서가 서고 한쪽에 가득하다. 하지만 대부분 번역서로 할리우드 시나리오의 창작 방법을 다룬 책들이다. 그런 책들은 한계가 분명했다. 두 시간짜리 극장용 영화 시나리오, 그것도 우리와 언어와 감정, 환경, 생활 습관이 전혀 다른 나라의 이론서이니 더욱 그렇다. 드라마 산업의 역사와 영향력, 작가 지망생의 열망과 규모에 비해 실용적으로 쓸 만한 작법서가 마땅치 않다니. 나로서는 참으로 기이한 일이었다. 작가의 길이 어렵더라도, 결심한 이들에겐 이미 시작된 여정이다. 그들의 시간이 낭비되지 않도록 내가 도움을 주고 싶어졌다. 일종의 소명 의식이 생겨난 것이다.

책을 쓰려고 마음먹고 나서 우연히 젊은 드라마 감독들, 그리고 경력 20여 년의 중견 작가들과 드라마 기획에 관한 이야기를 나누게 되었다. 그들은 시리즈를 기획할 때마다 맨땅에 헤딩하는 기분이라고 토로했다. 그 기분이 어떤지 내가 해봐서 잘 안다. 그들은 나의 다채로운 경험과 이론이 이 책을 쓰기에 누구보다 적합하다며, 집필 작업에 대한 신뢰와 응원을 보내는 동시에 신인 작가뿐 아니라 시리즈를 준비하는 현업 감독과 기성 작가에게도 필요한 책을 써달라고 부탁했다. 나는 주저하지 않고 당장에 그러리라 약속했다. 이 책을 신인뿐 아니라 기성 작가들에게도 유용한 책으로 쓰고 싶은 마음이 생긴 것이다.

"할 수 있는 데까지 해봅시다. 반드시 실용적이고 실질적인 방법으로!"

드라마 작가가 대본을 쓸 때, 가장 중요한 과제는 무엇인가? 바로 시청자의 마음을 훔치는 일이다. 하지만 대본을 쓸 때 작가의 눈에 시청자는 잘 보이지 않는다. 더욱이 신인 작가의 대본은 시청자에게 전달조차 되지 않는다. 작가의 대본을 처음으로 읽고 평가하는 사람들은 감독, 기획PD, 채널의 드라마 라인업 책임자, 스타 배우, 공모전 심사위원들이다. 대본은 바로 이들, 드라마 산업 전문가들의 마음을 먼저 '훔쳐야' 시청자의 마음도 훔칠 기회를 얻게 된다.

그렇다. 당신이 훔쳐야 할 목표물은 전문가의 마음이다. 과녁이 명확할수록 집중력이 커지고 적중률도 높아지는 법이다. 목표를 뚜렷이 잡고, 기민하고 정확하게 행동해야 훔치는 행위를 완성할 수 있다. 드라마 산업 전문가들의 마음을 훔치려면 특별한 기술과 역량이 필요하다.

마음을 훔치는 '스틸(steal)'의 핵심 기술과 역량은 아래의 질문에 답하는 과정에서 얻을 수 있다. 이것이 이 책의 중심 내용이다.

· 드라마를 이끄는 주인공은 어떻게 창조하는가?

· 드라마 구성은 어떤 방식으로 해야 시청자를 끌어당기는가?

· 한 회의 극본에 꼭 필요한 핵심 씬은 무엇이며, 몇 개인가?

· 당신의 스토리를 완성시키기 위해 반드시 필요한 장치는 무엇인가?

· 시청자를 유혹하는 대사란 무엇인가?

· 초고는 어떻게 시작하는가?

· 극본을 발전시킬 수 있는 수정 방법은 무엇인가?

· 시리즈의 기획부터 제작까지 작가에게 필요한 역량은 무엇인가?

· 채널·감독과의 협업 과정에서 작가가 취해야 할 태도와 전략은 무엇인가?

· 챗GPT 등 생성형 AI에 어떻게 대응할 것인가?

이 책은 드라마 작가를 꿈꾸는 이들, 극본 공모전에 도전하는 이들, 경쟁력 있는 시리즈 드라마를 쓰고자 하는 작가들을 위한 실용적인 안내서다. 기본에 충실하면서도 실제로 도움이 되는 내용을 담고자 했다.

이 책의 내용은 계단식으로 구성되어 있다. 기초에서 시작해 제작 현장까지 단계적으로 올라간다. 작가 지망생이라면 첫 장부터 읽어야

겠지만, 대본 몇 편을 써본 경험이 있거나 현재 작가로 활동 중이라면 4장 '주인공 캐릭터 만들기'부터 읽어도 된다.

이 책만의 독특한 특징 다섯 가지를 소개한다.

첫째, 이 책은 철저하게 드라마 현장의 리얼리티에 기초하고 있다. 현장의 진실에 가까울수록 작가에게 도움이 될 것이기 때문이다. 이 책은 당신의 팔을 붙잡고 경기장 안으로 입장시킨다. 이 책을 펼치는 순간, 당신은 드라마 업계의 구경꾼에서 직접 참여하는 사람이 된다. 당신에게 꼭 필요한 내용만, 솔직하고 리얼하게 썼다. 몇몇 감독들에게 이 책의 초고를 보여주고 피드백을 부탁하자 이런 말까지 했다.

"작가들이 이 책을 읽으면 감독들 입장이 불리해질 것 같은데?"

"영업 비밀을 이렇게 다 오픈해도 되는 거야?"

"이 책, 출판하지 말고 나한테만 넘겨줘!"

감동이었다. 내가 의도한 바를 그들이 정확히 읽었기 때문이다. 나는 이 책을 통해 신인 작가에게 필요한 대본 작업의 핵심 전략을 알려주고(그것이 곧 영업 비밀일지라도!), 채널·감독과 자신 있게 협업하는 방법을 제시하고 싶었다. 드라마 세계의 현실을 가감 없이 드러내 작가의 판단과 작업에 실질적인 도움을 주고 싶었다.

둘째, 이 책은 경쟁력 있는 대본, 특히 시리즈 집필을 위한 매우 실용적이고 강력한 틀(framework)을 제공한다. 이 책의 방법론과 다양한 체크 리스트들을 당신의 작업 과정에 그대로 적용해보라.

셋째, 이 책은 대본을 잘 쓰는 방법 제시에 그치지 않고 앞으로 더 나아간다. 지금까지의 모든 작법서는 대본 쓰는 기술만 설명하고 있다. 그러나 드라마 대본은 작가 혼자만의 작업으로 완성되지 않는다. 이 책은 대본 작업 이후의 단계, 즉 작가가 대본을 채널에 제출한 이후의 작업 과정에 대해서도 다룬다. 이 책을 읽으며 당신은 채널의 기획PD, 감독과 협업하는 과정을 실제 그대로 참관하며, 작가에게 유용한 대응책을 얻게 된다. 아울러 이 책은 배우, 제작사를 비롯한 드라마 산업의 여러 구성 요소 안에서의 작가의 생존 전략을 제시한다.

넷째, 이 책은 비단 대본을 잘 쓰는 것이 아닌, 편성 받을 수 있는 대본을 만드는 것을 목표로 삼았다. 드라마 작가의 목표는 자신의 대본이 제작되고 방송되는 것이다. 자신의 대본이 편성 받을 만큼의 경쟁력과 완성도를 갖췄는지 작가 스스로 어떻게 판단할 수 있을까? 더 나아가 당신의 초고를 편성 받을 만한 대본으로 수정할 수 있는 방법은 무엇인가? 그것도 채널에 제출하기 전, 당신 혼자만의 노력과 방법으로! 운과 요행과 관계에 기대지 않고! 이런 고민에 대한 답을 이 책에 담아보려고 했다.

다섯째는 나의 욕심을 담은 것으로, 바로 당신의 행복이다. 모든 예술가의 삶이 괴로움과 고뇌를 안고 간다지만, 드라마 작가 옆에 붙은 치열한 경쟁, 실패에 대한 두려움, 과정마다의 예측 불가능성은 행복이란 단어를 사치스럽게 만든다. 작가의 삶이 행복하지 않다면, 데뷔도 성공도 어려운 이 일에 인생 전부를 걸고 덤벼드는 게 과연 옳은가? 나는 성공보다 행복이 먼저라고 믿는다. 당신이 대본을 쓰는 과정에서도 행복하기를 바라는 마음에서 이 책을 집필했다.

이 책이 당신에게 도움이 되길 진심으로 바란다.

## 차례

## PART 2.　실전 편

## PART 3. 도전 편

## 일러두기

· 이 책에 나오는 모든 그림과 표는 저자가 직접 그리고 썼습니다.

· 본문 중 숫자 첨자는 참고 자료 번호로, 저자의 첨언과 함께 본문 끝에서 확인할 수 있습니다. 저자 주는 *로 표시해 각주 처리했습니다.

· 이 책에서 언급하는 단행본이 국내에 출간된 경우 국역본 제목으로 표기하였고, 출간되지 않은 경우 원제 그대로 표기했습니다. 쪽수를 함께 기재했으나 개정 등으로 이 책에 적힌 것과 다를 수 있습니다.

· 책 제목은《》, 영화, 드라마, TV, 신문 등은〈〉를 써서 묶었습니다.

· 드라마에서 장면을 나타내는 'Scene'은 표준국어대사전에는 '신'으로 등록되어 있지만 저자의 집필 형식과 현장에서 쓰이는 방식에 따라 '씬'으로 표기했습니다.

· 국립국어원의 외래어표기법 규정과는 다르나, 저자의 의도를 살리기 위해 일부 단어를 고치지 않고 그대로 두었습니다. 톤앤매너(톤앤드매너), 어프로우치(어프로치) 등

**PART 1**

# 기초 편

# 드라마 작가는 태어나는가?

작가교육원 전문반 강의실 문을 처음 여는 순간, 나는 안에서 뿜어져 나오는 열기에 압도당했다. 긴장감과 기대감으로 뒤섞인 28명의 반짝거리는 눈빛들이 그 열기의 진원지였다. 대학생부터 예순을 바라보는 중년까지, 서로 다른 배경의 사람들이 같은 꿈을 품고 한자리에 모인 것 자체로 놀라웠다. 정신을 바짝 차리고, 그들에게 첫 번째 질문을 던졌다.

"왜 드라마 작가가 되고 싶은가요?"

· 나는 이야기꾼이다. 내 안에는 수많은 이야기가 꿈틀대고 있다. 흥미진진한 이야기에 감동을 담아내겠다. 드라마 작가 말고 다른 길은 생각해본 적 없다.

· 어렸을 때부터 텔레비전 드라마를 끼고 살았다. 나는 드라마를 잘 안다. 드라마는 나의 오락이고, 생활이고, 결국은 꿈이 되었다.

· 드라마 작가는 돈을 많이 벌지 않나? 작가로 성공해서 경제적 자유를 얻고 싶다.

- 문예창작과를 졸업해서 글 쓰는 것 말고는 할 줄 아는 게 없다. 시와 소설은 돈이 안 되고, 웹툰은 자신이 없다.
- 나만의 작품을 창작하는 예술가가 꿈이다. 평범한 직장 생활은 싫다.
- 극본 쓸 때 가장 행복하다. 세상의 시름이 잊히고 몰입의 희열을 맛본다.
- 내가 쓴 드라마로 나도 위로받고, 사람들도 위로해주고 싶다.
- 드라마를 보고 나니, 나도 저 정도는 쓸 수 있겠다, 아니 더 잘 쓸 수 있겠다는 자신감이 생겼다.
- 세상의 평균과는 다른 세계관과 남다른 가치관을 지닌 사람들을 주인공으로 그려서 드라마 세계에 작은 균열을 내고 싶다.

그들에게 드라마 쓰기란 그냥 시간이 남아서, 어쩌다 한번 취미로 해보는 일이 아니었다. 다들 각자의 인생을 걸고 간절한 마음으로 이 길을 두드리는 중이었다. 그들은 인생의 가장 중요한 시기에서 일상의 즐거움 몇 가지는 포기한 채 불안과 설렘을 안고, 드라마 작가가 되기 위한 용기 있는 여정에 나선 것이다. 나는 그 마음을 존중한다.

드라마 작가가 되는 데 가장 중요한 첫걸음은 바로 그런 '간절한 마음'이다. 간절함 없이는 절대 갈 수 없는 길이다.

그런데 이 '간절한 결심'보다도 먼저 점검해봐야 할 것이 있다.

드라마 작가가 될 만한 자질이 나에게 있는가?
드라마 작가가 될 만한 자질은 타고나는 것인가?

# 예술가는 태어나는가?

나는 이 질문을 오랫동안 붙들고 있었다. 주변 사람들에게 물어보면, 대부분 작가는 타고난다고 말한다. 과연 그럴까? 간절한 마음으로 앉아 있는 작가교육원 전문반 수강생들의 눈빛을 보고 있자니 이런 궁금증이 더 커졌다. 2018년 수업 시간에는 이렇게 정리했다.

작가로 태어난 사람 중에

끝없이 노력한 사람 중에

운 좋은 사람이 드라마 작가가 된다.

이렇게 말하고 나니 나부터 숨이 꽉 막혔다.

대체 어떤 인간들이 작가로 태어나는 것일까? 타고난 것도, 끝없는 노력도 작가가 되는 길을 보장하지 못한다고? 작가 지망생들이 내 말에 상처를 받았을지도 모른다는 불안감에 고민을 거듭했다.

작가로 태어난다는 것은 무엇을 의미할까? 끝없는 노력에는 어떤 것들이 있을까? 어떤 운이 따라야 작가가 될 수 있을까?

먼저 함께 일했던 작가들이 어떤 사람들이었는지 돌이켜봤다. 훌륭한 극본을 쓴 작가들에게는 어떤 '타고난' 자질이 엿보였다. 드라마 작가뿐 아니라 내가 평소 좋아하는 소설가, 화가, 작곡가 등 여러 예술가들의 모습까지 더듬어보았다.

# 작가 DNA의 스무 가지 요소

이제부터 작가로 태어난다는 게 실제로는 무엇을 의미하는지 살펴보겠다. 작가의 DNA를 내장한다는 것, 곧 작가로 태어난다는 것은 다음의 스무 가지 자질을 가지고 있다는 뜻이다.

## 1. 센스가 있다.

작가로서 센스가 있다는 말은 상황과 사람을 잘 파악한다는 뜻이다. 어떤 자리에서든 상대방의 의도와 감정을 잘 파악하고 미묘한 감정과 분위기의 변화를 잘 감지한다.

센스 있는 사람은 어휘력이 풍부하고 적절하다. 그의 어휘는 주변 사람들의 고개를 끄덕이게 하고, 그 자신의 경험을 더욱 특별하게 만들어준다.

센스 있는 사람은 오감이 예민하다. 남이 보지 못하는 것을 보고, 남이 놓치는 소리를 듣는다. 특별하고 남다른 관찰력의 소유자다. 센스 있는 사람은 미각이 발달해 음식의 재료와 조리 과정을 음미하며, 제대로 만든 브뤼셀식 홍합탕이라면 국물까지도 맛있게 즐긴다.

센스 있는 작가에게 그냥 녹색이란 없다. 에메랄드, 라임, 비취, 민트, 황록색, 연두, 켈리, 청자, 피스타치오 등 그 미묘한 색감의 차이를 정확히 표현해낸다.

자신만의 센스로 삶의 아름다움을 추구한다.

## 2. 상상력이 무제한이다.

상상력은 돌파력이다. 단순히 내가 원하는 것들을 머릿속으로 그려 보는 감정의 쾌락이 아니다.

무엇을 돌파하는가?

상상력은

상식을 돌파하고, 도덕을 돌파한다.

나이를 돌파하고, 성별을 돌파한다.

국적을 돌파하고, 시간을 돌파한다.

논리를 돌파하고, 인과 관계를 돌파한다.

이분법과 흑백 논리, 이해관계를 돌파한다.

시청자의 예상과 기대를 돌파한다.

나 자신의 한계를 돌파한다.

눈앞에 보이는 것을 부수고 더 앞으로 나아가는 힘이다.

본능이고 용기다.

작가는 무제한의 상상력을 발휘하는 사람이다.

## 3. 표현력이 뛰어나다.

상상력이 아무리 뛰어나고 무궁무진해도 그것을 글로 표현해내지 못하면 아무런 소용이 없다. 그 놀라운 상상력을 자세하게, 치밀하게, 뜨겁게, 무시무시하게, 달콤하게, 눈앞에 펼쳐지듯 숨 막히게, 그래서 읽는 사람들이 입을 다물지 못하게 언어로 표현해내는 사람이 바로 작가다.

작가는 적어도 글을 쓸 때만큼은 겁이 없다. 작가는 세상에서 가장 비열하고 추악하고 잔인한 인간의 유일한 친구다. 그들의 이야기를 들어주고 써주는 단 한 명의 사람이기 때문이다. 아무리 역겹고 끔찍하고 더럽고 바보 같은 모습도 작가는 직시하고 표현한다. 인간 내면의 숨겨진 진실을 탐구하는 일에 주저하지 않는다.

### 4. 유체 이탈 능력이 있다.

당신은 당신 몸에서 빠져나와 제삼자의 시선으로 자신을 바라볼 수 있는가? 당신이 앉아 있는 책상에서 1.5미터 떨어진 높이쯤이 적당하다. 그 높이에서 당신을 내려다보고, 그 거리에서 대본도 다시 보라. 그저 지켜보기만 하면 된다. 당신이 지금 무엇을 하고 있는지, 어떤 생각과 감정에 빠져 있는지 알아차리면 된다.

유체 이탈은 자기 자신을 보는 시점을 1인칭에서 3인칭으로 바꾸는 것이다. 제3의 눈이라는 전전두피질을 활성화시켜 '바깥에 서서 자신의 마음을 읽는 법을 배우는 것이며, 자신의 뇌와 거리를 두는 것이다.'[1] 당신은 이제 타인이다.

이런 유체 이탈 능력으로 당신은 평정심을 얻고, 자기 객관화의 경지에 이르게 된다. 자기 객관화는 당신을 프로페셔널한 작가로 성장시키는 데 꼭 필요한 자질이다.

### 5. 꾸준하다.

"이 대본 언제부터 쓰셨어요?"

"5~6년은 됐을 거예요."

담백하게 말하는 60대 후반의 작가 앞에서 당시 미니시리즈 담당 부국장이었던 나는 앉은 자세를 바로잡았다. 인내심은 작가로 태어난 사람의 강력한 무기다. 그들은 가치 있는 것을 얻으려면 오랜 시간이 필요하다는 사실을 알고 있다. 작가가 되기로 결심한 지 5년, 공모에 당선된 지 또 5년, 그렇게 10년 만에 첫 데뷔의 기회를 얻기도 한다. 실패한다고, 고통스럽다고 쉽게 포기하지 않는다. 오히려 실패와 고난을 겪으며 성장한다. 그렇다고 이를 악물고 억지로 버티지는 않는다. 오늘을 '다시 오지 않을 하루'로 여기며 조심스럽고 끈기 있게 창작을 사랑하는 마음을 지켜낸다.

끈기는 믿음의 동의어다. 끈기 있게 버틴 사람에게만 기회가 온다.

### 6. 건강하다.

작가의 역량은 정신력이 아닌, 체력에서 나온다. 글은 몸으로 쓰는 것이다. 몸과 마음은 하나다. 좋은 컨디션을 유지하는 일은 좋은 글을 쓰기 위한 기본 조건이다. 그래서 체력과 영양을 꾸준히 관리한다. 글이 안 풀리고 마음이 불안할수록 의자를 박차고 일어나 밖으로 나간다. 그리고 달린다.

### 7. "사실 나는 배우다."

드라마 작가는 대사를 쓸 때 배우로 변신한다.

나의 내면에 배우가 존재한다.
나의 대사는 남들이 읽기 전에,
배우가 연기하기 전에 내가 최초로 발화한다.
나는 작가 이전에 배우니까!
나는 연기하며 극본을 쓴다.
내가 쓴 대사 하나에 울고, 웃는다.
아무도 눈치채지 못했지만, 사실 나는 배우다.

### 8. 어린 아이다.

하늘의 무지개를 바라보면 가슴이 뛰는 어린 아이가 작가다. 대여섯 살 아이의 눈으로 오브제를 보는 피카소가 작가다. 어떤 일이든 마치 자기 인생에서 처음 본 것처럼 경탄하는 아이가 작가다.

판단하기 전에 보고, 분별하기 전에 받아들인다. 아이인 작가는 모든 게 낯설고, 모든 게 새롭다. 날마다 맞이하는 아침도, 날마다 보는 하늘도 새롭고 놀랍다.

철들면 안 된다.


## 9. 연민이 깊다.

연민은 동정심이 아니다.

연민은 다른 이의 마음을 내 마음으로 여기는 것이다. 연민은 사람들과 세상을 향해 열려 있는 영혼이다. 사람들에게 깊은 연민을 가진 작가는 물욕과 명예욕에 사로잡힌 이기적인 작가보다 결국은 더 깊은 울림을 주고 더 좋은 작품을 쓴다고 나는 믿는다. 타인에게 냉소적인 작가의 글에서는 공감의 카타르시스를 얻기 어렵다.


## 10. 실패를 두려워하지 않는다.

작가로 태어난 사람은 시도하고 실패한다. 그것이 작가의 성장 과정이다. 인생의 많은 부분은 실수를 해야만 배울 수 있다. 성공으로 가는 유일한 길이 실패인 것이다. 그 과정에서 얻어지는 회복탄력성은 작가의 기질이자 역량이 된다.


## 11. 언어를 사랑한다.

작가로 태어난 사람은 말을 사랑하고, 단어를 사랑하고, 글을 사랑한다. 새롭고 재미있으면서도 적절한 단어를 찾느라 때로는 말을 더듬는 것처럼 보이기도 한다.

## 12. 스토리텔링에 능하다.

이야기 자체를 좋아할 뿐 아니라 이야기를 어떻게 시작해야 사람들의 관심을 끌 수 있을지 본능적으로 알고 있다. 같은 스토리라도 당신은 다른 사람들과는 다른 방식으로 표현한다. 당신이 말하면, 즉 당신이 스토리텔링하면 위기는 깊어지고 감동은 커진다. 당신과 함께 있으면 두 시간이 10분처럼 금방 지나간다.

스토리텔링은 스토리가 아니다. 스토리는 이야기의 흐름이고, 스토리텔링은 이 흐름을 표현하고 전달하는 기술이자 예술이다.

|  | 스토리 | 스토리텔링 |
| --- | --- | --- |
| 개념 | 기승전결의 내러티브 | 스토리를 전달하는 기술과 예술 |
| 성격 | 정적이며 내용 중심 | 동적이며 표현 방식 중심 |
| 요소 | 등장인물, 설정, 갈등, 해결 | 표현의 관점과 스타일 |
| 변화 | 고정된 하나의 이야기 | 스토리텔러의 접근 방식에 따라 다양함 |
| 예시 | 시한부 청년의 사랑 이야기 | 그 청년의 사랑 방식과 이를 표현하는 작가의 방식 |

## 13. 자신의 경험과 감정을 글로 써야만 한다.

'모든 사람은 창조 충동을 지닌다.'[2]

창조 충동을 존중하지 않으면 신체와 영혼이 활력을 잃는다. 나치가 점령하기 직전 부다페스트에서 태어난 유태인 가보 마테는 '글을 쓰지 않을 때면 적막감에 빠져 숨이 막혔다.'라고 고백한다.

나의 경우에는 일기를 쓰지 않으면 하루를 제대로 산 것 같지 않다. 의사인 가보 마테도, 드라마 PD인 박성수도 그럴진대, 작가인 당신은 더 그렇지 않은가? 글쓰기에 대한 간절함으로 명치끝이 뻐근하지 않은가?

글로 쓰지 않은 경험과 감정은 작가에게만큼은 진짜 경험과 감정이 아니다. 작가는 보고, 느끼고, 쓴다. 필기가 금지된 장소에서도 어떻게 해서든 써야 한다.

작가는 쓰기 위해 산다.


### 14. 외로움을 즐긴다.

외로움은 작가에게 숙명이다. 글이란 모름지기 혼자 쓰는 것이다. 나만의 시간과 공간에서 한 생각 한 생각, 한 글자 한 글자 적어나가야만 한다. 글은 남의 눈치를 보지 않을 때, 심지어 자기 자신의 눈치도 보지 않을 때 비로소 잘 써진다. 상상력과 표현력을 최대한 발휘하고, 감정을 바닥까지 탐구하려면 혼자 있어야 한다.

적어도 집필 시간만큼은 스스로를 봉쇄할 필요가 있다. 사람들, SNS, 유튜브와 단절된 채 나만의 시간과 공간에서 홀로 작업해야만 한다. 그래야 작업의 생산성이 오르고 진도가 나간다. 작업 중에는 금

요일 저녁 합정동에서 수제 맥주 한잔하자는 친구의 우정 어린 제안도 거절해야 한다.

　나 홀로 덩그러니 남아 글만 쓰자니 외롭다. 하지만 한편으로는 외로움 속에서 행복감이 피어오른다. 작가에게는 글을 쓰는 몰입의 순간이 도파민이 분비되는 행복한 시간이다. 외로움이 즐겁다.


### 15. 나 자신을 신뢰한다.

　작가는 자신의 삶, 자신의 시선을 신뢰한다. 자신이 쓰는 이야기를 신뢰하고, 무엇보다 자기 자신을 신뢰한다. 그렇기에 세상에 이야기를 풀어놓을 수 있는 것이다.

　작가는 이러한 마음으로 세상에 존재한다.


나는 세계의 중심이다.

내가 있어야 세계도 존재한다.

나는 창조자로서 내 삶을 영위한다.

그렇기에 나는 나 자신을 사랑하고 스스로를 존중한다.


### 16. 평균과 통계에 스스로를 가두지 않는다.

"나는 다르다."

　작가는 남들과 다르게 생각하는 사람이다. 같은 사물, 같은 사건을 보고도 남과 다르게 인식하고 표현하는 사람이다. 다르다는 이유로 고독하게 혼자 남을지라도 대중의 획일적인 주장에 휩쓸려가지 않는다. 기존의 상식, 가치관을 쉼 없이 의심한다. 그런 독특한 앵글이 작가를 만든다.

### 17. 타인의 인생과 성격에 관심이 깊다.

미디어 속 타인의 인생 스토리에 관심이 많다. 유명인이든 무명인이든 한 인간이 파란곡절과 시련 속에서 어떻게 꿈을 이루었으며, 또는 얼마나 기구하게 인생을 마쳤는지, 힘든 상황을 어떻게 대처해나갔으며 그의 성격은 어땠는지를 매우 궁금해한다. 그렇게 접하게 된 인물을 더 검색해보고 추적해본다. 마치 어린 시절 헤어진 절친한 친구나 혈육을 찾듯이 타인을 탐구한다. 작가는 불과 얼마 전까지는 전혀 알지 못했던 인물을 오랜 교분을 나눈 사람으로 탈바꿈시켜 자신의 눈앞으로 데려오는 능력이 있다.

그뿐만이 아니다. 스쳐 지나가는 사람들도 남몰래 스케치한다. 그들의 패션, 헤어스타일, 말투, 매너를 아무 편견 없이 작가의 시선에서 보고 들으며 관찰한다.

### 18. 고집하지 않는다.

내 생각도, 내 판단도, 내가 쓴 글도 고집하지 않는다.

더 좋은 게 있고 내가 설득된다면

받아들이고 고치는 것을 마다하지 않는다.

어떤 상황에서든, 누구에게서든, 배우고 학습한다.

자기 신뢰가 부족한 사람일수록 고집을 꺾지 않는다. 자신감 있는 프로들은 자신의 의견을 바꾸고 다른 사람에게서 배우는 일에 망설임이 없다.

**19. 동시대에 대한 이해와 통찰이 깊다.**

지금 이 시대는 어떤 가치관과 욕망, 트렌드를 가지며

무엇 때문에 갈등을 겪는가?

시청자들은 무엇에 즐거워하고 괴로워하는가?

작가는 동시대를 깊이 이해하고 직관하고 통찰해야 하는 사람이다. 작가는 그런 사람일 거라고 시청자가 기대하기 때문이다.

**20. 타인과의 협업에 열려 있다.**

세상은 혼자 살 수 없는 곳이다. 특히 드라마는 수많은 사람들이 함께하는 공동 작업이다. 작가는 채널*의 프로듀서, 스태프의 역할이 무엇인지 알고 있으며, 그들의 프로페셔널한 역량을 존중한다. 그들과 소통, 회의, 작업하는 모든 과정을 즐긴다.

만약 타인과의 협업이 불편해 혼자 일하는 걸 선호하는 편이라면 희곡에서 소설로 진로를 바꾼 무라카미 하루키처럼 해야 할 것이다. 작가는 공모에 당선되면 채널의 프로듀서들과 작품 회의를 해야 하고, 감독이 매칭되면 오랫동안 대본 수정하는 과정을 거쳐야 한다. 작가의 글은 감독과 스태프, 배우와 협업 과정을 거치며 애초에 작가가 상상했던 것과는 전혀 다른 영상으로 재탄생하기도 한다.

당신은 지금까지 살펴본 작가 DNA 스무 개의 자질 중 몇 개를 가지고 있는가? '아, 나는 아무래도 작가로 태어났구나!' 확신이 드는가? 절반 넘게 체크했다면 축하한다. 이제 다음 단계로 나아가 보자.

## 작가가 되기 위한 여덟 가지 노력

아무리 천재 작가로 태어났다 해도 노력하지 않으면 작가가 될 수

---

\* 드라마 시장에서 '채널'은 드라마를 방송하는 특정 플랫폼이나 방송 네트워크를 말한다. 전통적인 채널로는 MBC, KBS, SBS, 케이블이나 종편 채널로는 tvN, JTBC, ENA, TV 조선 등이 있으며, 특정 시간대에 정기적으로 드라마를 방송한다. 스트리밍 서비스인 넷플릭스, 디즈니+, 쿠팡 플레이 등도 '채널'로 간주한다.

없다. 작가가 되기 위해 노력한다는 것은 다음의 여덟 가지를 지금 실행하고 있다는 의미다.

### 1. 작가 수업을 받는다.

드라마 작가의 세계를 탐색하고, 극본* 쓰는 기술을 익히는 가장 보편적인 방법은 작가 아카데미에 등록하는 것이다. 한국방송작가협회 교육원, 한겨레교육문화센터, KBS 방송아카데미, 한국방송예술진흥원, 한국시나리오작가협회 등에서 운영 중이다. 아카데미를 다니면 다음과 같은 장점이 있다.

· 동료들로부터 자극을 받을 수 있다. 잘 쓴 대본을 접할수록 자극이 크다.

· 과제작 제출 마감 기한이 있어 의무적으로 대본을 쓰게 된다.

· 공모전, 드라마 시장의 흐름 등 여러 정보를 빠르게 얻을 수 있다.

· 합평을 통해 강사나 동료에게 다양한 피드백을 받을 수 있다.

· 출강을 나온 작가·감독의 추천을 통해 보조 작가로 일할 기회를 얻을 수 있다.

물론 단점도 있다. 1) 체계적이며 실용적인 이론 교육이 없거나, 2)

———————

\* 업계에서는 '대본'이라고 말하는데, 공모전을 할 때만 '극본'이란 말을 쓴다. '극본'은 문어체고 '대본'은 구어체라 할 수 있다. 이 책에서는 공모전 관련해서는 극본이라 쓰고, 그 외에는 대본이라고 표기한다.

합평이 평가자 개인의 취향에 좌우되어 객관성을 신뢰할 수 없거나, 3) 강사나 수강생의 날카롭기만 한 합평에 상처를 받거나, 4) 여러 번 반복 등록하며 아카데미에 다닌다는 사실 자체에 위안 삼는 매너리즘의 문제 등이다.

이렇듯 장단점이 존재하며, 작가 아카데미에 다녀야만 작가가 되는 것은 아니다. 〈동백꽃 필 무렵〉을 쓴 임상춘 작가, 〈힘쎈 여자 도봉순〉을 쓴 백미경 작가는 아카데미에 다니지 않고도 자신만의 습작 방식으로 작가가 되었다.


**2. 나만의 성장 프로그램을 갖고 있다.**

작가 아카데미에서 다양한 이론과 기술을 배울 수 있으며, 시중에 여러 시나리오 작법서도 나와 있다. 어떤 신인 작가는 방송 후 출판되는 드라마 극본집을 구해 읽거나 필사하기도 한다. 당신은 지금 어떤 학습·성장 프로그램을 갖고 있는가? 몇 가지 예를 들어보겠다.


· 독서: 관심 분야를 집중적으로 읽고 연구한다.
· '뛰어난' 대본 분석: 다양한 장르의 대본을 읽고 분석하며 스토리텔링과 캐릭터 구축 기술을 익힌다. 단, 시간을 아끼기 위해 자신이 닮고 싶은, 뛰어난 작품들만 선택해 분석한다.
· '뛰어난' 작품 모니터링: 작품 모니터를 하며 대본이 영상으로 어떻게 구현되는지 분석하고, 러닝 타임의 시간 감각을 익힌다.

· 작문 연습: 꾸준히 쓰면서 아이디어를 실험하고 스토리텔링 기술을 발전시킨다.

· 피드백과 비평 수용: 다른 사람들의 피드백을 받고 자신의 대본을 비판적으로 검토한다.

· 업계 동향 파악: 시시각각 변하는 드라마 트렌드와 시청자의 취향을 이해하기 위해 업계 동향을 지속적으로 탐색하고 점검한다.

· 다양한 경험: 이야기 소재를 얻기 위해 새로운 것에 도전하고, 모험한다.

당신만의 학습 프로그램을 여기에 추가시켜보라.

작가로 산다는 것은 인간과 세상을 탐구하고, 지속적으로 새로운 이야기를 만들겠다는 다짐이니 늘 배워야 하는 삶이다. 작가라면 자신의 성장을 위해 일상의 시간과 에너지를 효율적으로 배분해야 한다.

### 3. 자신이 다루는 소재와 인물에 대해 나름 전문가다.

작가는 집필하는 데 지장이 없을 만큼 소재와 인물을 꿰뚫고 있어야 한다. 시청자\*들은 작가를 무한 신뢰하고 싶다. 작가가 이끄는 대로 따

---

\*  이 책에서는 드라마 콘텐츠 소비자를 지칭할 때, '시청자'와 '오디언스'를 혼용한다. 전통적인 개념에서 텔레비전을 보는 사람들을 뜻하는 '시청자'는 모바일로 드라마를 보는 요즘의 다수 뷰어(viewer)를 포괄하지 못하는 느낌이 있다. 청중, 즉, '모인 사람들'을 의미하는 오디언스는 콘텐츠를 받아들이는 수신자(viewer), 청취자(listener), 독자(reader)를 뜻하기도 하니 더 적합한 용어처럼 보이기도 한다.

라가고 싶다. 그런데 작가가 수박 겉핥기식으로 소재를 다룬다면? 캐릭터의 내면과 외면을 충분히 이해하지 못한다면? 시청자는 그 사실을 눈치채는 즉시 채널을 돌릴 것이다.

### 4. 당신에게 뮤즈는 없다. 오늘의 분량만 있을 뿐이다.

대본 작업은 절대적인 물리적 시간을 요구한다. 의지와 희망만으로 되는 일이 아니다. 전업 작가라면 하루 6~8시간, 다른 직업과 병행하는 작가 지망생이라면 적어도 하루에 2~3시간 정도는 책상에 앉아 대본 작업을 해야 한다. 이 시간 계산에서 드라마 모니터 시간은 제외한다. 당신은 대본 작업할 시간이 충분히 확보되어 있는가?

날마다 루틴으로 꾸준히 작업해야만 한다. 한 달 두 달이 아니고 1년, 2년… 쉬지 않고, 꾸준히 해야 하는 일이다.

대본 작업은 하루 중 언제 하는 게 좋을까? 아침에 일어나자마자 쓰기를 권한다. 잠에서 깨어나 시원한 미네랄워터 한잔 마시고, 온몸을 가볍게 스트레칭 한 다음 노트북을 켜고 어제에 이어 대본 작업을 하는 것이다. 한두 시간 정도라도.

'무조건 아침에 작업하기' 루틴의 장점은 기상과 동시에 이미 대본 작업을 조금이라도 해두었기 때문에 혹시 그날 갑작스러운 일정이 생기더라도 마음이 한결 가볍다는 데에 있다.

두 시간을 하든, 한 시간을 하든 상관없다. 당신에게 가장 중요한 일로 아침을 시작했다는 사실이 뿌듯함과 활력을 줄 것이다. 그러니 일

드라마 작가는 태어나는가?

어나자마자 무조건 한번 웃고, 대본을 써보자. 저녁형 인간이라도 기상하자마자 작업부터!

## 5. 경제적·심리적 대책이 준비돼 있다.

작가가 되는 일은 스스로 결정할 수 없는 일이다. 성실히, 꾸준히, 열심히 작업한다고 해도 작가가 된다는 보장은 어디에도 없다. 프로페셔널한 작가로 인정받고, 극본료로 생계를 유지할 수 있기까지 얼마나 시간이 걸릴지, 과연 가능이나 할지 아무도 모른다.

극본 공모에 당선되자마자 직장을 그만두고 방송사가 한시적으로 제공해준 작업실에서 살다시피 작업하는 작가들이 있다. 전업 작가가 되는 데에 인생을 건 것이다. 거대 방송사가 당선까지 시켜줬으니 결단을 내린 것이다. 하지만 선배 작가들은 최소한 첫 시리즈 편성이 확정될 때까지는 회사를 그만두지 말라고 조언한다. 드라마 작가로 향하는 여정에 생계 문제가 가장 큰 장애물이라는 걸 이미 경험했기 때문이다.

물론 전업 작가가 되겠다고 결단을 내린 열정과 헌신은 감동이다. 그 자세를 존중한다. 진정한 예술가의 길이란 그런 길일 것이다. 직장을 다니거나 아르바이트를 하며 시간을 쪼개 대본 작업 중이라면, 그 자체로 이미 훌륭하다. 어떠한 길에 서 있든 일상의 꾸준함으로 자신의 결정을 옳은 결정으로 만들자.

## 6. 스토리의 씨앗 창고가 있다.

오래전 작가 지망생인 후배가 죽이는 이야기가 있다며 시나리오를 들고 찾아왔다. 제작만 하면 대박 날 거라고 주장하는 후배에게 다른 이야기는 없는지 물어봤다. 그 친구는 '시나리오 볼 줄 모르는' 나에게 깊은 실망감을 숨기지 않았다. 그렇게 십여 년 후, 어느 공모전 1차 심사에서 후배의 '그 대박 시나리오'를 다시 만났다. 수정 흔적 없이 그때 그대로인 대본을 덮고, 나는 한참이나 창밖을 바라봤다.

쓰고 싶은 스토리가 단 하나라면 여기에서 접어야 한다. 지속 가능한 작가가 되고자 한다면, 쓰고 싶은 스토리가 여러 개 있어야 한다. 그 스토리의 씨앗들을 모으고 모아 당신만의 숙성 창고 안에 소중히 보관하라. 가끔 창고에 들어가서 시든 것은 솎아내고, 살아 있는 것에는 관심이라는 비료를 준다. 씨앗은 서너 개로도 충분하다. 10개 이상이 되면 관심과 관리가 어려우니 마음이 덜 가는 순으로 솎아내라.

## 7. 단막극 또는 시리즈* 대본을 쓰는 중이다.

대본 작업을 하고 있다면 작가가 되기 위해 노력한다는 증거다. 드

---

\* 이 책에서 '시리즈'란 회당 40~70분 분량의 4~20부작 드라마를 말한다. 몇 년 전만 해도 '미니시리즈'란 70분 분량의 16~20부작 드라마를 뜻했는데, 요즘은 회당 러닝 타임과 전체 횟수가 다양해지는 추세다. 단막극과 아침 드라마, 주말 연속극을 제외한 거의 모든 드라마가 이 책의 '시리즈' 드라마에 해당한다. 현장에서 미니시리즈라는 용어를 계속 사용하고 있으니, 필요에 따라 이 책에서도 '시리즈'와 '미니시리즈'를 혼용한다.

라마 시장의 정보, 방송 중인 드라마에 대한 평가, 극작 이론 등을 아무리 꿰뚫고 있더라도 대본을 쓰지 않으면, 아무것도 안 하는 것이다.

단막극 대본 작업은 신인 작가가 거쳐야 하는 기본 코스이며, 공모전에 출품하기에도 분량의 부담이 적다. 그러나 단막극은 지나가는 단계다. 전업 작가가 되기를 원한다면 시리즈 극본 작업을 늦출 이유가 없다.

얼마나 써야 작품다운 작품이 나올까?

어느 도예 선생이 학생을 두 그룹으로 나누어 A그룹에게는 퀄리티에 상관없이 가장 많은 작품을 낸 학생에게 상을 주겠다고 했고, B그룹에게는 가장 아름다운 작품을 만든 학생에게 상을 주겠다고 했다. 두 그룹 중 어느 쪽에서 탁월한 작품이 나왔을까? 짐작하다시피 A그룹에서 최고의 작품이 나왔다. 이처럼 대본 작업도 많이 쓸수록 더 좋은 작품이 탄생한다. 수십 편의 실패작을 거친 다음에야 비로소 한 편의 걸작이 나오는 것이다.


**8. 대본 작업이 고통스럽다.**


주제가 이율배반적이다.

인물의 갈등이 쉽게 해결되지 않는다.

스토리텔링의 답이 보이지 않는다.

글의 진도는 나가지 않고 좌절감이 엄습한다.

그렇다면 축하한다. 당신의 작품은 이제 한 단계 업그레이드될 기회를 만났다. 이러한 고난을 통해 작가는 성장하고, 극본은 깊이를 얻는다. 극본 작업이 일사천리로 빠르게 진행된다면, 그 스토리는 십중팔구 문외한도 쓸 수 있는 가볍고 개연성 없는 이야기일 가능성이 높다. 좌절감은 작가의 성장점이다. 그 점을 찍고 뛰어넘을 때 창작자는 더 높은 단계로 올라선다.

당신은 지금까지 살펴본 여덟 가지의 노력 중 몇 개나 하고 있는가? 모든 항목을 실행하고 있다면 아주 훌륭하다. 하지만 일단은 '하루 일정한 작업 시간을 지키며', '대본을 쓰고 있다'면 다음 단계로 넘어가 보자.

## 작가에게 필요한 러키세븐, 운이 작가를 만든다

앞에서 드라마 작가란 '작가로 태어난 사람 중에, 끝없이 노력한 사람 중에, 운이 좋은 사람'이 된다고 말했다. 작가로 타고나서, 열심히 노력하더라도 된다는 보장이 없는 게 드라마 작가다. 운이 따르지 않으면 갈 수 없는 길이다.

그 운이란 무엇인가? 러키세븐을 제시한다.

## 1. 극본 쓰는 일이 재미있다.

글을 쓸 때 몰입의 즐거움을 맛본다. 다른 일을 할 때는 눈이 따갑고 허리도 아프고 시간도 잘 안 가는데, 대본 작업을 할 때는 전혀 그렇지 않다. 글 쓰는 작업 자체에 희열을 느끼니까. 그렇다면 천운을 타고난 것이다.

억지로 하는 일에는 한계가 있다. 대본 쓰는 일이 돈을 많이 벌거나 유명해지기 위한 수단이 되어버린다면, 그 길은 필연적으로 고통을 동반한다. 하지만 반대로 글 쓰는 것 자체가 목적이 되고 즐거움이 되어 당신을 행복하게 만든다면 당신은 이미 꿈을 이룬 것과 다름없다. 이런 유형의 사람은 삶을 과정과 결과로 나누지 않는다. 그에게는 어떤 순간이든 그 자체로 완벽하다. 힘들면 힘든 대로 완벽한 순간이고, 아프면 아픈 대로 완벽한 존재다.

## 2. 공모전에 꾸준히 응모하고 있다.

운이 주사위 놀이라 치자. 이 게임은 확률적으로 여섯 번 중 다섯 번은 실패하게 되어 있다. 성공할 수 있는 유일한 방법은, 던지는 횟수를 늘리는 수밖에 없다. 그러니 운을 얻는 길은 계속 응모하고, 거듭 도전하는 데 있다. 물론 공모전 경쟁률은 주사위 놀이의 확률과는 비교할 수 없을 만큼 훨씬 높다. 그래도 매번 누군가는 당선된다.

미국의 소설가 보니 가머스는 출판사에 원고를 투고해 98번이나 퇴짜를 맞고 99번째에야 비로소 긍정의 연락을 받았다. 그 소설이 바로 2022년 아마존 소설 부문 베스트셀러 1위에 오르며 전 세계에 천만 부가 넘게 팔린 《레슨 인 케미스트리》다. 2023년 10월 13일 애플TV+를 통해 드라마로 공개되기도 했다. 64세에 쓴 첫 번째 소설! 99번의 도전! 65세에 동화에서 튀어나온 신데렐라처럼 데뷔!

보니 가머스는 거절당할 때마다 상심했을 것이다. 그러나 상심에 그치지 않고 자신의 작품이 왜 거절당했는지 치열하게 고민했을 것이다. 설사 피드백을 받지 못하더라도 출판사 편집자 입장에서 자신의 작품을 다시 검토하고 수정했을 것이다. 거절당할 때마다 수정! 그렇게 98번의 수정! 한 번 거절당할 때마다 한 걸음 더 앞으로 나아가는 작품! 이 글로벌 베스트셀러는 98번의 거절 덕분에 탄생한 작품이다.

거절과 낙선을 디딤돌로 삼자.


### 3. 공모 심사 과정에서 어느 프로듀서에게 좋은 평가를 받는다.

공모전에서 낙선되더라도 새로운 기회가 찾아올 수 있다. 부지런한 프로듀서들은 공모전 최종 심사에서 탈락한 작품을 열심히 찾아 읽는다. 그 과정에서 가능성이 엿보이는 작품을 발견하면 함께 발전시켜보자며 작가에게 먼저 제안하기도 한다.

공모전 당선 후 제작까지 이어지지 않더라도 너무 실망할 필요는 없다. 채널 관계자가 '당선 작가'인 당신을 기억한다. 어느 날 그가 전화를 걸어 '채널이 확보한 원작을 각색해볼 의향이 있는지' 당신에게 물어볼지도 모른다. 오래 기다린 당신에게 드디어 기회가 찾아온 것이다. 확 움켜쥐면 된다.

내가 연출한 MBC 베스트극장 <어머니, 당신의 이야기>는 공모전 최종 심사에서 탈락한 대본이 방송까지 이어진 케이스다. 심지어 심사에 참여했던 감독 중 두 명이나 이 작품을 연출하고 싶어 해서 치열한 경쟁이 벌어졌다. 김혜자 배우에게 대본을 전했더니 읽자마자 출연하겠다고 답해줬다.

미니시리즈 연출 때도 그런 적이 있다. 공모전 최종 심사에서 떨어졌지만, 작가의 구성력과 필력이 좋다고 판단해 전화를 걸었고, 그 작가는 이후 나와 함께 작업하며 16부작 미니시리즈로 데뷔했다.

## 4. 단 한 사람의 결심을 얻는다.

드라마 라인업은 다양한 절차에 따라 이루어지지만, 그 절차와 과정이 체계적이거나 객관적이지만은 않다. 어떤 경우에는 모두가 반대해도 단 한 사람의 결심으로 제작이 결정되기도 한다. 그 한 사람이란 스타 배우, 또는 드라마 국장이나 본부장 같은 드라마 라인업 책임자다. 결정권을 가진 사람이 그 대본에 꽂히면 된다. 공모전이 아니더라도 어떤 경로를 통해서든 대본으로 그 사람의 마음을 사로잡으면 된다.

## 5. 결과에 집착하지 않는다.

드라마 작가가 되는 길은 간절함만으로 이루어지지 않는다. 우선 공모전에 당선되기가 쉽지 않고, 당선되었다고 할지라도 편성을 받아 제작에 이르기까지는 숱한 난관을 통과해야 한다. 결과에 집착하면 할수록 불안과 괴로움이 따를 수밖에 없는 여정이다. 그러니 최선을 다하되 결과에 집착하지 않기!

오히려 집착하지 않았을 때, 욕심을 다 내려놓았을 때 바라던 것이 이루어진 경험이 있지 않은가? 싯다르타도 고된 수행을 포기했을 때 붓다가 되었고, 예수도 모든 것을 체념했을 때 부활을 얻었다.

때로는 미련 없이 내려놓아야 새로운 길이 보인다. 드라마 작가만이 당신 인생의 유일한 행복의 길은 아니다.

그러나 체념과 포기 전에 한 번만 더 스스로에게 물어보자.

'당신은 정말로 최선을 다했는가? 당신이 할 수 있는 것을 다 해보았는가? 안 될 것 같아서, 지레 겁을 먹고 포기하려는 건 아닌가? 지금까지 바친 시간과 열정이 아깝지 않은가?'

포기하기 전, 그래도 한 번 더, 또 한 번 더! 온 마음을 다해보자. 할 수 있는 일을 다 해보자. 바로 그때 당신에게 가장 큰 성장이 일어날 것이다. 퇴로 없는 막다른 길, 그 절벽이 당신을 다른 사람으로 변화시키는 지점이다. 결과에 집착하지 말고 당신의 역량을 키우는 과정에 몰두하라.

### 6. 창조자 마인드를 세팅한다.

드라마 작가가 되려고 마음먹은 순간부터 불안감이 가중된다. 수많은 경쟁자들, 바늘구멍같이 좁은 등단의 문, 공모전에 작품을 낸 후 결과가 나기까지 인고의 시간들…. 뿐만 아니라 거의 모든 과정에서 타인의 평가와 결정을 수동적으로 기다려야 한다. 드라마 세계에 대한 온갖 정보와 소문도 당신을 불안하게 만든다. 꿈 많고, 아이디어 넘치고, 밝은 당신은 작가가 되기로 결심하자마자 위축되기 시작한다.

잠깐! 그런 패턴에 휘말리면 안 된다!

작가는 세상의 창조자다.
나의 작품 세계는
오직 나만이 창조할 수 있는 새로운 세계다.

그냥 하는 말이 아니라 실재이고 현실이며 진실이다. 한 편의 대본은 작가만의 새로운 세계를 만드는 일이다. 그 세계의 배경과 인물을 만든 당신이 창조자 바로 그 자체다. 창작을 하든 원작을 각색하든, 드라마 작가가 만드는 세계는 그 작가만이 창조할 수 있는 새로운 세계다.

그렇다면 여기에서 한 걸음 더 나아가 보자.

나는 작품의 창조자이자
내 인생의 창조자다.

없는 세계도 창조해내는 작가가 자신의 인생을 창조 못 할 이유는 없다. 당신은 이미 창조자다. 그러니 작가가 됐다고 생각하고 써라. 불안하고 조마조마하고 자신조차 믿지 못하는 마음을 버리고, 이미 프로페셔널한 작가가 됐다고 믿고 대본 작업에 나서라. 이런 마인드셋이 당신의 꿈을 앞당겨 실현시켜줄 것이다.

**7. 극본을 쓰다 보니 이전과는 다른 사람이 되었다.**

'글을 쓰다 보니 사람과 세상을 보는 눈이 달라졌다. 그러다 보니 나 자신을 보는 눈이 달라지고 결국에는 인생이 변했다. 이렇게 바뀐 내가 너무 좋다.'

드라마 대본 작업은 인간성 탐구 과정이며 인생의 의미를 찾는 길이다. 이 과정에서 경험하는 자기 성찰과 성장은 작가에게 주어지는 가장 아름다운 행운이다.

꾸준히, 지속적으로, 끈기 있게, 성실하게, 정성을 다해 써 왔으니 그 결과로 다른 사람이 된 것이다. 아무나 그렇게 하지 않는다. 글 쓰는 능력은 기술이나 지식을 습득한다고 얻어지는 게 아니다. 나를 꾸준히 변화시키는 훈련이 글쓰기 능력을 키운다.

## 작가는 결국 꾸준함이 만든다

이쯤에서 눈치챘겠지만, 작가로 태어나는 것도, 작가가 될 운이 따른다는 것도 그리 거창한 무언가가 아니다. '작가는 선천적으로 타고 나는가?'라고 질문했을 때 '그렇지 않다'고 대답한 사람들이 있다. 공교롭게도 그들은 모두 성공 경험이 있는 작가들이었다. 그들은 '작가는 DNA가 아닌, 꾸준함으로 만들어진다'고 입을 모아 말했다.

당신에게 가장 적합한 전략에 꾸준함을 결합시키면, 최상의 결과를 얻을 수 있지 않을까? 나는 당신에게 적합한 전략, 즉 프로페셔널 작가가 되는 데 직접적인 도움이 될 구체적이며 현실적이고, 효율적이며 실용적인 방법을 제시하기 위해 이 책을 쓰고 있다. 당신에게 필요한 것들을 이 책에서 꺼내 가기를 바란다.

# 드라마 작가 등단의 길 : 극본 공모전

드라마 작가가 되는 길에는 크게 세 가지가 있다.

① 공모전 당선. 방송사, 제작사, 콘텐츠 관련 기관이나 기업에서 주최하는 극본 공모전에 당선되면 데뷔의 기회가 가까워진다.

② 작가 아카데미 과정을 통한 보조 작가 코스. 메인 작가에게 능력을 인정받으면 공동 작가 크레딧으로 데뷔할 수도 있다.

③ 타 장르나 다른 분야에서 진입. 예능·교양·라디오 작가로 일하던 이들이 드라마 작가가 되기도 하고, 영화, 소설, 웹툰, 광고 카피라이터, 법조, 의료계 등의 분야에서 활동하던 이들이 드라마 작가로 진출하기도 한다. 특히 1990년대~2010년대에 시트콤 전성기를 열었던 송재정, 박혜련, 박지은, 박해영 작가 등이 드라마로 옮겨와 이 산업의 스펙트럼을 획기적으로 확장시켰다.

2024년 현재, 드라마 작가가 되는 가장 보편적이고 일반적인 경로는 공모전 당선이다. 작가 지망생이 공모전 당선을 거쳐 시리즈 작가로 안착하기까지의 과정을 살펴보자. 공모전 당선은 단막극으로, 데뷔는 12부작* 시리즈로 기준을 잡았다.

습작 → 공모전 응모 → 공모전 당선 → 인턴십: 시리즈 시놉시스와 대본 작업 → 기획PD와 감독 매칭 → 기획안과 대본 1~4회 작업 → 라인업 심사 통과 → 캐스팅 → 제작 → 방송 → 평가 → 채널 또는 제작사와 계약 → 두 번째 시리즈 기획안 준비⋯

이 프로세스는 모든 단계를 순조롭게 패스하는 최상의 결과를 염두에 둔 것이다. 물론 이런 단계마저 건너뛰는 '뛰어난' 작가도 있다. 첫 번째 관문이든, 다섯 번째 관문이든 패스하지 못하면 그 전 단계로 돌아가거나, 드라마 작가가 당신한테 맞지 않다고 판단하고, 당신을 행복하게 해줄 다른 일을 찾아갈 수도 있다.

이 프로세스에서 가장 중요한 관문은 어디인가? 지속 가능한 프로페셔널 작가로 안착하기 위해서는 두 번째 시리즈가 호평을 받아야 한

---

*   시리즈를 통으로 말할 때는 '부'를 사용해 10부작, 16부작이라고 말하지, 10회작, 16회작이라고 말하지 않는다. 이 책에서는 전체를 일컬을 때는 '부'로, 각 회는 '1회', '2회'로 표기한다.

다. 그러나 더 중요한 관문은 단연코 공모전 당선이다.

## 공모전 심사 기준

출제 의도를 알면 문제 풀기가 쉬워지는 것처럼, 공모전 심사 기준을 알면 극본 준비를 더 탄탄히 할 수 있다. 다음은 몇몇 공모 기관의 심사 기준이다.

**한국콘텐츠진흥원의 심사 기준**

〔독창성 30점〕

· 주제, 소재, 캐릭터 등의 설정이 참신하고 매력적인가?

〔상업성 40점〕

· 대중성을 갖추었는가?

· 극적 몰입도가 있는가? 긴장감과 감동을 주는가?

· 효율적으로 제작 가능한가?

· 방송 분야로 사업화될 가능성이 높고 국내외 시장에 통용되는 경쟁력을 갖추었는가?

〔구성완성도 30점〕

· 어휘력, 문장력, 구성력이 탁월한가?

**SBS 문화재단의 심사 기준**

· 재미있고 제작 가능한 드라마 극본

· 한국 드라마의 지평을 넓힐 수 있는 창의성과 참신함

· (미니시리즈) 로맨스, 사극, 시대극 등 장르 불문, 밝고 경쾌한 트렌디 드라마에 가산점 부여

· (단막극 2부작) 재미와 감동이 있는 2부작 단막극으로서 테마가 분명한 작품


공모전 심사 기준은 대부분 대동소이하나 주최 측에 따라 조금씩 달라지기도 한다. 방송사나 한국콘텐츠진흥원 공모전은 심사위원들의 경력, 나이, 성향상 다소 '안정된' 대본을 선호할 수 있고 케이블 채널, OTT, 포털이나 콘텐츠 기업의 공모전은 상대적으로 신선하고 독창적인 극본을 원하기도 한다. 공모전을 새롭게 시행하는 곳들은 방송사, 콘텐츠진흥원과의 차별성을 찾는다. 장르물에 가산점을 더 주거나, 극본의 완성도 못지않게 소재의 색다름에 주목하고, 모바일 친화성을 따지기도 한다. 최종 심사에서 소통 능력, 협업 자세를 본다며 작가 인터뷰를 진행하는 공모전도 늘고 있다.

다양한 기관에서 공모전을 심사한 경험에 비추어 위의 심사 기준들을 해석해보자면 다음과 같다.


**1. 새롭고 참신한 작품을 원한다.**

해외 OTT가 플랫폼 강자로 떠오르면서 공모전에서도 파격적이고 참신한 소재를 이전보다 긍정적으로 바라본다. 과연 어디까지 새롭고

참신해야 할까? 그 범위와 내용을 정하는 것은 작가 마음이다. 그런데 소재, 주제, 캐릭터, 전개 방식 등 주요 요소가 모두 새롭고 참신하기만 하면 자칫 드라마 극본처럼 안 보이거나, 낯설게 보이거나, 마이너하다는 평가를 받을 위험이 크다. 사실 지금과 같은 다양성의 시대에서 마이너하다는 게 단점만은 아니지만, 공모전인 만큼 심사 기준에 맞춰 상업성과 대중성도 고려해야 한다. 어느 한 요소가 새로우면 다른 요소는 정통적인 방법으로 다뤄져야 균형이 잡힌다. 이를테면 소재나 캐릭터가 매우 새롭고 특이하다면 스토리 전개는 기승전결식의 정통적 내러티브를 따르는 것이다.

### 2. 대중성은 휴머니즘이다.

몇 년 전, 어느 지상파 채널의 단막 공모전에서 '부모의 죽음과 자식의 후회'를 다룬 다소 올드한 작품이 두 해 연속 당선되자, 심사위원 중에 불효자가 많다는 농담까지 나왔다. 그들은 보편적인 휴머니즘을 좀 더 친숙하게 읽는 것으로 보인다. 공모작 심사위원과 콘텐츠 소비층은 일치하지 않는다.

최첨단의 신기술로 도배한 블록버스터 〈아바타 2〉, 〈탑건: 매버릭〉도 '낡고 뻔한' 가족 휴먼, 동료애, 어딘가 애매한 멜로를 다룬 걸 보면 할리우드조차 새 술을 헌 부대에 담는 게 안전한 흥행 비법이라고 여기는 것 같다.

휴머니즘은 극본의 대중성 확보에 있어 첫 번째 요소다. 대중은 감동에 목말라 있다. 그렇다고 휴머니즘에 강박을 갖거나 거창하게 생각할 필요는 없다. 〈미생〉에서 빨갛게 충혈된 눈으로 장그래(임시완)를 바라보는 오과장(이성민)의 시선이 휴머니즘이다. 〈우리들의 블루스〉에서 영희 역을 맡은 다운 증후군 배우 정은혜의 '연기'가 휴머니즘이다. 그저 사람이 사람 옆에 가만히 있어주는 모습만으로도 위로와 평안을 주는 게 드라마의 휴머니즘이다. 사회적 금기에 도전하거나 소수자의 평범한 꿈을 그리는 드라마, 좀비들 속에서 생존을 향해 달리는 드라마에 휴머니즘이 더 잘 녹아들 수 있다. 무겁고 어두운 톤앤매너(tone and manner)*의 병영 부조리극 〈D.P.〉에 대중성을 부여한 것은 안준호(정해인)의 주저하는 눈빛이다. 부조리와 폭력 앞에 모두가 피해자 또는 가해자가 되는 상황에서도 인간의 모습을 잃지 않으려는 그의 포지션이 휴머니즘이다.

에피소드마다 휴머니즘을 넣으면 작위적이고 가짜 같고 답답해진다. 엔딩 시퀀스에서 보여주는 묵직한 한 방으로도 충분할 때가 있다.


### 3. 가독성이 경쟁력이다.

'이 많은 대본들을 언제 다 읽나?'

---

\* 　드라마에서 톤앤매너는 주인공의 말하는 방식, 행동하는 스타일로 결정된다. 일관성 있는 말투와 태도, 그에게서 풍기는 정서적인 분위기와 인간관계의 양식이 드라마의 톤앤매너다. 로맨스 코미디와 스릴러, 사극과 AI 소재 드라마에서 서로 말투와 태도가 다른 건 톤앤매너가 다르기 때문이다.

공모전 심사위원들은 읽어야 할 대본이 너무 많다고 비명이다. 바쁘거나 게으른 사람들은 차일피일 미루다 마감 며칠 전에 벼락치기로 대본을 읽기도 한다. 심사의 절대 시간이 부족하거나 피곤해서 집중력이 떨어질 수도 있다.

이럴 때는 내용도 중요하지만, '잘 읽히는 대본' 즉 가독성이 크게 작용한다. 가독성은 물리적 가독성과 심리적 가독성 두 가지로 나뉜다.

물리적 가독성을 높이기 위해선 극본을 딱 열었을 때 눈에 잘 들어오게끔 하는 디스플레이, 즉 레이아웃에 신경 써야 한다. 심사위원들은 마우스를 손에 쥔 채 모니터 화면을 보며 심사하고 있으니 눈길을 사로잡는 시원하고 명료한 가독성이 필수다. 서체 등 파일 제출 형식이 정해져 있는 공모전이라 할지라도 조금만 정성을 기울이면 더 쉽고 편히 읽히는 대본을 만들 수 있다. 예시를 보자.


### 예시 줄거리[*]

장기수 이선의 귀휴 신청 심사가 열리는 교도소 회의실. 여러 사람이 극력 반대하는데도 교도소장의 결단으로 이선은 특별휴가 - 귀휴를 허락받는다. 이선은 장기수 면회 봉사를 왔던 정유진을 만나러 리조트로 향한다.

재소자의 갑작스런 방문에 거의 패닉 상태가 된 유진에게 이선이 사랑을 고백한다.

------

[*]  이 책의 모든 예시 대본은 내가 직접 쓴 시나리오에서 뽑았다.

**예시 줄거리의 수정**

"탈옥할 겁니다!"


부소장이 극력 반대했지만, 이선은 교도소장의 결단으로 특별휴가를 허락받는다. 이선은 장기수 면회 봉사를 왔던 정유진을 만나러 리조트로 향한다.

유진은 장기수의 갑작스런 방문에 패닉 상태가 된다.

이선이 유진에게 고백한다.


"제가… 감히 당신을 사랑합니다."


위 두 개의 줄거리는 같은 내용이지만 가독성이 다르다. 레이아웃을 드러내기 위해 일부 문장을 고쳤다. 사소해 보이지만 이 작은 차이가 가독성과 이해도를 높이는 데 도움을 준다.

문단과 문장, 지문과 대사를 적절히 나누고, 문장의 줄을 바꾸는 것만으로도 물리적 가독성을 높일 수 있다. 가독성이 좋은 대본을 찾아 그 방식을 따라 하는 것도 방법이다.

심리적 가독성을 높이려면 첫 문장부터 심사위원의 주의를 끄는 표현으로 시작해야 한다. 심사위원들이 양심상 꼭 읽어보는 부분들이 있다. 제목, 로그라인, 주인공 캐릭터 설명, 줄거리의 첫 두 문단, 극본의 첫 시퀀스 같은 것들이다. 이 부분이 관심을 끌거나 졸음을 쫓아내면 그다음도 보게 된다.

### 4. 맞춤법을 무시하면 안 된다.

프랑스의 거장 클로드 소테는 16세에 비로소 글을 읽을 줄 알게 됐다. 그가 문맹에서 벗어나 처음 쓰기 시작한 건 시나리오였다.[3] 그런 소테보다 당신은 훨씬 앞서 출발한 것이다.

맞춤법이 틀려도, 비문이 있어도, 지문의 문장력이 어색해도 스토리텔링이 마음을 건드린다면 잘 쓴 대본이라고 나는 판단한다. 맞춤법이 맞느냐보다 감동을 줄 수 있느냐가 더 중요하므로. 그런데 공모전 심사에서 당락을 결정하는 점수 차이는 고작 0.2~0.3의 소수점에 불과하다.

어느 심사위원이 "맞춤법이 틀렸고, 문장력도 안 좋아요."라고 한마디 하면 새로운 아이디어, 기막힌 스토리 전개의 극본이 곧바로 탈락 위기에 몰린다. 맞춤법, 구두점이 맞지 않거나 비문이 자주 보이면 작가의 작문력, 성실함에 의심이 간다. 이런 문제로 훌륭한 극본이 탈락한다면 억울한 일이다. 글쓰기를 시작한 지 얼마 안 돼 생각이 글로 잘 표현되지 않는다면, 국어 문법의 기초를 공부하는 것도 방법이다.

### 5. 작가의 가능성 vs 극본의 제작 현실성

공모전 심사에서 단막극은 보통 작가의 가능성을 보고, 시리즈는 제작까지 염두에 둔다고들 한다. 그러나 실제로는 시리즈 역시 제작 현실성 못지않게 작가의 가능성도 함께 본다.

공모전이 단막극에서 시리즈로 옮겨온 것은, 시리즈가 드라마 시장의 중심이 된 현실에서 신인 작가를 단막극만으로 선발하는 것이 시장의 현실과 괴리가 있기 때문이다. 사극이나 시대물, SF처럼 비용이 많이 드는 장르물을 당장 제작하기란 어렵겠지만, 대본의 완성도가 괜찮으면 작가의 가능성을 보고 당선시킨다.

### 6. 사극 vs 현대물

사극 대본은 양면성이 있다. 보통 사극 대본은 현대극보다 더 잘 짜인 것처럼 보이고, 극적인 설정에 있어서도 상대적으로 수월한 편이다. 사극 특유의 지문과 대사로 작가의 실력도 '있어 보인다.' 하지만 제작비가 현대물보다 1.5배 이상 드는 사극이나 시대극을 신인 작가의 대본으로 만드는 것은 모험이 아닐 수 없다. 어떤 기관의 담당자는 당선작에 사극을 많이 포함시키지 말아달라고 최종 심사 자리에서 비공식적으로 언급하기도 했다. 제작 현실성을 염두에 둔 발언이다. 그럼에도 사극은 꾸준히 공모 당선작에 포함되며, K-드라마의 특별한 장점을 발휘하는 장르다.

### 7. 마이너 장르물 vs 가족 휴먼극

어떤 신인 작가는 새롭고 실험적인 스토리를 잘 쓴다. '뻔한 가족 휴먼' 드라마는 좋아하지도 않고, 써지지도 않는다. 인간의 본성을 있는 그대로 드러내는 파격적인 주제와 소재, 과감한 접근, 단순히 권선징악을 따르지 않는 심오한 엔딩! 매력적인 대본이다. 이 작가에게 드라마의 미래가 걸려 있다.

하지만 공모전이나 채널 피칭에서는 어떨까? 나는 이 작가에게 꾀를 조금만 내보자고 권유하고 싶다. 공모전이나 채널 피칭은 통과가 목적이니 거기에 아주 조금만 맞춰보자고. 복합장르는 어떻겠냐고. 당신의 참신한 발상, 이야기 구성력, 집필력이면 가능성이 높다고. 드라마 한 편만 쓰려고 작가가 되겠다는 건 아니니까 당신의 마이너한 장르물에 대중적 휴머니즘을 양념으로 뿌려보자고.

## 공모전 심사의 공정성

공모전 심사 과정은 공평한가? 오차 범위가 존재하긴 하지만, '매우 공평'하다고 생각한다. 그런데 어느 방송사 1차 심사에서 떨어진 작품이 다른 방송사 최우수작에 뽑힌 일이 있다. 1차 심사를 PD 한 명이 맡아 하는 공모전에서는 '개인의 취향과 컨디션'에 따라 결과가 매우 달라진다. 여러 심사위원들이 함께 평가하는 경우에는 골고루 점수를 받은 작품이 당선작에 오르는 편이다. 고르게 7~8점을 받은 작품이 10점 만점 몇 개를 받고 2~3점도 두어 개 받은 작품보다 유리하다.

블라인드로 진행되는 공모전은 최대한 공정하게 신인 작가를 선발하는 제도이며, 한국 드라마 산업의 미래를 밝혀주는 등불이다.

# 채널 라인업 심사의 객관성

채널의 편성 결정은 객관적이고 공정한가? 채널마다 객관성과 공정성을 담보하기 위한 절차와 과정을 밟긴 하지만, 요식 행위에 그칠 때도 있다. 극본의 우열을 칼같이 나누는 게 쉽지 않을 뿐더러, 의사결정권자가 미는 작품에 힘이 실리기도 한다. 모든 채널의 라인업 심사에서 탈락한 작품에 스타 배우가 캐스팅되면 채널들은 표정 하나 바꾸지 않고 바로 러브콜을 보낸다. 라인업이 되는 순서를 정리해보면 다음과 같다.

· 1순위: 스타가 캐스팅된 작품. 특히, 글로벌 수익이 확실한 스타
· 2순위: 성공 경험이 많은 스타 작가의 극본
· 3순위: 누가 봐도 재미있게 잘 쓴 극본
· 4순위: 대표나 본부장, EP* 등 채널·플랫폼의 의사결정권자가 미는 작품
· 5순위: 편성을 받아낼 수 있는 감독이 선택한 극본

이 세계가 공무원 시험처럼 평가가 정확하고 객관적이라고는 장담

---

* Executive Producer. 크레딧에 '기획'으로 올라가며, 해당 드라마의 프로젝트 책임자다. 채널마다 4~8명의 EP가 근무한다.

하지 못하겠다. 세상이 100퍼센트 공평하지 않다는 걸 가벼운 마음으로 받아들이면 좀 더 편해지지 않을까. 마음이 편하면 좀 더 대담하고 끈질기게 도전할 수 있으니까.

대본을 쓰는 일도 그렇지만 드라마 세계에는 정해진 논리와 법칙이 없다. 작가들은 고립되어 있고, 이 흥행 산업은 예측 가능한 합리적인 세계와는 살짝 거리가 있다.

그럼에도 당신은 뛰어난 대본은 편성 받을 수 있다는 믿음을 근거로 드라마 작가에 도전하고 있다. 사실 객관적으로 뛰어난 대본이 편성을 못 받는 일이 빈번하게 발생하면 그 채널은 망하고 말 것이다.

객관적으로 뛰어난 대본인지 아닌지 작가가 어떻게 판단하고 확신할 수 있을까? 자신의 작품을 작가 스스로 객관적으로 판단하는 것은 매우 어려운 일이다. 그래서 나는 이 책을 통해 작가가 자기 객관성을 얻는 방법을 탐색해보려고 한다. 자기 객관화의 최고 경지는, 지금 당신이 완성시킨 시리즈의 시놉시스와 대본 1~4회가 편성될 수준인지 스스로 판단하는 능력을 갖추는 것이다. 요행과 운수와 관계에 기대지 않고 대본 자체로 편성될 수 있다는 판단이 선다면! 누가 봐도 재미있게 잘 쓴 대본이란 평가를 받는다면!

이 주제에 대해서는 11장 '수정하기'에서 심도 있게 다루겠다.

# 극본 공모전 현황

* 2023년 접수일 기준

|  |  |
|---|---|
| 1월 | 오펜(O'PEN) 스토리텔러 공모전<br>SBS 문화재단 드라마 극본 공모<br>동국·판타지오 드라마 극본 공모전(2024년 첫 시행) |
| 2월 | 영화진흥위원회 한국영화 시나리오 공모전 |
| 3월 | CJ ENM STUDIOS 공모전(2024년 첫 시행)<br>안전가옥 스토리 공모전<br>버블탭 오리지널 스토리 공모전 |
| 4월 | MBC 드라마 극본 공모<br>블레이드 미디어 드라마 극본 공모전<br>한국콘텐츠진흥원 콘텐츠 창의인재동반사업<br>KBS 미니시리즈 극본 공모 |
| 5월 | KT 스튜디오지니 시리즈 공모전<br>플레이리스트 PLAY:ON(플레이온) 극본 공모전<br>한국콘텐츠진흥원 대한민국 스토리 공모대전 |
| 6월 | 더램프 스토리 공모전<br>에이스토리 신진작가 데뷔 프로그램<br>카카오엔터테인먼트 드라마·영화 공모전<br>MBC C&A 드라마 극본공모 |
| 7월 | 방송콘텐츠진흥재단 사막의 별똥별 찾기<br>KBS 단막/2부작 공모전<br>오콘 시리즈 공모전<br>오콘 실사 드라마 극본 공모전 |
| 10월 | K-스토리 공모전 |
| 12월 | JTBC 신인작가 극본 공모<br>영화진흥위원회 S#1(씬원) 시나리오 아카데미 |

# 기획의 시작: 콘셉트 잡기

드라마란 점에서 시작해 선을 그리고, 선을 모아 면을 만들고, 면을 모아 입체를 이루며, 여기에 시공간의 차원을 더해, 결국 작가만의 새로운 세계를 창조해내는 과정이다. 단 하나의 단어, 단 하나의 이미지에서 시작해 당신만의 우주를 생성하는 일이니, 드라마 쓰기는 끊임없는 확장의 작업이다.

이 확장의 작업에서 첫 시작점이 되는 건 바로 콘셉트를 잡는 일이다. 작가마다 콘셉트를 잡는 방법은 다를 수밖에 없다. 여기에서는 네가지 길을 살펴보겠다.

## 문제적 인물을 포착한다

희한한 인간으로부터 시작한다. 뉴스에 나온 인물일 수도 있고, 당신 주변의 인물일 수도 있다. 이상형이거나, 용서할 수 없는 당신만의 악당일 수도 있다. 혹시 당신 자신이 문제적 인물인가?

시리즈 드라마의 주인공 캐릭터들은 대부분 범상치 않다. 〈보건교사 안은영〉의 안은영(정유미)은 초자연적인 능력을 가진 인물로 그로테스크하면서도 엉뚱하고 코믹한 캐릭터로 드라마의 흡입력을 높인다. 〈악의 꽃〉의 도현수(이준기)는 연쇄살인범의 아들로, 차가운 외모 뒤로 복잡한 내면을 숨긴 인물이다. 〈연애대전〉의 여미란(김옥빈)은 남자에게 지기 싫어하는 캐릭터이며, 남강호(유태오)는 여자를 병적으로 싫어하고 여성에 대한 의심이 가득한 캐릭터로, 둘은 만나자마자 전쟁을 벌인다. 〈마스크걸〉의 파란만장한 스토리텔링을 이끄는 것은 여주인공 김모미(이한별·나나·고현정)의 외모 콤플렉스와 애정 결핍, 영웅적 능력이 뒤섞인 분열된 정체성이다. 이처럼 독특하고 이색적인 인물을 감지하는 것에서 기획이 시작되기도 한다.

## 불현 듯 다가온 이미지 하나

성공한 작가들에게 드라마 콘셉트를 어떻게 처음 잡느냐고 물어보면, 다음과 같은 답을 내놓았다.

문득 어떤 이미지가 떠오르고
그 이미지가 뇌리에서 떠나지 않을 때
거기에서부터 시작합니다.

그것은 때로는 그림이었고, 노래 가사 한 줄이었고, 어떤 책의 한 문장이기도 했다. 〈W(더블유)〉를 쓴 송재정 작가는 아하(A-ha)의 〈Take On Me〉 뮤직비디오에서 영감을 받았다고 한다. 웹툰과 현실 세계가 교차하는 놀랍고 창의적인 16부작 드라마가 뮤직비디오의 한 장면에서 시작된 것이다.

내가 기획하고 연출한 드라마 <네 멋대로 해라>의 시작은 우연히 시청한 텔레비전의 한 장면이었다.

SBS <그것이 알고 싶다>를 보는데 6개월 시한부 선고를 받은 한 청년이 해맑게 웃으며 말했다. "혼자 있을 때 웃는 연습을 해요." 잠시 먹먹하고 울컥하다가 혼잣말로 화면 속 그 청년에게 답했다. "그냥 당신 멋대로 살아봐요."

이 말이 기획의 시작이었다. 작가가 정해지지 않았지만 곧바로 취재와 시놉시스 작업부터 시작했다.

'시한부 청년에게 더 큰 딜레마를 주자. 소매치기에 전과자라면 어떨까? 그런데 이 인간이 누구보다도 아름다운 사람이라면? 가장 아름다운 사랑을 하게 된다면?'

며칠 후 서울경찰청 강력범죄 수사대의 베테랑 형사를 취재차 마포 소금구이집에서 만났다. 그는 소매치기 고복수(양동근)를 끈질기게 쫓아다니는 형사 캐릭터의 모델이 되었다.

## 내 마음을 사로잡은 뜨거운 이슈

쓰고 싶은 콘셉트가 너무 많아서 고르기 어려울 수도 있고, 아예 떠오르지 않아서 막막할 수도 있다. 단순하게 접근해보자.

지금 당신의 마음을 사로잡은 가장 뜨거운 이슈는 무엇인가? 엊그제 본 뉴스인가? 친구나 지인이 겪은 놀라운 일인가? 당신이 겪은 이상한 사건인가? 매일 꿈꾸는 당신의 미래든, 잠 못 들게 하는 트라우마 사건이든 당신의 모든 것이 콘셉트가 될 수 있다. 무엇보다도 지금 가장 관심 있는 이슈면 된다. 당신에게 가장 절박한 이야기, 가장 잘 쓸 자신이 있는 이야기에서 시작하자. 이야기는 이미 당신의 심장 안에 꿈틀대고 있다. 극본 쓰는 일은 이성과 지성 못지않게 열정과 감정이 필요하다.

2023년 미국에서 화제와 호평을 받은 소설 《작은 땅의 야수들》의 김주혜 작가는 목숨을 걸고 소설을 쓴다고 한다.

"작가로서 생사를 걸고 할 수 있는 말이 있어야만 스토리를 씁니다. 그렇지 않고서야 어떻게 예술이라고 부끄럽게 내밀 수 있겠어요?"[4]

지금 당장의 이슈를 뒤로 미루지 말자. 시간이 지나면 관심과 열정의 불이 꺼져 다시는 쓰지 않게 될지도 모른다. 다시 꺼내더라도 뜨거운 피는 말라버려 박제된 뼈만 남아 있을지도 모른다. 지금 당신에게 가장 뜨거운 이슈를 소재로 삼는 일의 또 다른 장점은, 눈을 뜨고 살아 있는 한 극본의 소재가 마르지 않을 거라는 것, 극본을 꾸준히 생산할 수 있다는 점이다. 잘 쓰기 위해 당신은 세상과 인간을 더욱 깊이 있게, 예리하게, 당신만의 시선으로 탐구하게 될 것이다.

## 다양한 장르와 소재에 도전한다

똑같은 소재와 장르만 시도하지 말고 다양하게 관심을 넓혀보자. 로맨스, 성장, 가족 휴먼, 수사, 범죄, 법정, 메디컬, 오피스, 판타지, 사극, 사회적 통념의 전복 등 여러 범주 중 어디에 눈길이 가는가?

아직 신인이라면 무슨 이야기를 써야 할지 스스로도 알지 못한다. 일단 써봐야 안다. 전혀 관심 없던 장르에서 당신의 재능이 발휘될지도 모른다. 쓰고 싶은 장르도 좋지만, 가장 잘 쓸 수 있는 장르를 찾아야 한다. 그것을 발판 삼아 전문 장르로 키워보자.

콘셉트가 잡히면 다양한 장르에 대입시켜보고, 어느 장르에 가장 어울릴지를 모색해보는 것도 방법이다.

메디컬물이나 수사·범죄·법정물은 최소 한 번 정도 도전해볼 필요가 있다. 극본을 계속 쓸 거라면, 어떠한 장르를 다루더라도 병원, 경찰서, 법원이 자주 등장할 수밖에 없고, 의사, 형사, 검사, 변호사도 단골 캐릭터들이다. 단막극으로라도 다뤄서 그들의 시스템, 용어, 사고방식, 관행, 조직 문화, 계급 제도를 익히고 나면 나중에 다른 작품에서 그런 장면을 써야 할 때 자신 있게 활용할 수 있다.

# 원작을 각색한다

　〈이태원 클라쓰〉, 〈재벌집 막내아들〉, 〈유미의 세포들〉은 웹툰이나 웹소설을 각색한 시리즈들이다. 이런 원작들은 오디언스에게 이미 검증된 IP(지적 재산권)이며, 오랜 연재 기간 동안 쌓인 이야깃감이 풍부하다. 오리지널 창작보다 유리한 출발선에 있는 것처럼 보인다.

　채널에서 신인 계약 작가나 공모 당선 작가에게 각색을 맡기는 경우가 자주 있다. 채널이나 제작사의 기획PD들은 흥행 가능성이 있는 원작 IP의 발굴과 확보를 위해 정기적으로 '원작 추천 회의'를 여는데, 판권 확보 경쟁이 심해 인기 있는 원작을 계약하는 일이 쉽지만은 않다. 웹툰 바람을 일으킨 네이버, 카카오도 자사 관련 제작사를 통해 원작을 활용하려고 한다.

　원작 각색은 거저먹기가 아니다. 원작은 활용 요소와 제약 요소를 동시에 가지고 있어 각색 작가의 상상력과 창작 역량이 더욱 필요할 때가 많다.

　채널·제작사와 계약한 작가들은 관심 있는 원작이 있으면 회사에 판권 구매를 요청할 수 있지만, 그렇지 않은 작가 입장에서 원작 각색은 그림의 떡이다. 작가로서의 지구력·지속력은 단연코 작가 자신의 오리지널 스토리를 개발하는 역량에 달려 있으니 오리지널 기획에 더욱 집중하자.

# 주인공 캐릭터 만들기

드라마는 주인공이 탄생해야 비로소 시작된다. 특히 시리즈에서는 주인공이 작품의 장르를 정하고 성패를 좌우하기까지 한다. 3장에서 기획의 시작은 콘셉트라고 말했는데, 콘셉트에서 가장 중요한 것은 '주인공은 누구인가'이다.

로맨틱코미디 드라마의 여주인공을 떠올려보자. 다음은 신인 작가의 시놉시스에서 자주 볼 수 있는 여주인공 소개 글이다.

강인하고 독립적이며 따뜻하고 사랑스럽다.
밝은 눈빛과 환한 미소의 소유자로 한눈에 반할 미모는 아니지만
두 번 보는 순간 자연스런 아름다움에 빠져들게 하는 매력적인 인물이다.

이렇듯 예쁜 형용사만 나열해서는 드라마의 캐릭터를 만들 수 없다. 관념적이고 추상적인 인물로는 단 한 씬도 쓰기 어렵다.

그렇다면 시청자의 마음을 끄는 주인공을 어떻게 탄생시킬 것인가. 우선 아래의 질문들로 시작할 수 있다.

- 몇 살인가? 남자인가, 여자인가?
- 남다른 점은? 동시대 인물인가, 아니면 외계인인가? 환생했는가? 시간 여행자나 초능력자인가?
- 외모의 특징은? 외모에 자신감이나 콤플렉스가 있는가?
- 무슨 일을 하는가? 직업이 있는가, 없는가?
- 혼자 사는가, 가족이나 동거인이 있는가?
- 부자인가, 평범한가, 가난한가? 어떤 경제관념을 가지고 있는가?
- 가족 관계는? 소통도 잘하고 평화로운 가족인가? 불통하고 갈등이 심한가? 혹은 서로 무관심한가?
- 비교적 이기적인가, 이타적인가?
- 꿈은 무엇인가? 실현 가능한 꿈인가, 터무니없는 꿈인가?
- 어떤 희망으로 삶을 살아가는가?
- 어떤 일에 유능한가?
- 무엇에 집착하는가?
- 애인이 있는가, 최근에 헤어졌는가? 연애 이력, 연애 및 결혼에 대한 생각, 그리고 이상형은 어떻게 되나?
- 베스트 프렌드는 누구인가? 친구가 많은가, 적은가, 아예 없는가?
- 자가용을 운전하고 다니는가, 대중교통을 이용하는가?

· PTSD(외상 후 스트레스 장애) 또는 신체적·정신적 장애가 있는가?

· 어린 시절 사랑을 받았는가? 아니면 감정을 억압하며 살아왔나?

· 지금 가장 큰 괴로움은 무엇인가?

· 지금 가장 즐거운 일은 무엇인가?

· 절대로 밝힐 수 없는 비밀은 무엇인가?

　

이렇게 구체적인 일상 속에서 주인공의 정보를 모으고, 캐릭터를 만들어내는 과정 자체가 드라마의 기획 작업이다.

등장인물 캐릭터를 특징짓는 방법으로 십수 년 전부터 유행하고 있는 '성격 유형 검사' MBTI를 떠올릴 수 있다. 하지만 이를 드라마 캐릭터에 적용하기에는 큰 위험이 따른다. MBTI는 성격을 고정시켜 캐릭터의 잠재력을 지워버리는 등 심각한 문제가 있다. 전문가들은 MBTI가 심리 측정 범위의 기준에 맞지 않고, 인간의 성격을 네 가지 변수로 단순하게 고정시키는 것이 비과학적이며 타당성도 부족하다고 말한다.[5]

더 중요한 포인트는, 작가는 창조자로서 자신만의 인간관을 가져야 한다는 것이다. 모든 대본은 그 대본만의 고유한 세계와 법칙이 있다. 작가가 만든 고유한 세계에는 당연히 인간의 성격 유형도 포함된다. 〈유미의 세포들〉과 〈7인의 탈출〉만 비교해봐도, 드라마 안에서 세계를 움직이는 법칙과 인간 유형이 완전히 다르다. 작가는 스스로 심리학자가 되어 자기 인물의 성격을 만들어내는 사람이다.[*] 그것이 다른 작가, 다른 작품과의 차별성을 만들어낸다.

　드라마는 주인공 캐릭터를 따라간다. 주인공 캐릭터를 어떻게 만드느냐에 따라 장르, 플롯, 구성, 톤앤매너, 리듬앤템포(rhythm and tempo)[**], 깊이가 달라진다.

　시청자의 마음은 주인공의 심장과 연결되어 있다. 주인공 심장의 두근거림에 시청자가 동조할수록 스토리 몰입감이 높아지고 스토리텔링의 힘이 커진다.

　시청자의 심장을 움직이게 할 주인공은 어떤 특징을 갖고 있는가?

## 주인공의 열 가지 특징

### 1. 주인공의 성격은 입체적이다.

----

[*]　아이러니하게도 MBTI를 창시한 캐서린 쿡 브릭스와 이자벨 브릭스 마이어스 모녀는 둘 다 심리학자가 아닌 소설가다. 그들의 소설은 백인 우월주의를 담고 있다고 비판받고 있으며, 성격 유형도 비과학적이라고 평가받는데, 유독 한국에서는 인간 성격 판단의 경전 대접을 받고 있다. (다큐멘터리 〈페르소나: 성격 검사 뒤에 숨겨진 어두운 진실(Persona: The Dark Truth Behind Personality Tests)〉)

[**]　이 음악 용어는 드라마에서 화면이나 소리의 패턴, 속도를 말한다. 리듬앤템포가 좋다는 것은 화면과 소리의 적절한 배합, 페이스 조절로 드라마가 지루하지 않다는 것을 뜻하며, 리듬앤템포에 문제가 있다는 것은 씬과 씬, 장면과 장면의 연결과 흐름이 부자연스럽고, 지루하거나 답답하다는 뜻이다.

주인공의 성격은 평면적이거나 단순하지 않다. 그런 성격은 조연이나 단역의 것이다. 주인공의 입체적 성격은 직육면체에 비유할 수 있다.

주인공 '캐롯'이 있다고 해보자. 캐롯의 성격을 직육면체에 비유해보자면 다음과 같다.

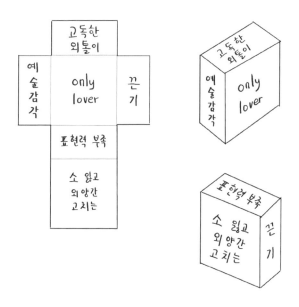

그는 크게 여섯 가지의 성격이 두드러져 보이는 사람이다. 고독한 외톨이에 오직 연인만을 생각하며, 끈기와 예술 감각이 있다. 반면 표현력은 부족하고, 소 잃고 외양간 고치는 스타일이다. 이렇게 여섯 개의 성격들이 여섯 개의 면에 하나씩 자리 잡는다. 직육면체의 모양처럼 뚜렷하게 드러나는 성격도 있고 상대적으로 덜 드러나는 성격도 있다. 또한 입체 도형이기 때문에 성격의 모든 면이 한눈에 다 보이지 않는다. 첫눈에 캐롯은 예술 감각이 탁월한 전문가이며, 연인에 올인하는 열정맨이라 매력적인 인물로 보인다.

하지만 극이 진행되며 보이지 않던 면이 드러나기 시작한다. 그는 때로는 연인의 마음을 잘 헤아리지 못하며, 자기감정에 빠져 있기도 하고, 갈등의 해결 타이밍을 놓친다. 이렇듯 캐롯은 소 잃고 외양간 고치는 인간이며, 표현력과 소통력이 부족하고, 심지어 필요 없는 순간에 쓸데없는 끈기를 발휘해 연인에게 깊은 상처를 주고 만다. 매력은 커녕 실연당해도 싼 캐릭터다.

이렇게 한 인간 안에 서로 다른 여러 성격이 공존하는 입체적 성격은, 캐릭터가 어떤 등장인물을 만나느냐, 어떤 상황에 처하느냐에 따라 변화무쌍하게 달라지고 그에 따른 행동도 달라진다.

주인공의 입체적 성격을 잘 보여주는 캐릭터로 〈유미의 세포들 2〉의 주인공 유미(김고은)를 꼽을 수 있다. 유미는 남자친구에게 이별 통보를 듣고 쿨하게 받아들이려고 하지만 여전히 그리움과 집착, 미련이 남아 있다. 관계가 완전히 끝났음을 인정하고 전화번호를 삭제하지만, 곧 다시 SNS를 훔쳐보고, 전화번호를 복구한다. 유미의 '사랑 세포'가 혼수상태에 빠져 있는 동안, '이성 세포'와 '감성 세포'는 격렬히 대립한다. 감정과 행동은 한 방향으로만 가지 않는다. 이것이 캐릭터의 입체성이다.

시청자들은 이런 캐릭터를 변덕스럽다거나 분열적이라고 보지 않는다. 서로 다른 단면의 부딪침은 시청자가 주인공 캐릭터를 자연스럽게 받아들이고 감정 이입할 수 있는 조건들을 만들어준다. 유미의 세포들이 끊임없이 아우성치는 것처럼 성격의 여러 단면들은 서로 충돌도 하고, 숨어 있거나 삐죽 튀어나오기도 한다.

앞의 그림처럼 인물의 주요 성격적 특징을 평면도 여섯 면에 적어 직육면체로 만들면, 캐릭터의 입체성이 한눈에 보일 것이다. 주인공이 입체적 성격, 즉 다면체적 자아(multiple self)를 갖는 이유는 인간 자체가 다면체적 자아를 갖기 때문이다. 시청자의 여러 자아 중 하나가 주인공의 한 단면과 코드가 맞을 때 시청자는 주인공에게 유대감을 느낀다. 캐릭터의 입체성, 다면체성은 시청자가 주인공과 자기 자신을 동일시하기 위한 필수 조건이다.

노희경, 박해영 작가의 작품들이 강렬한 서사와 자극적인 전개 없이도 시청자의 따뜻한 호응을 얻는 이유는 등장인물을 입체적으로 묘사하는 작가의 터치와 인간관 덕분이라고 생각한다. 〈그 겨울, 바람이 분다〉에서 주인공 오수(조인성)는 사랑과 죄책감, 책임감 사이에서 심오한 내면의 갈등을 겪는다. 〈디어 마이 프렌즈〉에서는 다양한 연령대의 인물들이 자신만의 고민과 삶의 문제를 드러내는데, 이들 캐릭터의 입체성이 공감의 촉매 역할을 한다. 〈나의 해방일지〉에서 염미정(김지원)은 자유를 갈망하는 동시에 가족, 친구, 연인과의 관계에서 균형을 찾으려고 애쓰는 입체적 성격을 보여준다.

작품 속에서 주인공과 적대적인 관계를 맺는 '빌런' 역시 주인공만큼이나 입체적으로 그려내야 드라마의 흡입력이 훨씬 더 강해진다.

빌런 A는 목적 달성을 위해서라면 수단과 방법을 가리지 않는 냉혹한 보스다. 킬러를 고용해 살인을 일삼기까지 한다. 그가 숭배하는 것은 오직 돈뿐, 친구도 동료도 안중에 없다. 이 치밀하고 냉혹한 보스는 세련된 디자인의 전용 바에 앉아 반려견의 목을 쓰다듬으며 모차르트에 심취해 있다.

당장 떠오르는 인물이 있을 것이다. 〈대부 2〉의 마이클 코를레오네

(알 파치노), 〈베이비 드라이버〉의 박사(케빈 스페이시), 그리고 야구에 인생을 비유하며 자신의 범죄를 합리화하는 〈나쁜 엄마〉의 송우벽(최무성)이 그런 매력적인 빌런이다. 주인공만큼이나 빌런의 캐릭터도 입체적 성격으로 그려낼 수 있느냐 없느냐가 작품의 차이를 만든다.

주인공의 성격은 6면을 넘어 8면, 많게는 10면도 될 수도 있으나 극중에 나오지 않는 성격은 아예 언급하지 않는 게 좋다. 조연은 2~3면, 단역은 단 1개의 면을 성격으로 부여받는다.

'성공한 시리즈'의 주인공 중에서 입체적 성격을 갖지 않는 경우를 찾기란 매우 어렵다. 다만 단막극에서는 단면적 성격의 주인공이 등장하기도 한다. 짧은 러닝 타임 안에 테마를 전달하기 위해선 단순한 캐릭터가 적합할 수도 있기 때문이다.


주인공의 성격 중 아주 중요하지만 겉으로는 잘 드러나지 않는 두 가지가 있다. 하나는 그 자신도 평소에는 몰랐던 끼 또는 열정, 혹은 잔칫날의 홍겨운 몸짓 같은 카니발성이다.[6]

주인공의 카니발성이란 주인공 스스로가 축제의 주인공이 되어 그의 본능, 잠재의식, 기쁨과 슬픔의 에너지, 꿈, 욕망, 자유가 분출되는 어느 순간이다. 춤이 없는 축제란 있을 수 없으니, 흔히 내적 리듬과 율동이 아이 같은 표정으로 함께 표현된다. 그의 마음이 온전히 자유로울 때, 무조건적인 사랑을 받을 때, 깊은 슬픔에 빠져 있을 때 주인공 본능 안에 숨겨져 있던 감각과 율동이 터져 나오는 것이다. 늦가을 코펜하겐의 바에 앉아 기묘한 어깨춤을 추는 카니발성을 당신의 주인공에게 부여하자.

영화 〈그리스인 조르바〉의 마지막 장면에 나오는 조르바(앤서니 퀸)의 춤처럼 좌절과 체념을 겪은 인간의 몸동작, 삶을 온전히 받아들이는 춤, 그 비극 속의 행복이 바로 주인공의 카니발성이다.

〈나쁜 엄마〉 1회 후반에서도 카니발성이 발현된다. 조우리 마을 사람들은 영순(라미란)의 돼지 농장을 분쇄하기 위해 서로 머리끄댕이를 잡고 싸우다가 영순이 진통을 시작하자 모두 한마음으로 출산을 돕는다. 한 생명이 탄생한 바로 옆에 또 다른 생명이 탄생한 우연한 축복의 자리야말로 축제의 카니발이다.

이 드라마의 마지막 회에서도 카니발성을 찾아볼 수 있다. 박복한 엄마의 영정 앞에서 "아이고, 아이고." 곡을 하던 강호(이도현)가 난데없이 "나는 행복합니다~" 노래를 부른다. 상주의 목멘 노래 소리에 조우리 사람들을 비롯한 조문객들은 모두 함께 노래를 부르고 춤을 춘다. 한 편의 뮤지컬 같은 이 장면은 장례식장을 축제의 자리로 바꾼, 눈물 없이 볼 수 없는 카니발이다. 에밀 쿠스트리차의 영화 〈검은 고양이 흰 고양이〉처럼, 가브리엘 가르시아 마르케스의 소설 《백년의 고독》처럼 '세상에 이런 놀라운 일이 가능할까' 싶은 마술적 리얼리즘을 구현한 것이다.

주인공 성격 중 또 하나 중요한 것은 내면 아이다. 내면 아이는 주인공이 어린 시절 겪은 상처, 아픔, 또는 기쁨을 간직한 채로 그의 내면에 존재하고 있다. 영화 역사상 늘 첫 번째 자리를 차지하는 〈시민 케인〉의 마지막 장면에서 출세와 권력을 좇던 케인(오손 웰즈)은 "로즈 버드."라는 한 마디를 남기고 세상을 떠난다. 결국 그에게 행복을 준 것은 미디어 회장도, 상원의원도 아닌, 어린 시절 타고 놀았던 썰매, 로즈 버드였다. 그는 죽음에 이르러서야 로즈 버드를 타고 즐겁게 놀던 자신의 내면 아이를 만난다. 미니시리즈 〈킬미힐미〉는 내면 아이를 입체적으로 묘사하며 다중 인격 캐릭터를 긴장감 있게 그려냈다.

앞서 등장한 가상의 인물 '캐롯'도 내면 아이를 갖는다. 그는 누구 하나 자신의 감정을 받아주지 않아 외롭게 방치됐던 어린 아이다. 그 아이는 어느 구석에서 여전히 혼자 놀며 아직도 사랑받기를 갈망하고 있다.

내면 아이를 대본에 꼭 쓰지 않더라도, 주인공이 가장 선명하게 기억하는 어린 시절의 모습, 표정, 기분, 감정을 그려보라. 캐릭터의 깊이가 더해질 것이다.


캐릭터의 카니발성과 내면 아이는 인물을 그려내는 데 매우 유용하며, 그 중요성은 점점 더 커지고 있다. 시청자, 작가인 당신, 가상의 캐릭터 캐롯까지 오늘날의 우리는 모두 '불안한 개인'이다. 현대인의 외로움과 단절, 아픔은 자신의 본성을 억누르고 살 수밖에 없는 사회 분위기와 방치된 내면 아이에서 비롯되기도 하기 때문이다.

주인공을 입체적으로 그려야 시청자가 주인공을 잘 이해하고 받아들일 수 있다. 그래야 주인공의 가치관이 분명히 드러나고, 그의 장단점이 보이고, 그의 욕망도 보인다. 주인공의 세계관이 뚜렷이 보일수록 시청자는 주인공을 더 잘 알게 되고, 감정 이입도 할 수 있다.

주인공을 모호하게, 희미하게 그리지 말라.


### 2. 주인공의 성격은 변화한다.

개인의 성격은 환경, 인간관계, 그리고 시간의 흐름에 따라 변화한다. 처음 등장할 때와 마지막 엔딩에서의 주인공 성격은 달라져야 한다. 주인공의 성격이 변화하지 않는 스토리는 대부분 단조롭고 답답하다.

주인공은 위기에 처했을 때, 사랑에 빠지거나 실연을 당했을 때 변화의 조짐을 보이기 시작한다. 위기에서 벗어나려면 자신을 변화시키거나 숨겨진 능력을 일깨워야 하기 때문이다.

많은 작품 속에서 주인공의 성격 변화 곡선, 즉 캐릭터 아크(character arc)는 스토리텔링의 변화 곡선(storytelling arc)을 만든다. 주인공의 성격 변화가 스토리를 전개시키는 것이다. 캐릭터 아크에는 다음과 같은 것들이 있다.


· 성장 아크: 평범한 소년이 뛰어난 마법사로 성장하는 〈해리 포터〉 시리즈처럼 스토리텔링과 캐릭터의 성장이 같은 방향으로 진행된다. 〈응답하라

1988〉에서도 캐릭터들의 성장 과정이 구성의 뼈대가 된다.

· 타락 아크: 선량했던 청년이 범죄 조직을 이끌게 되는 〈대부 2〉의 마이클 코
를레오네처럼 캐릭터가 부정적인 방향으로 바뀌는 스토리다.

· 변신 아크: 딸이 학교에서 괴롭힘을 당하자 고등학생으로 변장한 엄마(김희
선)가 나서는 〈앵그리맘〉처럼, 변신 아크에서는 주인공의 복장·외모뿐 아니
라 내면까지 극적으로 변한다.

· 정체성 탐색 아크: 자신이 누구인지, 무엇을 원하는지 캐릭터 스스로 찾아나
가는 스토리다. 〈캐스트 어웨이〉에서 톰 행크스가 맡은 척 놀랜드는 무인도
에 혼자 남겨진 생존 투쟁의 과정에서 자신의 정체성을 재발견한다. 그가 출
연한 〈포레스트 검프〉도 대표적인 정체성 탐색 아크 작품이며, 〈미생〉의 장
그래도 끊임없이 자신의 정체성을 탐구한다.

이 밖에도 '영웅의 여정 아크' 〈스타워즈〉, '복수 아크' 〈킬 빌〉, 〈복수
의 여신〉, '구속과 해방 아크' 〈쇼생크 탈출〉, '탐험 아크' 〈인터스텔라〉,
'희생 아크' 〈타이타닉〉, 〈미스터 션샤인〉이 있으며, 〈모범택시〉나 〈제임
스 본드〉 시리즈처럼 캐릭터가 큰 변화를 겪지 않는 '평탄 아크'도 있다.

가상의 인물, 캐롯은 어떻게 바뀌는가. 결국 그는 실연을 당해 깊은
충격과 비통에 빠진다. 자책과 후회 속에서 삶의 의욕을 상실한다. 5년
간의 열애는 그의 뇌와 모든 세포에 각인되었고, 그는 이별로 몸의 반
이 잘려 나가는 고통을 받고 있다. 애착이 클수록, 사랑의 간절함이 클

수록 통증도 비례해서 커지기 마련이다.[7] 그래도 그는 주인공이다. 소 잃고 외양간을 고치던 그는 자기 자신부터 고쳐야 한다는 것을 깨닫는다. 그의 성격에 회복탄력성이 자라난다. 깨닫기 시작하니 연쇄적인 변화가 시작된다. 외롭게 방치됐던 자신의 내면 아이와 화해한 캐롯은 이제 베푸는 사람이 되어간다. 소통력이 부족했던 과거를 버리고 타인을 진심으로 존중하는 사람으로 탈바꿈한다.

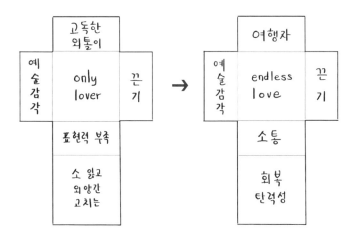

　캐롯은 이별의 트라우마를 안고 평생 공황장애와 우울증에 시달리느니 그 인연을 기적 같은 선물로 간직하기로 한다. 망각보다는 떠난 연인을 있는 그대로 기억하는 '엔드리스 러브'를 선택한다. 캐롯은 그렇게 스스로 엔딩을 바꾸었다. 주인공의 '캐릭터 변화'는 엔딩까지 바꿀 만큼 중요한 요소다.

주인공의 성격이 변화하는 과정은 시청자가 그를 보다 심층적으로 이해하는 과정이다. 극적 상황에서는 앞의 직육면체처럼 주인공의 달라진 모습이 새롭게 나타난다. 이런 과정을 통해 스토리의 후반부에서 시청자는 주인공의 진정한 모습을 만나게 된다.

주인공의 변화와 성장은 오디언스에게 '감동적으로' 스며들어야 한다. 주인공이 엔딩을 앞두고 갑자기 표변하면 작위적인 대본이 된다. 주인공의 변화에 필요한 장치가 바로 복선이고, 암시이며, 씨뿌리기다.


### 3. 주인공은 갈등하는 사람이다.

일상생활에서 우리는 갈등을 싫어하고 회피하려고 한다. 그러나 드라마는 주인공의 갈등에서 시작한다. 갈등을 회피하려는 일부 신인 작가들의 성향은 대본에 그대로 드러나며 위기와 성취가 없는 밋밋한 스토리를 만들기도 한다.

어떤 갈등을 끌고 올지 어렵게 생각하지 말자. 갈등은 우리의 삶 자체에 겹겹이 펼쳐져 있다. 삶 자체가 드라마의 보물 창고인 셈이다. 어느 인물의 갈등 지도를 살펴보자. 이 인물은 캐롯일 수도 있고, 당신을 대입시켜도 된다.

다음 장의 그림 속 여섯 카테고리에서 주인공의 갈등 내역을 뽑아보자.

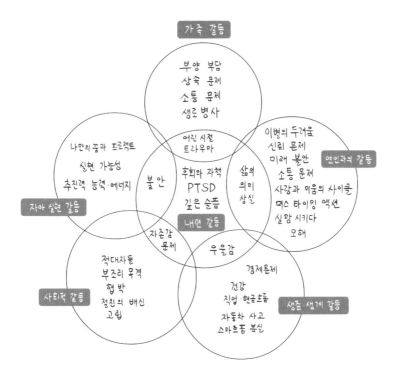

① 내면 갈등

자기 자신과의 갈등으로, 심리적이고 감정적인 갈등이다. 어린 시절 학대나 유기 또는 어떤 사고로 인한 트라우마, 학력, 외모 콤플렉스, 게임, SNS, 유튜브, 스마트폰 집착, 도파민 중독, 우울감, 불면증, 외로움, 불안감, 삶의 의미 상실, 자존감 문제 등이 내면에서 갈등을 일으킨다.

주인공은 자기 일에 대한 의심, 회의가 들기도 하고 스스로를 자책하기도 한다. 내적 갈등은 주인공에게 도덕성, 입체성을 주기도 한다.

② 생존·생계 갈등

주거, 생계, 직업, 건강 문제. 자동차 사고나 휴대전화 분실도 때로는 심각한 갈등을 일으킨다.

③ 연인과의 갈등

이별의 두려움, 신뢰 문제, 미래에 대한 불안함, 소통 문제, 사랑과 미움이 반복되는 사이클, 타이밍이 맞지 않는 사랑의 표현. 오해와 실언, 상대방을 실망시킨 일들이 연인 사이에 갈등을 일으킨다.

④ 가족 갈등

부양 부담, 상속 문제, 소통 문제, 어린 시절의 상처, 피할 수 없는 생로병사가 갈등의 원인이 된다.

⑤ 사회적 갈등

우정의 축소와 단절, 적대자들의 존재, 절친과의 취향 갈등과 피곤한 논쟁, 부조리의 목격, 협박과 배신, 고립 등 친구나 직장 동료, 밖에서 만나는 사람들과의 갈등이다.

⑥ 자아실현 갈등

나만의 꿈을 꾸며 프로젝트를 추진 중이나 실패에 대한 두려움과 회의가 들고 자신감이 부족할 때 갈등이 생긴다.

갈등은 여기에서 그치지 않는다.

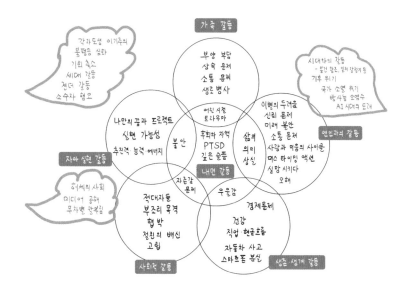

갈등은 지구 온난화, 기후 위기, AI 시대의 도래, 젠더 갈등, 불평등 심화 등 전 지구적, 전 방위적으로 확장될 수 있다. 왕조 시대나 일제 강점기 같은 시대 상황도 주인공의 갈등 요인이다.

수많은 갈등 중에서 단막극은 1~2개에 집중하고, 시리즈는 시간과 분량이 느는 만큼 더 많은 것을 취한다. 장르에 따라 갈등은 서로 다르게 취사선택될 수 있다.

갈등을 겪는 주인공이라고 해서 우거지상을 하고 다녀서는 안 된다.

주인공 캐릭터를 나타낸 직육면체의 한 면, 예를 들어 예술 감각 하나만으로도 주인공을 밝게 그릴 수 있다. 봄꽃을 바라보며 스케치북에 크로키를 하는 그의 눈은 경이로움에 빛나고, 표정은 어린아이처럼 맑다. 피겨 여제 김연아가 잦은 부상과 실패에 대한 불안감, 식단 관리 스트레스로 빙판에서 얼굴을 찡그리고 있는가? 힘차고 기품 있는 동작과 우아한 미소로 프로의 모습을 보여줄 뿐이다. 주인공을 긍휼히 여기지 말라.

이제 갈등은 폭발하고야 만다.

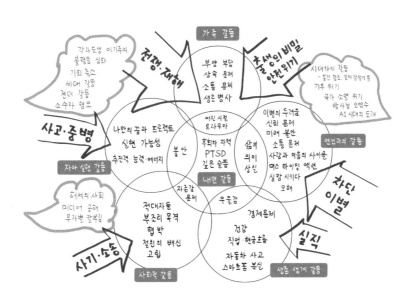

갈등 폭발의 트리거는 전쟁이나 교통사고처럼 외부에서 올 수도 있

고, 오해나 오판처럼 내면에서 올 수도 있다. 갈등을 해결하려는 여러 노력에도 불구하고 주인공은 결국 심각한 위기를 맞는다.

위기 속에서 인간은 다섯 단계의 감정을 거친다. 연인의 이별 통고로 삶의 위기에 처한 캐롯의 경우를 보자.

캐롯이 거치는 감정의 단계는 다음과 같다.

'충격 → 슬픔, 아픔 → 후회, 불안감, 두려움, 공황장애, 트라우마 → 이해, 연민 → 있는 그대로 기억하며 연인에게 감사하기'[18]

대본에 짧게라도 이 과정을 표현해줘야 연인의 아픈 이별이 오디언스에게 전달되고, 공감도 얻는다. 이런 과정 없이 바로 '망각, 환승 혹은 화해'로 이어진다면 주인공 캐릭터에 공감하기란 그 누구도 어려울 것이다. 주인공의 감정 흐름을 바탕으로 하나하나의 감정들을 소중히 다루며 스토리를 전개해야 한다. 장르에 상관없이 작가가 주인공에게 가져야 할 중요한 덕목은 주인공의 감정을 존중하는 일이다. 평가나 심판이 아니다. 작가가 주인공의 감정을 존중해야 시청자들도 그 감정을 수용할 수 있다.

위기는 주인공에게 응전을 촉구한다. 행동에 나서기 전, 주인공이 먼저 해야 할 일이 있다. 현 상황을 직시하고 인정하며 각성하는 것이다. 각성, 깨달음이 있어야 결심하고, 행동할 수 있다. 주인공의 각성과 태도 변화로 스토리는 터닝 포인트를 맞이한다. 주인공은 안으로는 스스로를 치유하고, 밖으로는 위기에 대응한다.

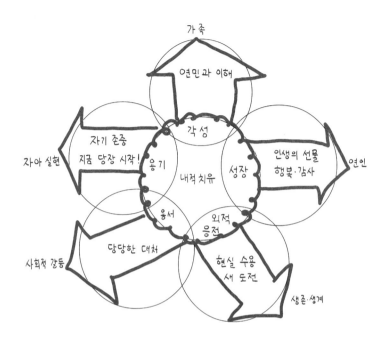

## 4. 주인공은 결심하고 행동한다.

우리 인생처럼 주인공에게도 예기치 않은 사건, 도전, 위기가 닥친다. 안전한 쪽이든, 위험한 쪽이든 주인공은 판단하고 결심한다. 주인공이 결심하지 않고 행동을 미루면 극은 정체된다. 주인공의 결심이 극의 흐름을 바꾸고, 시청자의 주의를 모은다.

잘못된 정보나 인식에서 발생한 주인공의 오판도 스토리 초반에 긴장감을 준다. 극의 후반부에서 주인공은 중대 결심을 하고, 이 결심이 스토리를 대전환의 국면으로 이끈다.

작가는 주인공이 판단하고 결심하는 심리적·성격적·상황적·관계적 이유를 분명하게 보여줘야 한다. 주인공의 행동 이유를 알아야만 시청자는 그의 여정에 동행할 수 있다. 이 동행은 주인공의 '간절한 목적'이 무엇인지 명확히 밝혀주는 것에서부터 출발한다. 목표가 뚜렷하지 않은 주인공에게 감정을 이입하기란 쉽지 않다. 주인공의 목적과 결심, 행동은 극을 전개시키는 가장 중요한 동력이다.

### 5. 주인공은 클라이맥스에서 결정적 역할을 한다.

문제가 극적으로 해결되는 해피 엔딩이든, 비극적 죽음으로 끝나는 새드 엔딩이든 극의 클라이맥스는 '주인공의 씬'이어야 한다. 주인공의 결정적 행동으로 엔딩이 결정되어야 한다. 천재지변이나 우연, 조연의 힘으로 문제가 해결되면 스토리가 힘을 잃는다. 엔딩에서 주인공을 구경꾼으로 만들어버리면, 그것은 주인공에 대한 예의가 아니다.

### 6. 주인공에게는 문제 해결 능력이 있다.

엔딩에서 발휘될 주인공의 문제 해결 능력을 초반에 슬쩍 비춰져야 한다. '주인공은 복권에 당첨될 기회를 갖는다.' 이런 잠재적 힘이 앞부분에서 제시되지 않으면, 극 후반에서 주인공이 극적으로 문제를 해결할 때 부자연스럽고 작위적인 느낌이 든다. 또는 주인공의 역량과 에너지 수위가 낮아 극이 활력을 잃고 다운되기도 한다.

작가는 열정을 다해 주인공의 능력을 믿어줘야 한다. 그리고 그 믿음이 시청자에게 전이되어야 한다. 물론 문제 해결 능력을 가진 것과 실제로 문제를 해결하는 일은 다르다. 문제 해결 능력을 갖고 있더라도, 문제 해결에 실패할 수 있다. 하지만 외적인 실패를 통해 작가는 주인공의 내면이 어떻게 성장했는지 보여줄 수 있고, 혹은 실패도 자연 법칙의 일부라는 인생의 무상함을 보여줄 수도 있다.

**7. 주인공은 반드시 고난을 겪는다.**

주인공답다는 것은 특별한 시련과 고난을 겪을 수밖에 없다는 말이다. 시련과 고난이 그를 고통스럽게 하고, 좌절시키기도 하지만 결국 그는 이를 통해 성장하고 강해진다. 주인공의 고통을 묘사하는 일이 작가에게 스트레스가 되기도 하지만, 그렇다고 회피한다면 주인공도, 작가도 성장하지 못한다. 주인공의 시련과 고난은 극본 구성에서도 핵심 역할을 한다. 작가는 시련과 고난의 설계자이며 고통의 세밀화가다.

괴로움, 상처, 고통, 아픔을 겪으며 주인공은 비로소 진실을 보게 되고, 이 과정에서 성장한다. 시청자는 주인공의 고난을 간접 체험하고, 그 극복 과정을 함께 함으로써 카타르시스를 얻는다. 이것이 드라마 소비의 핵심이다.

고난의 크기는 중요하지 않다. 작은 견해 차이로 인한 갈등, 묘한 낌새, 1이 사라지지 않는 메시지, 받지 않는 전화도 장르와 맥락에 따라 주인공의 고난이다. 우리는 잎새에 이는 바람에도 괴로워하는 존재다.

그런데 주인공의 시련과 고난이 과거의 일이라면 시청자의 참여는 느슨해지고, 극은 과거에 얽매여 답답해진다. 시련이나 고난은 현재의 이슈가 진행되는 동안, 특히 전반부에 닥쳐야 한다.

## 8. 주인공은 취약한 부분이 있어야 한다.

빛나는 외모, 뛰어난 두뇌와 능력, 상위 0.1퍼센트의 재력, 넘치는 배려와 포용력, 일편단심의 사랑. 주인공이 이렇게나 완벽하면 인물의 현실감이 떨어져 시청자가 감정 이입하기 어려워진다. 이런 인물이 꼭 주인공이어야 한다면, 시한부 인생이거나 뱀파이어로 만드는 게 낫다.

주인공의 취약성은 희귀병·실직·누명 같은 외적 사건일 수도 있고, 스스로를 믿지 못하거나 겁이 많은 성격과 같은 심리적 문제일 수도 있다. 주인공은 자신의 취약성을 자발적으로 공개함으로써 주인공다움을 강화할 수 있다. 이런 주인공의 모습을 보며 누군가는 비난하지만, 누군가는 오히려 긍정적인 평가를 내린다. 드라마에서는 반드시 후자의 리액션이 있어야만 시청자가 주인공을 매력적인 인물로 받아들일 수 있다. 자신이 자폐 스펙트럼을 가진 장애인이라고 첫 공판 첫 발언에서 밝히는 〈이상한 변호사 우영우〉의 우영우(박은빈)처럼 주인공이 자신의 취약성을 공개하고 인정할 때, 주인공은 솔직하고 용기 있는 인물, 취약성을 이겨내기 위해 분투하는 인물이 될 수 있다.

마찬가지로 주인공의 뛰어난 능력 역시 누군가가 제삼자의 시선으로 알아봐줄 때 더욱 부각된다. 〈낭만닥터 김사부 3〉 1회에서 군의관 이선웅(이홍내)은 돌담병원팀의 선내 응급수술을 보며 경탄을 금치 못한다. "저게 가능하다고?"

돌담병원팀의 낭만적이고도 신묘한 의술은 군의관 선웅의 감탄스런 시선 덕분에 그 웅장함이 더욱 증폭된다. 결국 이 캐릭터는 2회 오프닝과 엔딩 장면인 돌담병원 의사 채용 면접 씬에 재등장하며 팀의 뛰어난 능력의 증인이 된다.

나의 취약성은 스스로 밝히고, 나의 훌륭함은 제삼자가 밝혀주는 게 실제 인생에서도 훈훈하듯, 드라마의 캐릭터를 구축하는 데에서도 똑같이 적용된다.

### 9. 주인공은 리액션하는 사람이다.

드라마 연기에서 가장 중요한 것은 반응(reaction)이다. 어떤 상황, 사건, 대사, 표정에 대한 반응이다. 주인공의 리액션 감정은 주로 얼굴 표정 연기로 표현되지만, 몸의 움직임으로도 나타난다. 시청자는 드라마에서 벌어지는 사건보다도 주인공의 리액션 감정에 더 반응한다. 이 과정이 주인공에 대한 시청자의 감정 이입이다.

드라마 연출가로서 내가 가장 중요시했던 것 역시 극적 상황보다도 배우의 리액션 감정을 잘 담아내는 일이었다. 리액션 감정을 자연스럽게 불러내는 대사가 좋은 대사다.

리액션은 단순히 액션에 반응하는 인물의 표정에서 그치지 않는다. 주인공은 왜 그런 일이 생겼는지 따져본 후 결심 끝에 행동에 나선다. '상대방의 액션 → 주인공의 감정 리액션 → 상대방의 액션 분석(주인공의 이성적 리액션) → 주인공의 결심과 선택 → 주인공의 새로운 액션'. 이 일련의 과정이 액션에 대한 리액션이다. 리액션을 짧게 쓰지 말라. 자극과 반응 사이의 공간을 이용하라. 그 사이에 호흡을 충분히 주면 캐릭터가 살고 사건이 강해지며 스토리텔링은 깊어진다.

---

<네 멋대로 해라>의 6회 엔딩 대사는 심장을 두근거리게 한다. 전경(이나영)은 복수(양동근)에게 "좋아해두 되나요?"라고 묻는다. 소매치기에 애인도 있는 남자에게. 7회 첫 씬은 전경의 고백을 받은 복수의 리액션으로 시작한다.

> 1. # 경의 정류장 (밤)
>
> 하드를 빨며 깡충깡충 뛰어오는 복수.
>
> 복수의 얼굴엔 미소가 어린다.
>
> 복수  (미소가 가시지 않은 채) 어뜩하지, 어뜩하지?

나는 배우에게 지문의 '깡충깡충'을 최대한 표현해보자고 했다. 카메라가 돌자 깡충깡충 뛰던 그는 스턴트의 도움 없이 즉석에서 공중제비를 돌았다. 하늘을 향해 붕 떠올라 한 바퀴 도는 그의 아름다운 몸짓, 개구진 미소. 최고의 대사에 걸맞은 최고의 리액션이었다.

---

## 10. 주인공은 에피소드를 끌고 온다.

주인공을 만드는 것은 전적으로 창조주인 당신의 일이다. 일단 주인공을 만들어 두면, 그 주인공이 스토리를 만들어가기 시작한다. 만약 당신의 주인공이 패션 디자이너를 꿈꾼다면 다음과 같은 에피소드들이 자동으로 따라붙는다.

· 주인공의 숨겨진 패션 디자인 감각과 그의 잠재성을 알아보는 멘토의 눈

· 주인공이 패션계에 내딛는 첫발: 창의성과 열정으로 주목받으며 데뷔

· 경쟁 디자이너와의 대결: 경쟁자와 대결하며, 자신만의 스타일을 개발

· 패션쇼 준비와 위기: 중요한 패션쇼를 앞두고 벌어진 갑작스런 문제와 극복

· 셀럽과의 협업: 셀럽과의 협업 기회에서 겪는 의견 충돌

· 디자인 도용 위기: 다른 이에게 디자인이 도용되는 위기

· 위기와 재기: 개인적인 문제나 트렌드의 변화로 창작 활동에 어려움을 겪는 주인공의 모습과 재기의 과정

· 사회적 이슈와 패션: 사회적 이슈, 예를 들어 '지속 가능한 패션'을 주제로 한 컬렉션 준비

· 사랑과 패션: 패션계에서 맺어진 사랑을 그리며, 사랑과 일 사이에서 균형을 찾는 플롯

만약 당신의 주인공이 운동선수라면 이런 에피소드들이 따라온다.

· 천부적 잠재성의 발견

· 첫 도전: 주인공이 처음으로 큰 대회에 참가하며 겪는 긴장감과 설렘

· 라이벌과의 경쟁

· 부상과 복귀

· 개인적 위기: 가족, 연애 등의 문제로 경기에 집중하기 어려워하는 모습

· 참담한 패배

· 불같은 성격인 코치의 지도 아래 혹독한 훈련

· 주인공만 할 수 있는 쿼드러플 악셀 점프 같은 특별 기술의 연마

· 이길 수 없을 것 같은 상대와의 대역전극

· 도핑 스캔들

· 스포츠 정신: 경기 중 불공정한 상황에 직면했음에도 스포츠 정신을 지키는
  주인공의 모습


주인공의 직업뿐 아니라, 콘셉트도 에피소드를 부른다. 만약 '비밀
스러운 사랑'이 주제라면, 다음과 같은 에피소드들이 떠오를 것이다.


· 비밀스러운 사랑의 시작: 서로에게 끌리기 시작하는 두 주인공과 그들의 관
  계가 알려지면 안 되는 이유

· 위험한 만남: 주인공 커플이 비밀리에 만나는 동안 직면하는 긴장감 넘치는
  상황과 그로 인해 위험에 처하는 그들의 관계

· 가까운 이들의 의심: 두 사람의 관계를 의심하기 시작하는 친구 혹은 가족들
  의 모습과 의심을 피하기 위한 주인공들의 노력

· 감정의 고조: 비밀스러운 관계 속에서 깊어지는 사랑과 그들 사이에서 고조

되는 감정적 긴장

· 숨겨진 과거: 주인공 중 한 명의 숨겨진 과거가 밝혀지며, 영향을 받는 두 사람의 관계

· 사회적 압력: 사회적 터부나 기대에서 오는 압력 때문에 관계를 숨겨야 하는 주인공들의 모습

· 내적 갈등: 사랑과 개인적 가치, 사회적 기대 사이에서 갈등하는 주인공들의 내적 싸움. 그 속에서 발생하는 불신과 오해 등 관계의 위기

· 위기의 순간: 비밀이 드러날 위기에 직면하는 두 사람의 모습과 이를 극복하는 모습

· 희생과 결단: 사랑을 지키기 위해 큰 희생을 감수해야 하는 딜레마 상황

· 이별과 그리움: '어쩔 수 없는 여러 장애물' 때문에 이별하지만, 이별을 기회로 그리움이 깊어지며 더 큰 사랑을 깨닫는 두 주인공의 모습

· 사랑의 승리: 주인공들이 모든 장애물을 넘어서며 사랑의 힘으로 하나가 되는 엔딩


스토리의 소재나 주제, 주인공의 직업을 정하자마자 따라오는 이런 플롯들은 하나의 패턴이자 클리셰이며, 시청자의 기대이자 예측이다. 작가가 이런 패턴, 클리셰, 시청자의 관습적인 기대를 모조리 배제하면 드라마는 낯설고 생경해진다. 그렇다고 드라마가 이러한 요소들로만 채워진다면 올드하고 지루해 보일 것이다.

주인공이 가져오는 스테레오 타입의 플롯들을 어떻게 비틀고, 어떻

게 자신만의 독특한 어프로우치(approach)*로 접근하느냐가 작가의 과제다. 어프로우치란 당신만의 경험, 상상력, 아이디어, 메모를 '인출'해 주인공의 직업이나 작품의 핵심 키워드에 결합하는 작업이다. 대본의 완성도를 결정하는 것은 주인공이나 콘셉트가 아니다. 당신만의 고유한 접근법, 특별한 디테일, 남다른 세계관이다.

## 빌런도 주인공이 될 수 있는가?

물론이다. 다만 몇 가지 고려할 사항이 있다.

일반적으로 빌런은 안타고니스트로서 주인공을 고난에 빠뜨리지만, 그로 인해서 주인공을 더욱 강한 인물로 만들어주기도 하는 캐릭터다.

〈해리 포터〉 시리즈의 무자비한 암흑 마법사 볼드모트(랄프 파인즈 외), 〈어벤져스〉에서 우주의 균형을 맞추기 위해 인구의 절반을 소멸시키려는 타노스(조슈 브롤린), 〈스타워즈〉에서 고통, 사랑, 배신, 두려움

---

* approach의 유의어(thesaurus)를 찾아보면 method, strategy, technique, way, tactic, procedure, system, style, manner, mode, fashion, attitude, prospective, path, course, line of attack, angle, means, road, avenue가 있다. '접근'이란 단어는 내가 규정하는 어프로우치의 한 부분이라서 불편함을 무릅쓰고 '어프로우치'라고 쓰겠다. 좀 더 부연 설명하면 '어프로우치'는 '작가의 주관적이며 디테일하고, 내밀하며 독특한 접근·전략·기술·태도·관점·길'을 의미한다.

등 복잡한 감정을 보여주는 다스베이더(데이브 프라우즈)가 그렇다. 앤서니 홉킨스가 연기한 〈양들의 침묵〉의 한니발 렉터, 앤서니 퍼킨스가 연기한 〈사이코〉의 노먼 베이츠는 역사상 가장 위대한 빌런이다. 〈시계태엽 오렌지〉의 알렉스(말콤 맥도웰)도 영화사에 남을 빌런이지만, 당국에 의해 강제 뇌수술을 받은 이후 인간성을 상실하며 차원이 다른 화두를 안겨준다.

〈이상한 변호사 우영우〉에서 권민우(주종혁)는 우영우를 향한 극도의 라이벌 의식으로 온갖 모략을 펼치며, 〈경이로운 소문〉의 지청신(이홍내)은 살인 청부 등 악독한 만행을 저지르는 악귀의 숙주다. 〈펜트하우스〉의 천서진(김소연)은 금수저로 태어나 부정행위, 학대, 불륜을 서슴지 않는 캐릭터로 강렬한 인상을 남겼다.

빌런들은 자신을 결코 악당으로 여기지 않는다. 아울러 '진정으로 훌륭한 배우는 결코 등장인물을 평가하지 않는다.'[9] 그러니 작가는 빌런을 빚을 때 주인공 이상의 애정과 정성을 쏟아야 한다. 빌런이 드라마에 긴장을 주는 이유는 그가 악해서가 아니다. 유능해서다. 여기에 인간적인 매력까지 더해지면 빌런은 훨씬 더 위험한 존재가 된다. 유약한 주인공과 유능한 빌런의 대립 구도가 긴장감을 증폭시킨다.

빌런이 주인공인 작품에서는 반드시 오디언스가 빌런의 감정에 이입할 수 있어야 한다. 〈다크 나이트〉의 조커(히스 레저), 〈대부 2〉의 마이클 코를레오네가 그렇다. 성장 과정, 가족사, 주변 환경, 성격, 생존 조건에 대한 묘사를 통해 빌런이 될 수밖에 없던 이유를 이해하면, 그들의 살인과 악행마저 이해하게 되는 것이다. 조커는 자신의 꿈이 여러 사람들 앞에서 무시당하고 망신당했으며, 마이클 코를레오네는 가족과 사업이 몰살 위기에 빠졌고, 〈기생충〉의 기태(송강호)는 자신에게서 냄새가 난다는 말에 참을 수 없는 모욕감을 느꼈다.

빌런을 주인공으로 삼을 때 주의할 것들이 있다. 그저 악행만 일삼는 빌런, 성장 과정과 심리를 이해할 수 없는 빌런, 악행을 저지르는 이유가 정상 참작의 여지없이 그저 악하기만 한 경우는 위험하다. 주인공의 자격이 없는 것이다.

작가가 빌런을 나쁜 인간으로 판단해버린 채 대본을 쓰면, 더욱 형편없는 대본이 나온다. 감정 이입이 차단되기 때문이다. 측은지심이 드는 빌런, 인간적으로 매력 있는 빌런이 드라마를 풍부하게 하고, 시청자를 더욱 긴장시킨다.

다만 이러한 서사와 캐릭터 탐구는 빌런이 주인공일 경우에 한해 중요하다. 스토리 전개상 빌런이 그저 악당인 경우에는 자칫하면 용서할 수 없는 악당에게 마이크를 쥐어주는 우를 범할 수도 있다.

반사회적 행동이나 악행만 하는 캐릭터를 관찰해보면, 정신 장애를 지닌 '환자'로 보이기도 한다. 문제적 인물을 성격이 다소 뾰족하다고 보는 것과 정신 장애를 지닌 사람으로 인식하는 것은 캐릭터 해석에서 큰 차이가 있다. 그 두 사람은 완전히 다른 사람이다.

그리고 한 가지 더, 빌런을 반드시 거대한 악당으로만 생각하지 말자. 자식이 다 큰 어른인데도 시시콜콜 간섭하며 "너 때문에 내 인생이

망가졌어.", "네가 그렇지, 뭐." 말끝마다 주인공의 자존감을 뭉개는 엄마도 최악의 빌런일 수 있다. 앞에선 의리와 우정을 맹세해놓고 안 보이는 데에선 주인공의 치명적인 약점을 떠벌리고 다니는 절친도 맥락에 따라 빌런이다.

주인공의 가장 크고 무서운 적이 주인공 자신인 경우도 많다. 사랑하는 사람을 믿지 못하고, 자신조차 믿지 못하는 불신과 불안의 감정 상태가 주인공을 가장 큰 위기에 빠뜨리기도 한다.

## 주인공으로서의 작가 자신

작가 자신을 주인공 캐릭터로 삼아 집필하는 것은 매우 자연스러운 일이다. 사실 캐릭터를 만든다는 것은 '나는 누구인가?'라는 평생에 걸친 질문에 작가가 답하는 과정이기도 하다. 현대 멜로드라마의 시조라고 할 수 있는 제인 오스틴을 비롯해 수많은 작가가 자기 자신을 주인공으로 작품을 써왔다. 2022년 노벨 문학상 수상자인 아니 에르노는 자신이 겪은 일로만 소설을 쓴다는 창작관을 가지고 있다. 〈SKY 캐슬〉과 〈일타 스캔들〉은 작가가 학부모로서 직접 겪은 대학 입시의 경험에서 기획이 시작됐다.

사실 주인공을 누구로 설정하든 그 안에 작가의 성격·기질·특징이 일부 들어갈 수밖에 없다. 의도하지 않더라도, 삶에서 경험한 것들, 내면의 어떤 모습들이 작가 자신도 모르는 사이에 대본에 스며들 수 있

다. 모든 예술은 일종의 고백이다.[10]

　인간은 누구나 각자의 인생에서 주인공이다. 우리는 종종 이 삶이 드라마 같다고 생각한다. 세상이라는 정교한 세트 아래에서, 조연과 단역에 둘러싸여 주인공으로서 역할을 수행하고 있는 것이다. 나는 내 세계의 주인공이고, 당신은 당신 세계의 주인공이다.

　인생은 본래 스토리텔링의 속성을 갖는다. 우리의 자아를 이루는 모든 기억은 이야기 형태로 저장되어 있다. 자신의 경험에 의미를 부여하며 끊임없이 이야기를 만들어내는 존재가 곧 '나'라는 자의식이다. 무언가를 생각하는 것, 무언가를 느끼고 경험하는 것 자체가 모두 스토리텔링이다.[11] 의식은 나의 경험을 타인에게 이야기할 수 있는 것으로 끊임없이 전환한다.[12]

　작가 자신을 주인공으로 삼을 경우 여러 장점이 있다. 캐릭터를 누구보다도 잘 알고 있고, 자료 조사나 취재에 소요되는 시간도 절약된다. 체험에 입각한 매우 리얼한 에피소드를 만들 수 있으며, 행동과 감정의 디테일을 풍부하게 살릴 수 있다. 무엇보다도 이 스토리는 가짜가 아닌, 진짜 스토리다!

　반면에 치명적인 단점도 있다. 경우에 따라 극이 소소해지고 사건은 작아지며 급기야 지리멸렬해진다. 작가 자신의 캐릭터와 스토리를 그대로 재현했기 때문에 극성이 부족한 것이다. 전쟁을 겪은 박완서의 시대가 아닌 오늘의 시대에서는 더욱 그렇다.

　일상생활에서 우리는 보통 합리적이고 선량한 삶을 추구한다. 그런

데 주인공마저 '합리적이고 착한 사람'이라는 아이덴티티에 고착되면 캐릭터의 폭과 깊이에 제한이 생기고, 스토리의 진폭도 적을 수 있다. 빌런뿐 아니라 주인공 역시 비합리적이거나 모순을 안고 있을 때 더 매력적이며 입체적일 수 있다. 자신을 주인공으로 삼더라도 모티브 정도로 두는 편이 낫다. 이를 토대로 용감한, 무모한, 과감한 상상력을 더해 연금술을 부리는 게 작가의 일이다.

## 조연 캐릭터 만들기

조연 캐릭터는 주인공 캐릭터 만드는 방법을 활용해 생각해볼 수 있다. 조연 캐릭터의 경우, 입체성이 2~3면으로 줄어드니 만들어내기 한결 수월하고, 전사(前事)도 주인공과 얽힌 부분만 중요하게 다뤄주면 된다. 당신이 쓰는 드라마엔 어떤 조연 캐릭터가 필요할까?

조연 캐릭터는 주인공과의 관계에서 나온다. 적대자, 라이벌, 훼방꾼, 배신자, 조력자, 친구, 스승 등 주인공에게 어떤 역할이냐에 따라 만들어진다. 다음은 시리즈 드라마에 전형적으로 등장하는 조연 캐릭터의 유형과 역할이다.

· 적대자: 주인공의 목표를 방해하며 드라마의 긴장감과 갈등을 조성한다.
· 라이벌: 주인공과 경쟁하는 인물로 서로의 성장을 촉진한다.
· 훼방꾼: 주인공의 계획을 방해하며 이야기에 복잡성을 더한다.

· 배신자: 주인공을 배신하여 드라마에 반전을 준다.

· 조력자: 주인공의 목표 달성에 필요한 자원을 제공한다.

· 주인공과 가장 가까운 친구: 감정적 지지와 안정감을 준다.

· 스승: 주인공에게 지식과 지혜를 전달하며 성장을 돕는다.

· 롤 모델: 주인공이 존경하고 따르는 인물로 영감을 준다.

· 코믹 캐릭터: 유머로 분위기를 가볍게 하고 긴장을 완화한다.

· 정보원: 중요한 정보를 제공하여 이야기의 흐름을 바꾸기도 한다.

· 비밀스러운 동맹: 주인공을 몰래 돕는 인물로, 예상치 못한 도움을 제공한다.

· 중재자: 갈등 상황에서 중재하고 해결책을 찾는 인물이다.

· 이중 스파이: 간에 붙었다 쓸개에 붙었다 하는 캐릭터다.

· 시청자의 대변자: 시청자 입장에서 상식적·합리적·일반적 가치관과 판단력
  을 보여주는 인물이다.

## 서사가 먼저냐, 캐릭터가 먼저냐

'서사가 먼저냐, 캐릭터가 먼저냐'라는 물음에 나는 언제나 캐릭터가 먼저라고 답해왔다. 일반적으로 시리즈 시청자들은 서사에 앞서 캐릭터에 매료되고, 그 캐릭터를 연기하는 배우를 소비한다.

〈동백꽃 필 무렵〉의 박복한 주인공 동백(공효진)은 무시당하는 상황을 참지 못한다. 차별과 편견에 맞서는 동백의 리액션은 장르물 텐션에 못지않게 주의를 집중시킨다. 평범한 일상을 다룬 드라마에서 극적

긴장과 카타르시스를 주는 힘은 캐릭터에 있다. 〈나의 해방일지〉 염미정의 무표정과 무심함은 어떤 표정 연기보다도 우리 가슴에 깊이 들어온다. 시청자는 묵묵히 오늘을 사는 등장인물에게 저도 모르게 빨려들고, 힐링을 맛본다. 캐릭터 중심 드라마의 마술이다.

로맨틱코미디는 캐릭터가 결정적이고, 범죄·수사 등의 장르물은 서사가 중요하지만 단순히 이분법으로 나눌 문제는 아니다. 로맨틱코미디에서 캐릭터가 아무리 매력적일지라도 서사가 빈약하면 그 매력을 뽐낼 기회가 없어지고, 장르물에서 아무리 큰 사건이 여러 번 닥치더라도 캐릭터의 섬세한 리액션이 없다면 그저 심심하다. 캐릭터와 스토리 구성은 상호 보완되어 긴밀하게 결합되어야 한다.

인물의 심리적·정서적 성격과 외모를 단순히 묘사해서는, 시청자의 마음을 사로잡는 캐릭터를 창조할 수 없다. 작가는 인물의 비하인드 스토리와 행동의 동기를 캐물어야 하며, 그가 처한 딜레마를 깊이 파고들어야 한다. 오디언스가 캐릭터에 감정 이입할 수 있도록, 그의 내면적 갈등과 변화 과정을 섬세하게 담아내야 한다. 이를 통해 주인공 캐릭터는 단순한 이미지를 넘어서 생동감 있고 기억에 남는 존재로 거듭난다.

주인공 캐릭터는 드라마의 주제와 톤앤매너를 결정하며, 스토리를 끌고 가고, 독창적인 스토리텔링을 만들어낸다. 또한, 대사의 스타일뿐 아니라 대사 자체를 만들어낸다. 그 성격 때문에 위기를 초래하고,

주인공 캐릭터 만들기

또 그 성격 덕분에 위기를 해결한다.

    주인공을 창조하는 과정에서 무엇보다 작가인 당신이 주인공 캐릭터에 흠뻑 빠져야 한다. 당신의 마음을 사로잡는 주인공 캐릭터는 극본 집필의 강력한 에너지원이다. 당신이 사로잡혀야만 시청자의 마음을 훔칠 수 있다.

# 시놉시스 만들기

여기까지 오며 당신은 콘셉트와 등장인물 캐릭터를 확보했다. 이제 시놉시스를 만들어보자. 시놉시스에는 무엇이 들어가는가?

- 제목

- 로그라인

- 포맷과 장르(예: 70분 12부작, 로맨틱코미디+스릴러)

- 기획의도(주제와 메시지)

- 셀링 포인트

- 등장인물 캐릭터 소개

- 전체 줄거리(회별 줄거리 포함)

시놉시스는 드라마의 지도이자 스토리 설계도다. 작가는 시놉시스에 기초해 대본을 써 내려가고, 심사위원이나 감독은 시놉시스를 읽으며 작품을 1차 평가한다. 작가는 자료 조사와 취재로 시놉시스 작업을 시작하는데 평소 일상에서 메모하는 습관이 이 작업에 큰 도움을 준다.

## 사전 준비는 꼼꼼하게

### 작가는 메모하는 사람이다

일상에서 당신이 듣고 말하는 모든 것이 대사가 될 수 있다. 느낌이 오면 바로 적어두자. 책의 한 구절, 유튜버의 어느 멘트, 포털의 작은 기사 등 무엇이든 상관없다. 당신의 호기심을 자극하는 즉시 옮겨 적고, 당신이 거기에 왜 끌렸는지 감정적·논리적 이유를 짧게 메모해두자. 작가는 끊임없이 메모하는 사람이다. 소설가 양귀자는 어떤 말이 섬광처럼 튀어나오면 놓치지 말고 메모하라고 말한다.[13]

이 책을 집필할 때 쓴 메모 카드

스마트폰 앱을 이용하면 언제 어디서나 간편하게 메모할 수 있다. 때로는 두꺼운 재질의 메모 카드도 유용하다. 종이에 직접 메모하면 손으로 필기하는 직관적인 즐거움을 느낄 수 있으며, 메모 카드를 몇 장 뒤섞어 보는 행위만으로도 다양한 구성을 시도해볼 수 있어 유용하다.

메모 카드는 한 장에 딱 한 가지만 적는다. 짧은 순간에 하나의 아이디어, 하나의 이슈에만 몰두해 정보와 생각을 모으는 것이다. 짧은 시간에 너무 많은 생각과 이야기를 꾸리려고 하면 집중력과 깊이가 부족해, 결과물이 빈약하고 초라해진다. 한 번에 하나의 생각이니 과감하게 가 보자.

메모 카드를 쓸 때는 정보, 팩트, 사건보다 당신이 느낀 그때 그 감정들이 더 중요하다. 당신이 느낀 감정을 당신만의 해석을 담아 당신만의 단어로 적어보자. 발견한 것, 떠오른 아이디어 모두 좋다. 감정과 감각은 금방 휘발되고 망각되거나 조작되니 즉시 써서 그대로 남겨보자.

메모 카드의 또 다른 장점은 글 막힘의 교착 상태를 풀어줄 비장의 카드가 되어준다는 점이다. 한 장의 메모 카드를 놓고 대여섯 문장을 추가해보자. 이런 식으로 한 씬이나 한 시퀀스가 만들어질 수 있다.[14]

## 꼼꼼한 자료 조사와 취재는 기본이다

본인이 잘 알고 있는 분야라고 해서 머릿속에 있는 정보만으로 상상해서 집필하면 한계에 부딪히기 마련이다. 자료 조사와 취재를 통해 주인공과 그를 둘러싼 세계를 꼼꼼하게 조사하자.

주인공이 파일럿이라면 조종사가 되기까지의 교육 훈련 과정, 항공사의 시스템과 근무 방식 등을 조사하고 취재해야 한다. 엽기적 살인 사건을 다룬다면 기사를 검색하고, 유사한 사건들을 조사해보는 동시에 경찰 조직 구조와 형사들의 수사 방법도 알아야 한다.

다음은 당신이 성실하게 수행해야 할 리서치 목록이다.


· 주인공의 직업이나 작품 소재에 대한 단행본 독서

· 그 분야의 용어 사전이나 체험기 찾아 읽기. 이를테면 '의학용어사전', '기초

  법률상식', '경찰실무론' 같은 책으로, 그 분야의 계급 제도, 조직도, 실무 용어

  등을 적절히 구사하기 위해 필요

· 관련 다큐멘터리 찾아보기

· 기사, 블로그, 유튜브 등의 인터넷 자료 검색하기

· 현장 취재

· 관련 기관이나 인물 인터뷰

  → 조사한 내용의 정리와 취사선택


자료 조사와 취재를 깊이 있고 풍부하게 할수록 드라마 속 세계와 인물들이 풍부함을 갖는다. 당신의 작품 세계를 확장시키는 길은 바로 여기에 달려 있다. 특히 주인공의 직업군 인터뷰는 절대 빼놓지 말아야 한다. 실제 인물을 취재하는 과정에서 관련 자료와 정보만 얻어지는 게 아니다. 캐릭터를 보강할 수 있는 힌트, 생각지도 못했던 에피소드, 실제로 만나지 않았다면 절대 포착할 수 없었을 미묘한 뉘앙스, 인사이트까지 손에 쥐게 된다. 사람 얘기를 들으며 취재하는 노희경 작가는 "취재가 1년이면 대본 쓰는 데 1년."[15] 걸린다고 말한다.

리서치를 하다 보면 현재 준비하고 있는 작품과 관련성은 떨어지지

만, 재미있고 관심 가는 것들이 생겨날 것이다. 이 부스러기를 버리지 말고 소중히 관리하자. 메모 앱이나 메모 카드에 '왜 이 정보가 재미있는지' 느낌까지 적어서 보관해보자. 나중에 다른 기획을 할 때 유용하기도 하고, 우연한 토픽에 당신의 감각을 접목시켜보는 연습이기도 하다. 생생히 살아 있는 당신의 감각을 물리적으로 저장해두는 것이다.

<맛있는 청혼>을 준비할 때 서울의 5대 유명 중국 음식점 주방에 캠코더를 들고 들어가 취재했다. 조리 기구의 후끈한 열기 속에서 날것의 재료들이 맛있는 요리로 변신하는 과정을 순서대로 찍어, 그 테이프를 작가에게 전해주기도 했다. 그 취재 덕분에 제작에 들어갔을 때 정준, 손예진, 소유진 등 주인공들이 요리하는 모습을 디테일하게 촬영할 수 있었고, 그런 세밀한 요리 클로즈업 장면들이 드라마의 스타일을 만들어줬다. 세트장에서 손 모델의 대역 연기와 요리 촬영에 열중하는 내 모습을 보고, 박근형 배우는 "출연자에게도 양파만큼의 애정을 보여달라."고 항의할 정도였다.

과거 메디컬 드라마를 준비하던 작가들은 종합병원 의국에서 레지던트 꽁무니를 따라다니며 한 달을 살았다. 하지만 신인 작가 입장에서는 취재와 인터뷰가 부담스럽고 겁이 나기도 한다. 방송사나 제작사와 계약을 맺지 않은 작가라면 협조 공문조차 보낼 수 없다.

처음부터 너무 부담을 가질 필요는 없다. 웹 서치와 유튜브만으로도 어느 정도 자료 조사를 할 수 있는 세상이다. 실제로 어떤 작가는 발로 뛰는 자료 조사와 취재는 이제 필요 없다고 말한다. 유튜브와 구글링만으로 원하는 정보를 다 얻었다는 것이다. 리서치 방법은 작가의 작업 스타일과 작품의 장르에 따라 다 다르겠지만, 관련 인물의 인터뷰만큼은 취재의 기본이니 꼭 해봐야 한다.

### 취재가 독이 되지 않으려면

현장 취재는 때로 위험하다. 조폭을 취재하며 친분을 쌓았다가 감당하기 어려운 요구와 협박을 받은 작가의 경우도 있다. 마약, 인신매매 등의 범죄자들까지 굳이 직접 취재할 필요는 없다. 그들을 수사하는 형사들을 취재하면 된다. 경찰청 홍보실 담당자에게 직접 연락해보라.

열심히 한 취재가 오히려 독이 되는 경우도 있다. 의학·수사 드라마에서 종종 그런 경우가 발생하는데 인터뷰이에게 감동을 받거나, 서로 친해지면서 문제가 생긴다. 검찰의 도움을 받아 취재한 후 검사들을 과도하게 비현실적으로 영웅시한 드라마를 쓰기도 하고, 조폭과 친해진 후 폭력배에 불과한 이들을 의리의 사나이로 미화하는 작품이 나오기도 한다. 취재했던 집단을 옹호·변호하는 내용도 문제지만, 취재한 내용을 대본에 과도하게 반영하는 것도 문제다. 설명이 늘어나고 스토리 진행이 더뎌져, 주인공의 감정선이 끊기고, 대본의 질이 떨어진다. 이처럼 자료 조사와 취재에 과도하게 매달리면 그 안에 갇힐 위험이 크다. 판단력에 마비가 오고, 시간 낭비도 심하다.

자료 조사와 취재 내용은 가공해야 할 재료에 불과하다. 스토리텔링은 작가의 실과 바늘에서 나오지, 바닥의 구슬에서 나오지 않는다. 작가 입장에서 아무리 재미있고 귀한 자료라 할지라도 드라마에 도움이 안 된다면 과감하게 창고로 보내야 한다. 특히 취재 대상에게서 심리적 거리를 유지해야 한다.

## 드라마의 시공간 디자인하기

드라마의 시간에서 가장 중요한 부분은 주인공의 전사(前史/前事)다.

스토리가 시작되기 전에 주인공은 어떤 삶을 살았는가? 부모는 어떤 인물인가? 연애는? 제일 친한 친구는? 학교는? 직장은? 가장 보람 있었던 일은? 트라우마로 남은 사건이 있다면? 다양한 질문들에 대한 답을 찾아보자. 대본에 쓰지 않더라도 이러한 요소들이 지금의 주인공을 만들었으니까. 전사는 작가가 주인공을 온전히 이해하기 위해 필요하지만, 대본에 반영할 때는 신중해야 한다. 전사가 너무 길고 복잡하면 과거에 스토리가 발목 잡히고, 전개가 답답해진다.

드라마의 주요 공간은 주인공이 사는 집, 일하는 곳, 자주 가는 카페나 술집, 공원, 사건의 현장, 고백하는 장소 등이다. 주인공의 방은 원룸 오피스텔인가, 33평 아파트인가, 아니면 평창동의 저택이나 대학가의 옥탑방인가? 그의 방에는 무엇이 두드러져 보이는가? 옷인가, 책인가, 게임용 컴퓨터와 게이밍 의자인가? 냉장고 안에는 무엇이 들어 있나? 방의 조명은 백색 형광등인가, 오렌지나 퍼플로 색이 바뀌는

LED 무드 등인가?

주인공의 공간과 의상, 물건들이 바로 주인공의 캐릭터다.

작가가 드라마의 시공간과 컬러를 디자인해 지문에 표현하면, 감독과 스태프는 그대로 따라 준비한다. 작가가 이런 내용을 지문에 쓰지 않으면 미술팀이 준비한 대로, 혹은 촬영팀의 취향대로 세팅한다.

### 작업실 벽을 드라마 자료로 시각화하라

작업 공간에 대본과 관련된 사진과 그림을 붙여보자. 주인공의 집과 비슷한 공간을 인터넷에서 찾아 출력하거나, 직접 도면을 그려 붙여보자. 주인공이 자주 가는 카페의 인테리어나 술집의 술병 진열대 사진을 붙여보자. 혹은 주인공이 가고 싶어 하는 여행지의 사진을 붙여보라. 주인공이 좋아할 만한 인형, 작은 소품도 선반에 세팅해보자. 주인공이 좋아하는 그림을 붙여보는 것도 좋다. 그렇게 한 뒤 도면을 쭉 보며 주인공의 동선을 따라가 보자.

비주얼 이미지를 꾸며 놓았으면, 이제 주인공이 좋아하는 음악을 틀자. 이런 시청각적 환경은 대본의 톤앤매너를 살려주고, 리듬앤템포를 불어넣어줘서 글이 막히는 상황에서 통로를 열어줄 것이다. 대본 작업에 온전히 집중할 수 있는 시청각 바이브를 당신의 공간에 구축하라.

## 시놉시스는 두 가지 버전으로

단막극의 기획안*은 로그라인, 기획의도, 등장인물 소개, 줄거리까지 다 합해 두 장 안팎이다. 반면 시리즈는 30~40장 안팎을 준비해야 한다.

시리즈의 시놉시스는 보통 두 가지 용도로 쓰인다. 용도가 다르니 각각 별도로 만들어야 한다.

**집필을 위한 시놉시스**

첫 번째 용도는 작가의 대본 작업 계획서다. 인물의 캐릭터와 관계도, 스토리의 설계도를 담는다. 작가만 보는 대외비(對外秘) 문건이고 집필용 시놉시스로, 대본 작업에 필요한 모든 것들을 기록한다. 해결되지 않은 난제, 보완이 필요한 부분, 작가의 고민까지 모두 들어간다. 이 시놉시스에는 대본 작성 과정에서 발생하는 문제점들을 명확히 적어둔다.

집필용 시놉시스에 대해서는 10장 '초고 쓰기'에서 자세히 다루겠다.

**사업 제안을 위한 기획안**

또 다른 하나는 제출용 시놉시스로 그야말로 홍보 팸플릿이요, 사업

---

* 작업할 때는 '시놉시스'라 부르고, 제출할 때는 '기획안'이라 이름 붙여 낸다. 이 책에서도 그때그때 두 단어를 혼용하고 있다.

제안서다. 시리즈 기획안은 필히 이 관점에서 써야 한다. 심사위원이나 감독, 데스크, 배우, 광고주에게 보여주기 위한 시놉시스로, 작품의 장점, 특징, 셀링 포인트를 담는다.

단막극 기획안은 일별하고 넘어가지만, 시리즈 기획안은 여러 관계자들이 반복해서 검토하는 중요 문건이다. 이 사업 제안용 기획안은 어떻게 만드는가?

① 기획의 특색과 장점을 명확히 드러내야 한다. 어떤 장르인지, 타깃 오디언스가 누구인지 분명히 정해 놓는다. 이 드라마를 통해 채널, 시청자, 광고주가 무엇을 얻을 수 있는지 셀링 포인트가 뚜렷하게 제시되어야 한다.

② 줄거리는 주인공의 메인 플롯 위주로 작성한다. 그래야 전체 스토리가 분명하고 흥미진진해 보인다. 30~40쪽은 결코 짧지 않은 분량이니, 단순히 시리즈의 줄거리를 나열하는 방식이어선 안 된다. 누가 봐도 재밌을 수 있게 기승전결 구조를 갖춰 별개의 스토리로 써야 한다. 그것을 읽는 것 자체로 한 편의 완결 스토리를 감상하는 느낌을 줘야 한다. 가독성을 방해하는 조연, 서브 플롯은 삭제한다. 단 홍보에 필요한 '튀는 부분'은 살려둔다.

③ 주인공 캐릭터의 특징, 매력, 이슈가 뚜렷이 드러나야 한다. 원하

는 배우를 캐스팅하기 위한 시놉시스다. 단순한 작품 설명보다는 배우가 덥석 물 미끼를 던져야 한다. 출연 분량의 많고 적음보다는 스토리의 흐름을 바꾸는 결정적인 역할을 수행하는 것이 배우에게 더 중요하다.

캐스팅 과정에서 배우들에게 보내는 기획안을 각각 다르게 만들 수도 있다. 배우의 이해를 돕거나, 유혹하기 위해 세부 묘사를 덧붙여 별도로 만드는 것이다.

④ 회별 줄거리의 엔딩은 선명할수록 좋다. 회별 줄거리는 오프닝에서 발생한 '이슈'가 어떤 우여곡절을 거쳐 엔딩까지 도착하는지를 보여주는 게 핵심이다. 충격적인 반전이든, 통쾌한 해결이든 각 회마다 인상적인 엔딩으로 매듭지어야 시놉시스의 상품성이 높아진다.

⑤ 줄거리에서 재미없으면 다 뺀다. 대본으로 읽으면 분명히 재미있는데 막상 줄거리로 써놓으면 매력이 떨어지는 에피소드들이 있다. 그런 내용은 줄거리에서 과감하게 뺀다. 일단은 빼둔 뒤, 나중에 대본에서 실력을 발휘하자. 대본이 시놉시스보다 훨씬 재미있어야 하므로.

⑥ 전체 스토리를 압축해서 요약하지 말라. 시리즈 기획안의 줄거리가 유독 더 재미없게 읽히는 경우가 많은데, 작가가 이미 쓴 대본을 기계적으로 요약하다 보니 장황하고 어수선해진 것이다. '요약은 스토리

가 아니다.'[16] 거듭 말하지만, 기획안은 요약이 아니라 홍보 팸플릿이자 사업제안서다.*

⑦ 단문을 적절히 섞자. 단문을 적절히 넣어줘야 스토리 진행에 속도감이 붙고, 가독성 있는 레이아웃을 구현할 수 있다.

지금까지 설명한 요소들이 기획안에 잘 녹아들어야 한다. 이런 홍보용 페이퍼 작업에 익숙하지 않다며 감독에게 기획안 작성을 맡기는 작가도 있다. 혹은 감독들이 사내 결제 시스템과 드라마 시장을 더 잘 안다는 이유로 신인 작가가 작성한 기획의도를 직접 고쳐 쓰기도 한다. 이는 첫 단추부터 잘못 끼우는 경우가 될 수 있다.

기획의도를 포함한 시놉시스는 작가가 직접 쓰는 게 기본이다. 어쩔 수 없는 사정으로 감독이 수정하더라도 작가가 다시 문장과 단어 하나하나를 신중하게 검토하고 동의한 다음에 넘겨야 한다. 작가가 직접 시놉시스를 쓰며 셀링 포인트와 마케팅 감각을 키우는 연습을 할 필요도 있지만, 감독이 수정하는 과정에서 둘 사이에 돌이킬 수 없는 이견이 싹트기도 하기 때문이다.

---

* 그래서 나는 '화려한' 기획안에 현혹되지 않으려고 대본을 먼저 읽는다. 대본이 괜찮으면 앞으로 돌아와 기획안을 꼼꼼히 읽는다.

제출용 시놉시스에 캐릭터 소개를 하며 대사와 줄거리를 포함하는 경우가 많다. 장점은 인물 소개가 직접적이고, 구체적이라는 점이다. 대사와 줄거리 없이 인물이 소개될 경우 관념적 인물이 될 수도 있고, 대본상의 인물과 다를 수도 있다. 단점은 그 내용이 줄거리에 또 반복되어 시놉시스가 장황하고 지루할 수도 있다는 점이다. 같은 내용이 반복되면, 읽는 사람들은 그때부터 속독하기 시작한다.

## 줄거리는 반전까지 아낌없이

작가들은 늘 고민한다. '시청자에게 어느 정도까지 정보를 알려주어야 할까?' 그에 앞서 공모전에 도전하는 단계라면 이렇게 고민할 것이다. '나의 이 놀라운 아이디어와 스토리를 어디까지 공개해야 할까?' 공모전에 극본을 제출하며 괜히 '나만의 아이디어'만 노출시키는 건 아닌지 염려하는 신인 작가들도 있다.

드라마는 작가, 등장인물, 시청자 사이에서 누가 '진실'을 알고 있는가에 대한 경합이라 해도 지나치지 않다. 특히 미스터리나 범죄 수사물을 쓰는 작가는 시청자에게 중요한 사실과 정보를 숨기려고 애쓴다. 그러다 엔딩에서 '꽝!' 놀라게 하려고 제출용 줄거리에는 반전 에피소드를 넣지 않는다. 미리 알려주면 재미가 반감되고 김이 새니까.

작가는 시청자가 어디까지 알아야 할지, 등장인물이 어디까지 알아야 할지 결정하는 사람이다.* 그런데 그보다 더 중요한 것은 시청자를 당신의 스토리텔링에 참여시키는 일이다. 꽁꽁 감추려 하면, 스토리가 풍부하게 전개되지 못할 수 있고, 오히려 혼란만 준다. 그러면 손해 보는 건 작가다. 감추려 하다 보니 어떤 씬들은 충분히 다루지 못한 채 중간에 끊기고, 아예 다루지 못하는 내용들도 생긴다. 엔딩의 서프라이즈 때문에 과정이 답답해지는 것이다.

이럴 때는 줄거리를 두 가지 방법으로 써보자. 하나는 본래 의도대로 중요한 정보들을 감춘 줄거리, 다른 하나는 숨기지 않고 쓴 줄거리다. 하루 이틀 있다가 다시 읽어보며 하나를 선택하라. 대부분 후자를 선택할 거라고 나는 예상한다. 보통은 그 줄거리가 더 재미있고 풍부하기 때문이다.

공모전에 낼 대본이라면 감출수록 더욱 불리할 수 있다. 당신의 오디언스는 심사위원 몇 명에 불과하다. 심사위원들이 숨겨진 '진실'을

---

* 로버트 맥기는 '미스터리는 인물들이 관객보다 더 많은 것을 알고 있다. 서스펜스는 관객과 인물이 똑같은 정보를 알고 있다. 극적인 아이러니는 관객이 인물보다 더 많은 것을 알고 있다.'고 정의 내린다. (로버트 맥키, 고영범·이승민 옮김,《시나리오 어떻게 쓸 것인가》, 민음인, 2002, 495~499쪽)
　데이비드 하워드는 '서스펜스는 관객이 인물 한두 명보다 더 많은 정보를 알고 있다.'고 좀 더 정교하게 말한다. (데이비드 하워드·E.마블리, 심산 옮김,《시나리오 가이드》, 한겨레출판, 2022, 117쪽)
　그런데 위의 책들에서 말하고 있는 '미스테리·서스펜스·극적인 아이러니'는 장르적 개념이 아닌 테크닉으로, 잠깐씩 쓰는 기술이다. 대본 내내 저 기술을 남용하면 오디언스는 지루해지고, 스토리는 빈약해질 우려가 있다.

추측하며 당신과의 게임을 즐길 것 같은가? 아니면 피로에 지친 눈으로 시놉시스 파일을 획획 내리며 볼 것 같은가? 잘 읽히고, 이해하기 쉬운 시놉시스를 선호하는 그들은, 놀라운 대반전으로 향하기 전 당신의 파일을 닫을지도 모른다. 차라리 시놉시스에 대반전을 밝혀두어, 그 기대감으로 대본을 끝까지 읽게 하는 편이 좋다.

심사위원이나 감독들은 시놉시스를 읽을 때 감추는 것보다는 드러내는 것을, 미괄식보다는 두괄식을 압도적으로 더 선호한다.

## 로그라인은 명료하게

로그라인은 작품의 핵심 줄거리와 주제를 한두 문장으로 간결하게 쓴 문장이다.

로그라인에는 무엇이 들어가야 하는가?

· 주인공
· 주인공의 목표
· 주인공의 딜레마와 장애물
· 목표 추구 과정에서 얻게 되는 보상

즉, 로그라인은 누가 어떤 딜레마에 어떻게 맞서는가를 유혹적으로 쓰는 것이다.

잘 쓴 로그라인은 독자의 관심을 끌고, 스토리의 독특한 측면을 강조하며, 대본의 핵심 가치와 시장성을 한 번에 전달해준다. 이야기의 핵심을 전달하며, 대본을 읽기 전에 관심을 끄는 역할을 하는 것이다.

매력적인 로그라인은 어떻게 만드는가?

· 명징하게 표현한다. 한두 문장으로 작품의 브랜드를 표현하는 것이니 분명하고 뚜렷해야 한다.
· 핵심 딜레마를 강조한다.
· 주인공의 목표를 명확히 한다.
· 독특한 설정, 장르, 스타일이나 톤을 활용한다.
· 시청자의 호기심을 유발한다.

예시를 들어보겠다.

로그라인 1.

억울한 누명을 썼다고 '주장'하는 장기수가 특별 휴가로 바깥세상에 나왔다가 자기 말을 경청해준 여자를 만나자 탈옥을 결심한다. 잘못된 시간, 잘못된 장소로 되돌아가려고.

로그라인 1의 '잘못된 시간, 잘못된 장소로 되돌아가려고'라는 문장은 관념적이고 모호하다. 이렇게 고쳐보면 어떨까?

로그라인 1의 수정.

사흘의 귀휴를 얻은 '억울한' 장기수가 사랑에 빠져 탈옥한다. 과연 그는 진범을 밝혀내고 사랑과 자유를 얻을 것인가?

주인공이 누구인지, 그의 핵심 딜레마와 목표가 무엇인지, 드라마의 장르와 스타일은 어떨지, 간결하고 분명하게 표현한 로그라인으로 바뀌었다.

아래는 어느 단막극의 로그라인인데 스토리를 한 문장으로 요약하다 보니 장황하고 느슨해졌다.

로그라인 2.

완벽한 줄만 알았던 봄의 자살을 계기로 과거를 되돌아보게 되는 혜주가 후회 끝에 기적처럼 봄이 죽기 전으로 돌아가게 되는 이야기.

독자의 흥미를 끌어내고 스토리의 독특한 점을 강조하는 데 초점을 맞춰봤다.

로그라인 2의 수정.

친구의 자살로 자책하던 혜주에게 과거로 잠깐 돌아갈 수 있는 기적이 생겼다. 자살 직전의 친구와 59분간 함께하며 더 큰 기적을 만드는 타임슬립 판타지 휴먼 드라마.

로그라인은 한 줄 요약이 아닌 유혹이다. 작가의 광고 카피 센스를 보여주는 것과 다름없다. 여러 개를 써본 다음 가장 튀는 문장, 가장 도발적인 문장, 가장 감각적인 문장을 택하는 것도 하나의 방법이다. 예를 하나 더 보자.

로그라인 3.

최고 부자만 사는 폐쇄형 단지의 연쇄 살인 사건을 해결하려는 신참 여형사 이야기.

무난해 보이는 위의 로그라인에 좀 더 자극적인 단어들을 보태봤다.

로그라인 3의 수정.

최상류층만 살아가는 폐쇄된 파라다이스에서 연쇄 살인범을 쫓는 젊은 여형사의 이야기. 그녀는 이 완벽해 보이는 공동체의 뒤틀린 진실을 파헤치면서, 부와 권력이 얽힌 위험한 게임에 휘말리게 된다.

멋지고 기발한 문장에 치중하느라 스토리 내용과 동떨어지는 로그라인을 쓴다면, 작가는 거짓말을 한 셈이다.

로그라인, 기획의도, 줄거리, 대본은 톤앤매너를 일관되게 유지해야 한다. 그래야 작품 전체가 신뢰성·통일성을 얻는다. 로그라인과 기획 의도는 코믹한 문체로, 줄거리는 샤방샤방 통통 튀는 스타일로, 대본은 무시무시한 미스터리 스릴러로 쓴다면 아무리 가독성이 좋아도 괜찮은 평가를 받지 못할 수도 있다. 대본과 따로 노는 로그라인은 눈에 띌수록 손해다.

대본을 완성한 후에는 반드시 처음 썼던 기획안을 최종 버전에 맞게 고쳐야 한다. 대본을 쓰다 보면 새롭고 희한하고 엉뚱하고 감동적인 내용들이 튀어나온다. 처음 설정했던 것과 인물이 달라지고, 줄거리도 달라진다. 물론 로그라인과 기획의도 역시 아주 멀리 가 있다. 그러니 대본에 맞춰 로그라인, 기획의도, 줄거리를 수정하지 않으면 읽는 사람들이 혼란스러워진다. 작가와 작품에 대한 신뢰가 줄어들 수 있다.

PART 2
# 실전 편

# 극본 구성하기:
# 9개의 핵심 씬과 엔딩 등대

한 회의 대본을 쓸 때 작가들이 가장 고심하는 것 중 하나가 구성이다. 구성은 콘셉트, 캐릭터, 기획의도, 주제, 에피소드, 리서치의 결과물 등을 물 흐르듯 재미있게 연결시켜 경쟁력 있는 작품으로 창조해내는 예술이자 기술이다.

잘 짜인 구성이 당신의 스토리를 완성시킨다.
잘 짜인 구성이 당신의 대본에 경쟁력을 준다.
잘 짜인 구성이란 무엇이고, 어떻게 하는 것인가?

모든 작법서에 성경 말씀처럼 등장하는 게 3막 구성이다. 일정한 시간 안에 펼쳐지는 모든 예술 양식은 '시작 – 중간 – 끝'의 3막 구성을 갖는다. 협주곡, 오페라, 연극, 드라마 모두 예외 없다. 교향곡이 4악장으로 구성된 것은 2악장을 두 개로 쪼개었기 때문이다. 이 4악장 구성은 스토리의 기승전결에 대응한다.

3막 구성 작법을 강조한 데이비드 하워드는 '매우 결정적이어서 도저히 뺄 수 없는 장면' 6개가 있다고 주장한다. 1막의 시작점, 1막 끝의 주요 긴장, 2장의 중간점 혹은 첫 번째 절정, 2장의 두 번째 절정, 3막 중간의 대전환, 마지막 해결이 그것이다.[17] 대부분의 작법서는 데이비드 하워드처럼 3막 구조를 강조한다. 그러나 이런 고전적 3막 구성을 오늘날의 드라마에 적용하기에는 너무 낡았으며 템포도 매우 느리다.

## 고전적 3막 구성의 한계

### 콘텐츠, 이제 혼자 보는 시대다

고전적 3막 구성은 제한된 시간과 장소에 관객을 몰아놓고 공연하거나 상영하는 연극·영화를 위한 방식이다. 모바일 시대와 감상의 조건이 전혀 다르다. 영웅적인 장면에 감탄한들 고개를 둘러봐도 함께 공감해줄 오디언스가 없다.

스토리텔링 콘텐츠는 이제 청중(audience)의 집단 체험이 아닌, 비용을 결제한 구독자(user)의 오락 수단이다.

### 예측 가능하고 뻔하다

'시작-중간-끝'이라는 3막 구성은 작가인 당신의 뇌 속에 이미 내장된 프로그램이다. 조셉 캠벨과 크리스토퍼 보글러도 '3막 구성'과 '기승전결'의 스토리 본능이 이미 인간의 DNA에 내장되어 있다고 말한다.[18] 우리는 모든 이야기, 모든 경험, 모든 기억을 3막 스토리텔링 방식으로 뇌 속에 저장해두고 있다. 따라서 3막 구성은 별도의 공부나 의식적인 노력 없이도 본능적으로 자연스럽게 흘러나온다.

현대는 매우 복잡하고, 다양하고, 빠르다. 오늘날의 시청자들에게 예상이 뻔한 3막 구성은 따분하고, 재미없을 수 있다. 유튜브, 틱톡 등 새로운 플랫폼 속 콘텐츠와의 경쟁도 염두에 두어야 한다.

### 할리우드 영화에 적합한 이론이다

3막 구성은 미국 할리우드 영화를 분석할 때 사용하는 프레임이다. 할리우드가 세계 영화를 장악하면서 이 기준이 금과옥조의 황금률처럼 숭배되고, 거의 모든 작법서가 이를 기초로 하고 있지만 특정한 요건 즉 미국, 할리우드, 영어라는 언어 구조, 2시간 안팎의 상영 시간, 극장이라는 제한된 공간 속에서 통용되는 공식이다.

서사가 강한 드라마, 장르물, 영화, 단막극에는 효과적이지만 옴니버스, 생활 코미디 등에는 어울리지 않는다. 특히 시리즈 드라마 구성에 그대로 적용하기에는 한계가 있다.

## 스토리텔링과 오디언스 변화의 4단계

3막 구성이 고전적이라면 오늘날에는 어떠한 스토리텔링 구성을 취해야 하는가? 그 방법을 모색하기에 앞서 스토리텔링과 오디언스의 역사를 살펴보자. 4개의 시기로 나눠보았다.

| 시대 구분 | | 스토리 | 테마 |
|---|---|---|---|
| 고전 시대 | 고대 설화 신화·역사 ⇒ 셰익스피어 | 승리와 패배 삶과 죽음 | 국가·부족·집단의 안전과 번성 |
| 모던 시대 | 제인 오스틴 ⇒ 스티브 잡스 | 로맨틱 러브 성공과 실패 | 가족·커플의 행복 |
| 개인 시대 | 스마트폰·팬데믹 ⇒ | 불안한 개인 자극과 위로 | 개인의 안전 |
| AI 시대 | Chat GPT ⇒ | 인간과 AI 상호 작용 | 기술 진보에 대한 인간의 적응과 반발 |

1기 '고전 시대'는 인류에게 이야기가 탄생한 이후부터 셰익스피어
까지다. 고대 설화, 신화, 역사, 구전 스토리에서 시작된 스토리텔링은
집단, 부족, 국가의 안전을 테마로 무리의 승리와 패배, 영웅의 활약과
죽음을 그렸다. 이 고전 시대의 이야기 구성은 아리스토텔레스의 3막
이론에 따른다. 오늘날에도 공동체의 운명, 영웅의 활약을 그린 작품
들은 한결같이 고전주의 3막 구성을 취한다.

2기 '모던 시대'를 개화시킨 '셰익스피어의 딸'[19] 제인 오스틴은 여성
주인공의 현실감 있고 섬세한 심리 묘사로 모던 로맨스를 시작했다.
오스틴의 여주인공들은 고전 시대와 달리 내적 자유를 누린다.

소설과 영화, 드라마에서 개발하고 확장시킨 '로맨틱 러브'의 환상
은 전지구적 연애 사업의 표준을 주장하며 수십억 명의 가슴에 작고
짧은 기쁨과 크고 긴 상처를 안겨주었고 오늘까지도 수많은 연인들을

매스 게임의 광장으로 불러 모으고 있다.[20] 그 와중에 스티브 잡스는 자신이 세상을 얼마나 크게 바꾸었는지 실감하지 못한 채 모던 시대를 끝냈다. 이 시대는 주로 가족이나 커플의 행복을 테마로 로맨틱 러브를 그려내고 주인공의 성공과 실패를 묘사했다.

스마트폰, 모바일 세상, 팬데믹이 3기 '개인 시대'를 열었다. 오늘의 시대는 '불안한 개인'의 시대다.[21] 현대가 불안한 개인의 시대임을 입증하는 연구와 논문이 산더미처럼 쌓여 있지만, 굳이 들춰보지 않아도 우리는 매일 느끼고 있다. 경제적 불확실성의 증가, 부익부 빈익빈의 심화, 소셜 미디어에 넘쳐나는 지속적인 과시와 비교, 인간관계의 모호함 증가, 자기 정체성의 의심, 진화론적 부조화(사바나 부족 시절의 뇌와 현대 도시 환경 사이의 부조화) 같은 현상이 모여 개인을 불안한 존재로 만들고 있다.[22] 그뿐인가? 국가나 사회, 심지어 가족도 개인의 안전을 보장해주지 못한다. 이미 국가 자체가 소멸 위기에 놓여 있고, 학교도 불안하고, 거리도 불안하고, 연애도 불안하고, 미래는 더더욱 불안하다. 소비 자본주의 시대에서는 쾌락과 고통의 시소가 고통 쪽으로 기본값을 옮겼다.[23]

불안한 개인은 모바일 콘텐츠를 즐기며 홀로 자극받고 위로받는다. 우리 모두는 건강과 행복, 안전을 염원하지만 불안이 공기처럼 우리 주위를 감싸고 있다.

3기 '개인 시대'가 시작되자마자 4기 'AI 시대'가 닥쳐버렸다.

스토리텔링의 제4기, 즉 '생성형 AI 시대'의 도래는 스토리텔링의 주제, 소재, 테마에 혁신적인 변화를 가져올 것이다. 〈알함브라 궁전의 추억〉처럼 가상 현실(VR), 증강 현실(AR), 혼합 현실(MR)과 같은 기술을 활용한 새로운 형태의 스토리텔링이 이미 등장했다. AI 시대의 스토리텔링은 기술적 혁신과 인간의 내면세계 사이의 상호작용을 중심으로 전개될 가능성이 크다.

이제 고전적 3막 구성만으로는 오늘날의 오디언스를 만족시킬 수 없다. 오늘날의 스토리 콘텐츠에는 '고전 시대의 3막 구성', '모던 시대의 로맨틱 스토리텔링', '개인 시대의 불안과 자극', 'AI 시대의 인간의 적응과 반발'이 함께 흘러간다. 이런 네 가지 흐름을 섬세하게 담아낸 극본 구성이 오디언스의 마음을 사로잡을 수 있다.

## 새롭게 제안하는 '9개의 핵심 씬과 엔딩 등대' 프레임워

나는 오늘날 드라마 구성에 도움을 줄 수 있는 방법으로 '9개의 핵심 씬과 엔딩 등대' 프레임워(framework)을 제안한다. 이 프레임워은 단막극 한 편, 그리고 시리즈의 한 회 구성에 활용될 수 있다.

120분에 6개의 핵심 씬이 존재하는 할리우드 영화 이론과 새로운 프레임워의 결정적인 차이는, 60~70분 분량의 드라마 러닝 타임에 9개의 핵심 씬을 설정한다는 것이다.

한 회에 9개! 콘텐츠를 체험하고 소비하는 속도가 전례 없이 빨라진 '도파민 중독'의 모바일 시대를 반영한 개념이다. 이보다 더 많이, 더 잦은 자극을 주는 건 어떨까? 자극의 간격이 짧아지면 오디언스가 오히려 자극에 둔감해지고 지루하게 받아들이는 '자극 체감의 법칙'이 작용한다. 어떤 자극이든 비슷한 간격으로 반복되면 스르르 잠이 몰려오기 마련이다.

이제부터 '드라마 구성'이라는 깊고 아름다운 세계로 여정을 떠나보자.

'시작-중간-끝'은 인간의 뇌가 스토리텔링하는 기본 방식이니 이 구조를 기본 모듈로 깔고, 새로운 프레임웍을 극본 구성에 적용시켜보겠다.

새로운 프레임웍은 다음과 같이 모두 9개의 핵심 씬*을 갖는다.

1막: 오프닝+이슈 발생+핵심 딜레마 부각
2막: 노력의 실패+터닝 포인트+위기의 고조
3막: 위기의 절정+클라이맥스+엔딩의 카타르시스

시리즈에서는 엔딩에 '절벽에 매달리기(cliff-hanging)' 씬이 추가되

---

\* 하나의 씬일 수도 있고, 몇 개의 씬이 모인 시퀀스일 수도 있다. 감정이 연결된 하나의 에피소드 단위라고도 할 수 있다.

기도 한다. 자, 이제 1막부터 자세히 살펴보자.

## 1막의 핵심 씬:
## 오프닝+이슈 발생+핵심 딜레마 부각

### #1. 후킹하는 오프닝

오프닝 씬의 목적은 시청자의 심장에 갈고리(hook)를 거는 것이다. 오프닝에서부터 시청자의 마음을 훔쳐야 한다. 후킹 없는 오프닝 씬은 시작부터 전략적 실패다. 시청자의 관심을 불러일으키는 오프닝 방법에는 수십 가지가 있을 것이다. 당신은 어떻게 갈고리를 걸겠는가?

예시를 들어보겠다.

· 공간 이미지로 시작한다. 대도시의 잠 못 이루는 야경에서 시작할 수도 있고, 교도소의 육중한 담벼락을 타고 넘는 장면에서 시작할 수도 있다. 〈더 글로리〉는 야간 고속도로 주행 장면으로 오프닝을 연다. 푸른 새벽의 세명시로 승용차가 진입하며 이 도시에서 뭔가 사건이 터질 것임을 암시한다. 〈일타 스캔들〉도 대치동 학원가의 꽉 막힌 교통 체증과 학원 수업 앞자리를 차지하려는 부모들의 치열한 줄 서기를 오프닝에 스케치하며 드라마의 무대와 소재를 보여주고 있다.

· 〈나쁜 엄마〉는 귀여운 새끼 돼지가 푸른 초장을 뛰어노는 장면으로 오프닝을 연다. "넘어져봐야 이제까지 볼 수 없었던 또 다른 세상을 볼 수 있는 거

야."라는 내레이션으로 앞으로 주인공이 매우 심하게 넘어질 것을 예고한다.

· 드라마의 핵심 이슈를 바로 드러내며 시작할 수도 있다. 〈이상한 변호사 우영우〉 오프닝에서는 어린 우영우가 자폐 스펙트럼 진단을 받는 모습과 형법을 달달 외우는 천재의 모습을 이어서 함께 보여준다.

· 〈닥터 차정숙〉처럼 주인공에게 친숙한 내부 공간이나 외출을 준비하는 모습 등 일상 활동들을 보여주며 시작할 수 있다. 일상에서 출발해 심각한 위기로 나아가는 점층적 방법이다.

· "노력인가요, 행운인가요?" 〈재벌집 막내아들〉은 드라마 전체를 아우르는 대사로 오프닝을 시작한다. '이 드라마는 꿈인가요, 현실인가요?'

· "우리 여기까지만 하는 게 좋을 것 같아." 〈유미의 세포들 2〉는 이별 통보로 오프닝을 시작하며 앞으로 사랑의 생로병사, 감정의 롤러코스터가 몰아닥칠 것임을 암시한다.

· 〈모범택시 2〉 오프닝에서는 성 착취물 공유방 사건의 범인들을 응징하는 시퀀스가 10여 분간 전개된다. 이슈 발생과 해결의 클라이맥스, 카타르시스까지 담아내며, 이 드라마가 사이다 액션을 선물하는 범죄오락물임을 분명히 한다.

이렇듯 오프닝은 후킹과 동시에 드라마의 장르적 성격과 톤앤매너를 보여준다. 이제 당신에게 좀 더 구체적으로 후킹하는 오프닝 만드는 방법 20개를 제안하겠다. 아래의 방법들을 하나씩 음미하며 지금 당신이 쓰고 있는 대본의 오프닝에 적용시켜보라.

① 강렬한 비주얼: 시각적으로 충격적이거나 화려한 장면을 통해 오디언스의 눈을 붙잡는다. 놀라운 자연 풍경이나 독특한 시각 효과에서 시작할 수도 있다.

예) 〈도깨비〉, 〈SKY 캐슬〉, 〈세븐〉, 〈라라랜드〉, 〈그랜드 부다페스트 호텔〉, 〈노인을 위한 나라는 없다〉

② 미스터리: 질문을 던지는 장면으로 시작해 관객이 답을 찾고 싶게 만든다. 영화 〈DOA〉처럼 주인공이 이해하기 힘든 상황에 처해 있는 모습을 보여주며 오디언스의 호기심을 자극한다.

예) 〈시그널〉, 〈비밀의 숲〉, 〈미스테리어스 스킨〉, 〈멀홀랜드 드라이브〉

③ 긴장감 있는 충돌: 갈등이나 충돌의 순간을 그려 긴장감을 조성하고, 시청자가 다음 일을 궁금하게끔 만든다.

예) 〈이태원 클라쓰〉, 〈펜트하우스〉, 〈다크 나이트〉, 〈글래디에이터〉

④ 격렬한 감정의 순간: 연인과의 이별 또는 재회처럼, 감정이 소용돌이치는 장면으로 시작해 시청자가 캐릭터와 감정적으로 연결되게 한다.

예) 〈그 겨울, 바람이 분다〉, 〈내 이름은 김삼순〉, 〈이터널 선샤인〉,

〈블루 발렌타인〉

⑤ 유머: 유머러스한 상황이나 대화로 시작해 관객을 웃게 만들고 긴장을 풀고 작품을 즐기도록 해준다.
예) 〈김비서가 왜 그럴까〉, 〈으라차차 와이키키〉, 〈슈퍼배드〉, 〈행오버〉

⑥ 액션: 화끈한 액션 장면이나 짜릿한 추격전으로 시작해 오디언스의 눈을 즉시 사로잡는다.
예) 〈시티헌터〉, 〈무법 변호사〉, 〈베이비 드라이버〉, 〈매드 맥스: 분노의 도로〉

⑦ 주인공의 매력적인 특징: 첫 씬부터 주인공의 독특하고 매력적인 성격이나 능력을 보여주며 시청자가 그 캐릭터에 호감을 갖게 만든다.
예) 〈7번방의 선물〉, 〈킬미, 힐미〉, 〈레옹〉, 〈아이언맨〉

⑧ 시간을 역행하는 서사: 과거로 돌아가 중요한 사건을 회상하거나 미래의 순간을 먼저 보여줘 오디언스의 호기심을 자극한다.
예) 〈나인: 아홉 번의 시간여행〉, 〈동감〉, 〈메멘토〉, 〈인터스텔라〉

⑨ 독특한 설정 또는 세계관 소개: 이야기의 세계관이나 설정이 독

특하고 신박한 경우, 그것을 소개하는 장면으로 시작한다.

예) 〈호텔 델루나〉, 〈구미호던〉, 〈신과 함께-죄와 벌〉, 〈아바타〉, 〈매트릭스〉, 〈월-E〉

⑩ 인상적인 대사: 강렬하거나 의미심장한 대사로 시작하여, 그 말이 가지는 무게와 의미에 대해 오디언스가 생각하게 만든다.

· <미생>: "우리는 모두 미생입니다."
· <도깨비>: "너는 누구냐? 나는 939살 도깨비이자, 죽음을 기다리는 신이다."
· <살인의 추억>: "기억나? 이 노래가 유행하던 해에..."
· <포레스트 검프>: "인생은 초콜릿 상자와 같아. 무슨 맛이 나올지 결코 알 수 없지."
· <파이트 클럽>: "너의 인생에서 가장 중요한 규칙을 말해주마, 너는 파이트 클럽에 대해 이야기하지 않는다."

⑪ 인물 간의 갈등: 이야기 시작부터 주요 인물들 사이의 갈등이나 대립을 바로 드러내어, 관객이 이 갈등의 해결 과정을 지켜보고 싶게 만든다.

예) 〈부산행〉, 〈괴물〉, 〈빌리 엘리어트〉, 〈카사블랑카〉

⑫ 비밀의 전달: 주인공이나 중요한 인물이 비밀을 간직하고 있거나

비밀스러운 임무를 수행하고 있는 것을 드러내어, 관객이 그 비밀이 무엇인지 알고 싶어 하게 만든다.

예) 〈아가씨〉, 〈구해줘〉, 〈셔터 아일랜드〉, 〈나를 찾아줘〉

⑬ 감정의 격변: 갑작스러운 사건이나 충격적인 소식으로 인해 인물의 감정이 격렬하게 변화하는 순간을 섬세하게 그려내며 시작한다.

예) 〈너를 기억해〉, 〈부부의 세계〉, 〈맨체스터 바이 더 씨〉, 〈그래비티〉

⑭ 예상치 못한 전환: 이야기가 예상치 못한 방향으로 갑자기 전환되어, 시청자가 놀라움을 느끼게 하는 시작이다.

예) 〈W(더블유)〉, 〈킹덤〉, 〈파이트 클럽〉, 〈인셉션〉

⑮ 강렬한 대조: 이야기의 시작부터 극적인 대조를 보여준다. 매우 행복한 장면 뒤에 바로 슬픔이나 고통의 장면을 넣는다. 감정이나 상황의 극적인 변화를 통해 시청자의 관심을 끄는 방법이다.

예) 〈미스터 션샤인〉, 〈써니〉, 〈업〉, 〈아메리칸 뷰티〉

⑯ 문화적 또는 역사적 배경 소개: 특정 문화적 또는 역사적 맥락을 바탕으로 한 장면으로 시작하여, 관객이 그 시대나 문화에 대한 흥미를 느끼게 한다.

예) 〈대장금〉, 〈광해, 왕이 된 남자〉, 〈아폴로 13〉, 〈호텔 르완다〉, 〈쉰들러 리스트〉

⑰ 철학적 질문 또는 명제: 인생, 사랑, 존재의 의미 등에 대한 철학적 질문이나 명제를 제시하여, 관객이 스스로 생각하고 질문에 몰입하게 만드는 방법이다.
예) 〈올드보이〉, 〈밀양〉, 〈비포 선라이즈〉, 〈트리 오브 라이프〉, 〈클라우드 아틀라스〉

⑱ 극적인 인물 소개: 주인공이나 중요한 인물의 극적이고 특징적인 모습을 처음부터 드러내어, 오디언스가 그 인물에 대해 더 알고 싶게 만든다. 예를 들어, 특별한 능력을 사용하는 장면이나 인물의 강렬한 성격을 보여주는 대사로 시작한다.
예) 〈아저씨〉, 〈베테랑〉, 〈셜록 홈즈〉, 〈아멜리에〉, 〈블랙 스완〉

⑲ 시각적 수수께끼 또는 퍼즐: 미스터리한 이미지나 상징적인 물체로 화면을 시작해, 시청자가 그 의미나 배경을 궁금해하게 만드는 방법이다.
예) 〈알함브라 궁전의 추억〉, 〈모비딕〉, 〈다빈치 코드〉, 〈판의 미로: 오필리아와 세 개의 열쇠〉

⑳ 감정적인 대화 또는 독백: 감정적인 대화나 인물의 내면을 드러내는 독백을 극 초기에 보여주어, 시청자가 캐릭터의 심리적 상태나 감정에 깊이 공감하고 연결되게 만든다.

예) 〈응답하라 1988〉, 〈박하사탕〉, 〈시간을 달리는 소녀〉, 〈라이프 오브 파이〉

## #2. 핵심 이슈 발생

오프닝에 이어 두 번째 결정적인 장면은 이슈 발생 씬이다. 〈더 글로리〉에서는 "힘닿는 데까지 널 한번 죽여보려고."라는 문동은(송혜교)의 선언이다. 핵심 이슈로 '학교 폭력 피해자의 복수'가 펼쳐질 것임을 분명히 밝히는 것이다. 〈이번 생도 잘 부탁해〉에서는 "서하, 이번 생에는 꼭 만나봐야 될 사람."이라는 반지음(신혜선)의 소원이다.

주인공을 소개하고 극의 배경을 설명하느라 이슈 발생이 늦어지면 지루하거나 답답해 보일 수 있다. 주인공에게 발생한 이슈는 주인공 에피소드 거의 모든 영역에 영향을 미친다.

시리즈 2회부터는 오프닝 바로 뒤에 이슈 발생 씬이 나오거나, 이슈 발생 씬 자체가 오프닝이 되기도 한다. 시작하자마자 이슈가 터지는 것이다. 시리즈 1회에서는 주인공의 캐릭터와 세계를 충분히 보여주기 위해 이슈 발생 씬을 뒤로 늦추기도 한다.

## #3. 딜레마에 갇힌 주인공

1막의 세 번째 결정적인 장면은 '핵심 딜레마 부각' 씬이다. 〈이상한 변호사 우영우〉에서 1막의 핵심 딜레마 씬은 첫 사건을 잘 처리하지 못하면 '대한민국의 최초 자폐 변호사 우영우는 로펌에서 쫓겨난다'는 것이다. 주인공에게 심각한 문제가 터졌기에 핵심 딜레마라고 부르며, 주인공은 남은 러닝 타임 동안 이 딜레마와 뒹굴게 된다.

　작가는 주인공에게 보통 두 가지의 선택지를 내민다. 어디를 향해도 지옥인 두 가지의 선택지를 만들어보자. 이를테면 〈남한산성〉처럼 항전하다 죽을 것이냐, 항복하고 치욕을 당할 것이냐의 딜레마다. 육체적 죽음과 정신적 죽음 사이에 칼날에 세우는 것이다. 혹은 〈메디슨 카운티의 다리〉처럼 운명적인 사랑을 좇아갈 것이냐, 가족과 함께 예정된 여생을 쓸쓸히 보낼 것이냐의 딜레마다.

　문제 해결을 위해 주인공이 바로 나설 수도 있지만, 핵심 딜레마 자체를 인정하지 않고 요리조리 피해 가려고 하는 것도 괜찮다. 이 딜레마가 주인공에게 얼마나 중요한 문제인지를 시청자가 알기만 하면 된다. 주인공이 도망가려 할수록 딜레마는 눈덩이처럼 불어나고, 시청자는 더 불안해진다.


　1막을 '1회 전체 러닝 타임 중 몇 분'으로 생각해서는 안 된다. 10분일 수도 있고, 5분 이내일 수도 있다. 3막 구성에 집착해서 60분 러닝타임을 1막 15분, 2막 30분, 3막 15분으로 나눠 구성하는 건 대본을 망치는 지름길이다.

씨뿌리기, 복선, 떡밥은 1막에 배치해야 한다. 주인공이 복권에 당첨된다면 1막에서 복권을 사야 한다. 1막에서는 '놀라운 우연'도 시청자의 관용을 얻는다. 특히 주인공의 성격, 능력, 잠재성, 복권 구입, 씨뿌리기, 복선, 떡밥 같은 것들은 시리즈 전체의 1막에 해당하는 1, 2회에 설정돼야 한다.

보기 쉽게 그래프로 살펴보자.

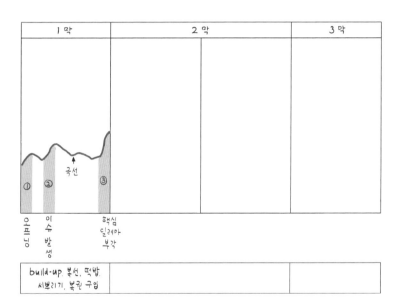

그림 속 굵은 선을 극선(劇線, D-line: Dramatic line)이라고 부르겠다. 씬의 긴장도의 크기를 그래프로 표현한 선으로, 에너지의 크고 작음을 보여준다. 이 선은 스토리가 진행되는 내내 굴곡을 그리면서도 엔딩을 향해 우상향하는 선이다. 극이 진행될수록 보다 텐션이 강한 씬, 보다 주인공의 에너지를 필요로 하는 씬이 등장한다. 극선의 경사도는 시청자에게 긴장과 이완을 안겨주고, 지루하지 않도록 하며, 스토리의 빌드업 과정에 시청자를 참여시킨다. 주인공이 누구인지, 그의 욕망과 갈등은 무엇인지, 그가 이 시점에서 원하는 건 무엇인지, 이 스토리가 어디로 향하는지를 이해시키는 과정이다.

이 빌드업 과정에서 시청자는 주인공에게 어떤 일이 생길지 예상하게 되는데, 바로 이런 과정이 주인공을 시청자와 가깝게 만들어준다. 우리가 잘 아는 사람이 곤경에 처하면 걱정하고 들여다보는 것과 같다. 스토리 전개 과정에서 시청자는 본인의 예상과 맞으면 만족하며 스토리에 참견하고, 반쯤 틀리면 작가가 잘 썼다며 반전을 즐기고 예상을 수정한다. 예상과 전혀 다르게 간다면 불편한 기색으로 채널을 돌리거나 충격 속에서 눈을 떼지 못할 것이다.

극선이 수평선처럼 평탄하면 극은 단조롭고 지루할 수밖에 없다. 이야기가 한 방향으로만 진행되는, 즉 극선이 일직선으로 올라가기만 하거나, 내려가기만 하는 경우에도 흥미가 떨어지고 진부해진다. 반면, 선의 굴곡이 들쭉날쭉 너무 심하게 흔들리면, 집중력이 떨어지고 산만해 보일 수 있다. 그림 속 극선은 하나의 예시일 뿐이다. 작품마다, 각 회마다 선의 흐름은 각각 다를 수밖에 없다. 특히 오프닝 씬을 제외한 나머지 두 개의 핵심 씬의 위치는 작품에 따라 다르다.

# 2막의 핵심 씬:
## 노력의 실패+터닝 포인트+위기의 고조

**#4. 주인공의 실패와 좌절**

2막은 '풍부한 전개와 긴장감 유지'가 목적이다. 2막에 들어가야 할 핵심 씬은 노력의 실패, 터닝 포인트, 위기의 고조까지 모두 3개다. 1막에서 부각된 핵심 딜레마를 해결하기 위해 주인공이 나서지만, 실패한다. 주인공의 실패와 좌절은 디테일하게, 실감 나게, 가혹하게 묘사되는 게 좋다. 스토리텔링의 양분은 주인공의 불안과 두려움, 눈물과 좌절에서 나온다. 당신이 주인공을 사랑한다면 마음을 굳게 먹고 그의 불안과 좌절을 온전히 그려내라. 그리고 그 모습을 시청자가 눈앞에서 바로 목격하게 하라. 이 부분을 어떻게 쓰느냐에 따라 작가의 능력, 대본의 성패가 판가름 난다.

앞서 말한 것처럼 고통과 시련의 크기보다는 이에 대한 주인공의 리액션이 시청자의 마음을 건드린다. 〈유미의 세포들 2〉에서 이별을 당한 유미의 괴로움·불안함·외로움은 〈더 글로리〉에서 잔인한 폭력을 당한 문동은의 고난 못지않은 아픔으로 우리에게 수용된다.

**#5. 터닝 포인트: 주인공의 태도 변화**

주인공의 실패는 2막에서 두 번째로 중요한 씬이자, 극 전체에서도 결정적인 역할을 하는 터닝 포인트 씬을 이끈다. 위기와 고난, 딜레마를 겪던 주인공은 이 지점에서 태도의 변화를 보인다. 각성하고, 현실을 깨달으며 드디어 결심한다. 이런 주인공의 결심이 극에 에너지를 공급한다. 주인공의 태도 변화와 입장 전환이 극 전체의 전환점을 만든다.

〈더 글로리〉 1회 35분쯤 어린 문동은(정지소)은 태도를 바꾼다. "오늘부터 내 꿈은 너야. 우리 꼭 또 보자." 그동안 일방적으로 당하기만 하던 주인공이 갑자기 확 달라진 것이다. 〈나쁜 엄마〉 1회 35분쯤 영순은 남편의 억울한 죽음을 겪고도 "이 아이는 절대로 우리처럼 살게 하지 않을 거야. 살자. 살아보자."라고 배 속의 아이에게 말한다. 주인공의 이런 태도 변화에 시청자는 응원의 마음을 보낸다.

주인공의 태도가 바뀌면 시청자의 자세도 바뀐다. 주인공이 결심하는 순간, 스토리는 새로운 방향으로 흐르기 시작하고, 시청자도 새로운 관점에서 보기 시작한다. 이 터닝 포인트를 기점으로 스토리는 후반전으로 돌입한다. 하지만 주인공의 태도·관점 변화에도 불구하고 국면은 더 큰 위기로 향한다.

### #6. 위기의 고조

2막의 세 번째 핵심 씬에서는 위기가 고조된다. 이 씬에서 작가는 주인공이 고통받는 현장으로 시청자들을 다시 한번 데려간다. 〈D.P.〉, 〈더 글로리〉의 작가는 주인공이 겪는 고난을 세밀하게 묘사하면서 시청자를 그 안으로 끌어들인다. 〈닥터 차정숙〉 1회에서 차정숙(엄정화)

은 의사 면허증이 있음에도 위급 상황에서 어쩔 줄 몰라 쩔쩔맨다. 이 모습을 보는 시청자들은 '나였다면 그 면허, 장롱에서 꺼내 쓰겠다!'란 심정이 된다. 이처럼 주인공의 위기에 시청자를 동참시키는 게 작가의 임무다.

고통이 세밀하고 클수록, 위기가 해결됐을 때 시청자가 느끼는 보람과 쾌감이 더 커진다. 시청자는 대체적으로 그런 체험을 원한다. 시청자는 삶에서도 그러하듯이 즐거움과 쾌락보다는 슬픔, 외로움, 고통을 더 예민하게 받아들인다. 우리는 연인에게 받은 큰 기쁨은 쉽게 잊고, 작은 상처는 어제 일처럼 생생히 기억한다.

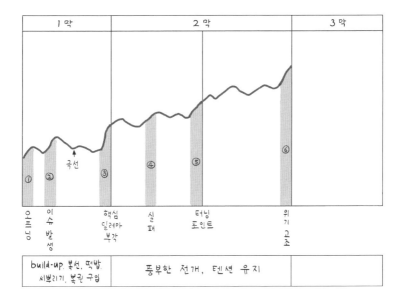

그림에서 볼 수 있듯 2막의 핵심 씬들은 1막보다 조금씩 더 넓게 퍼

져 있다. 2막 전체가 주인공의 실패, 좌절, 불안, 결심, 위기로만 구성되는 게 아니기 때문이다. 그런 핵심 씬들 사이에는 다양한 에피소드들이 자리 잡는다. 주인공의 독특한 일상, 유머, 다른 인물들과의 접촉과 충돌, 그리고 코믹하거나 따뜻한 감성의 서브플롯 씬들이 들어간다. 이렇게 씬들이 얽혀 극선의 굴곡이 만들어진다.

### 서브플롯 등을 활용해 2막 풍부하게 전개하기

〈이번 생도 잘 부탁해〉 1회는 19번째 환생한 반지음의 메인 플롯만으로도 힘 있고 몰입감 넘치는 전개를 보여준다. 〈모범택시 2〉, 〈이상한 변호사 우영우〉처럼 에피소드 중심의 시리즈는 메인 플롯의 전개력이 우선이다. 하지만 메인 플롯만 전개되면 아무리 강한 스토리도 때로는 단조롭거나 지루하게 느껴질 수 있다. 1막 중간쯤부터 서브플롯을 넣어주면, 메인 플롯과 섞이며 스토리에 생기와 활력을 불어넣어줄 수 있다.

2막은 스토리의 중간 지점에 위치해 있기에, 1막과 3막에 비해 상대적으로 밋밋해 보일 수 있다. 앞부분은 드라마의 시작이니까 힘을 줘야 하고, 끝부분은 해결을 봐야 하니 힘 있게 진행되는데, 중간은 상대적으로 텐션과 감정이 떨어지기도 한다.

작가의 진정한 실력은 2막, 즉 중간 스토리 전개력에서 나온다. 그렇기에 전체 러닝 타임의 반을 차지하는 2막을 '풍부한 전개'라고 부르고 싶다. 풍부한 전개란 무엇인가?

① 서브플롯을 활기차게 전개시킨다. 메인 플롯을 잡아먹지만 않는다면 내용의 강도나 분량이 조금 늘어나도 괜찮다. 서브플롯은 단막에서는 1~4개, 시리즈에서는 4~8개 정도다. 시리즈 각 회마다 가장 활약할 서브플롯을 하나 정해서 과감하게 전개시킨다. '이렇게 미리 썼다가 나중에 스토리 분량이 모자라면 어쩌지?' 미리 걱정하지 말라. 모든 에피소드는 제자리가 있다. 아끼다가 나중에 못 써먹는 경우가 태반이다. 미리 잘 쓰면 그것이 또 다른 재미있는 에피소드를 가져다줄 것이다.

〈모범택시 2〉 1, 2회에서 서브플롯 역할을 하는 건 림여사(심소영)와 김도기(이제하)의 사기 애정 행각 플롯이다. 도기를 향한 림여사의 양면적 감정이 액션과 코미디를 업고 메인 플롯과 결합한다. 두 조직의 대충돌 씬은 신나는 운동회처럼 드라마를 활기차고 풍부하게 만든다.

② 조연들의 캐릭터 플레이를 마음껏 펼치자. 주인공 캐스팅은 스타성이 기준이나, 조연은 일반적으로 연기력을 기준으로 삼는다. 그들의 훌륭한 연기력을 활용하자. 작가가 배우의 연기력을 믿으면 대사가 날개를 단다.

③ 다른 장르를 데려온다. 시리즈에서 하나의 장르만 지속될 경우 단조롭고 지루할 수 있다. 휴먼 멜로라면 액션 시퀀스를, 범죄 수사물

이라면 코믹 시퀀스를 들여올 수 있다. 톤앤매너를 해치지 않는 범위에서 적절히 배치하면 리듬앤템포가 살아날 것이다.

④ 비주얼과 오디오에 세심히 신경 쓴 장면을 배치한다. 2막에서 오디언스의 주의를 계속 가져가기 위해서는 시청각 자극을 이용하는 것이 좋다. 야외 데이트에 어울리는 시원한 바닷가의 방갈로 카페, 화려하게 진열된 맛집의 식탁 등 눈에 확 띄는 장면을 적절히 배치해보자. 1막과 3막은 극성이 강해서 인물의 감정을 좇느라 장소가 덜 보일 수 있으니, 2막에서 시청자에게 볼거리를 챙겨주자.

시원한 소나기 소리, 자동차 급브레이크 마찰음, 그 밖의 효과음이나 대사의 높낮이 등으로 시청자의 청각을 자극하는 것도 기술이다.

⑤ 무엇보다 메인 플롯이 먼저다! 메인 플롯과 주인공 캐릭터가 흡입력 있게 세워지지 않은 상태에서 서브플롯을 과도하게 전개하는 건 자책골에 가깝다. 특히 시리즈 1회에서는 드라마의 핵심 이슈와 주인공 캐릭터의 특별한 매력을 보여줘야 한다. 왜 이 인물이 주인공인지, 왜 이 이슈를 다루는지 시청자에게 분명히 납득시켜야 한다.

지상파 시리즈의 1, 2회 시청률이 기대보다 저조하면 3, 4회 편집본에서 서브플롯을 삭제하고 주인공 중심의 메인 플롯으로만 전개하는 경우가 있다. 스토리 전개력과 흡입력을 끌어올리기 위한 고육지책이다. 이런 일이 발생하면 이미 촬영한 서브플롯이 폐기되고, 제작비가 화면에 보이지 않게 되며, 대본의 몇 회 분량이 줄어들어 마지막 회를 쓰던 작가가 '사전 제작 시대'에도 밤샘 작업에 들어가야 한다.

# 3막의 핵심 씬:
## 위기의 절정+클라이맥스+엔딩의 카타르시스

마지막 3막에서 주인공은 문제 해결과 위기 극복을 위해 앞으로 계속 나아가야 한다. 2막에서는 좌충우돌도 하고 회피도 했으나 이제 러닝 타임이 얼마 남지 않았다. 3막 역시 3개의 결정적인 씬이 필요하다.

### #7. 위기의 절정은 치밀하게

첫 번째 핵심 씬은 '위기의 절정'이다. 주인공의 절박한 위기는 급하게 진행시켜선 안 된다. 자세하게, 천천히, 한 호흡 한 호흡 보여줘야 한다. '서두를 경우 장면은 오히려 느리게 느껴진다.' 서두를수록 심층 세계가 살아나지 않아 오히려 피상적이고 지루하게 느껴진다.[24] 시청자가 몰입할 수 있는 장면을 만들기 위해서는, 때로는 페이스를 의도적으로 늦추는 것이 필요하다.

주인공은 위기와 딜레마를 어떻게 해결하는가? 위기를 극복하는 힘은 그가 겪은 위기를 통해 얻어진다. 위기를 겪으며 얻은 지혜, 의지력, 사랑에서 그만의 방법과 수단, 역량이 나온다.

페이스를 늦춤으로써 극적 감정이 올라가는 걸 현장에서 자주 겪었다. 미니시리즈 <닥터 깽>의 어느 회 엔딩은 강달고(양동근)와 김유나(한가인)의 키스 씬이었는데, 16부작 전체에서 유일한 키스 씬이었다. 나는 이렇게 디렉팅했다. "아주 천천히 키스해야 합니다. 두 시간 정도요. 쉬지 않고 천천히요. 단 절대로 입술이 닿으면 안 돼요. 카메라 한 대로 투 숏 클로즈업으로 갑니다. 액션!" 배우도, 스태프도, 카메라도, 주변 공기도 숨을 죽였다. 2~3분쯤 지났을까. "휴우~ 컷! 퍼펙트!" 입술이 닿지 않은 롱 테이크의 키스 씬을 1초도 자르지 않고 그대로 방송에 냈고, 그 장면에서 순간 시청률이 확 치솟아 올랐다.

## #8. 폭발하는 클라이맥스

3막에서 결정적인 씬인 클라이맥스와 엔딩은 바로 붙어 있다. 드라마는 사실상 이 두 씬을 향해 달려온 것이다. 이 두 씬은 시청자가 작품을 기억하는 데 있어 결정적인 영향을 미친다. 두 씬은 서로 연결되어 있으나, 성격은 다르다. 클라이맥스는 위기의 결말, 이슈의 해결을 다룬다. 드라마 전체에서 에너지가 가장 폭발적으로 분출되는 씬이라서 클라이맥스라고 부른다.

클라이맥스 씬의 조건을 살펴보자.

· 주인공의 활약: 갈등과 위기가 최고조로 오른 상황에서 주인공의 결단과 행동이 펼쳐져야 한다.
· 핵심 갈등 해결: 대립하는 요소(외적 상황, 내면의 갈등 등)와 주인공의 최종 대결

이 이루어지며, 이야기의 핵심 갈등이 해결된다.

· 예측 불가능성: 시청자가 예상하지 못한 전개를 보여줘야 한다.

· 감정적 만족도: 시청자에게 강렬한 감정적 반응을 선사하고, 이야기에 대한 만족감을 줘야 한다. 이야기의 갈등과 긴장이 최고조로 달하는 순간, 시청자의 감정도 주인공과 함께 절정에 오른다.

· 엔딩 연결: 결말이 자연스럽게 이어질 수 있는 기반을 만들어줘야 한다.

### #9. 엔딩: 카타르시스 또는 반전의 충격

엔딩은 클라이맥스가 지나간 다음, 마지막 마무리다. 그래서 엔딩은 클라이맥스와 더불어 카타르시스 씬이다. 카타르시스란 시청자가 당신의 드라마를 본 후 마음의 정화를 얻는 것이다.

〈이상한 변호사 우영우〉 1회의 클라이맥스는 의뢰인의 공소장이 살인죄에서 상해죄로 변경되는 씬이다. 이어지는 장면에서 피고인이 우영우를 껴안으며 "변호사 선생님, 감사합니다."라고 울먹인다. 이 울먹임은 시청자의 가슴으로 가닿는다. 이것이 마음을 정화시키는 카타르시스다.

〈더 글로리〉 마지막 회 엔딩에서 주여정(이도현)의 대사에 문동은이 답한다.

"사랑해요."

"사랑해요."

잔인한 학교 폭력과 지난한 복수 과정을 겪으며 끔찍한 트라우마를 얻은 두 사람에게, 그리고 그들과 함께 험난한 여정을 걸어온 시청자들에게 "사랑해요."는 작은 희망과 카타르시스를 안겨준다. 문동은과 주여정을 구원할 수 있는 것은 복수의 성공이 아니라 오직 사랑뿐이다.

〈나쁜 엄마〉 마지막 회는 처음부터 끝까지 카타르시스 씬의 연속이다. 긴 러닝 타임의 재판 장면에서 억울한 희생자 영순이 만세를 부르는 순간 카타르시스의 극치를 이룬다. 영순의 죽음과 장례, 강호의 새끼 돼지 프러포즈에 이르기까지 카타르시스가 거듭 이어지며 시청자의 마음이 정화된다. 시청자의 가슴을 시원하고 후련하게 해주는 데 망설이지 말자. 울고 싶을 때 펑펑 울 수 있게 만들어주는 작가는 이 시대의 심리치료사다.

시청자는 엔딩에 이르렀을 때 한 편의 재미있는 스토리에 참여했다는 만족감을 얻고 싶어 한다. 시청자의 이런 간접 체험은 그들의 일상에서 즐거운 오락이요, 귀한 여가 시간이요, 더러는 인생의 의미를 다시 생각하게 해주는 소중한 순간이다. 작가는 이들에게 '만족스러운 엔딩'[25]을 선사함으로써 카타르시스를 느끼게 해줘야 한다.

'만족스러운 엔딩'이라고 해서 모든 문제가 깨끗하게 해결되었다는 것을 의미하지는 않는다. 충격적인 반전을 보여주거나, 끝내 문제가 해결되지 않는 인생의 한계를 보여주는 것도 만족스러운 엔딩이 될 수 있다. 그 엔딩이 그럴 수밖에 없었음을 시청자가 공감한다면 무엇이든 만족스러운 엔딩이다. 엔딩 씬에서 작가는 자신의 철학을 담아낼 수 있다.

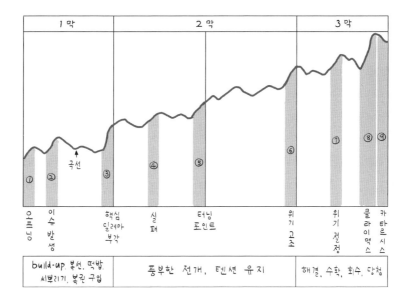

| 1막 | 2막 | 3막 |
|---|---|---|
| 오프닝 이슈발생 핵심 딜레마 부각 | 실패 터닝포인트 | 위기고조 위기절정 클라이맥스 카타르시스 |

국선 ① ② ③ ④ ⑤ ⑥ ⑦ ⑧ ⑨

| build-up. 복선, 떡밥. 시뿌리기, 복권 구입 | 풍부한 전개, 텐션 유지 | 해결, 수확, 회수, 당첨 |

## 떡밥을 회수하고 복선이 드러나는 3막

스토리텔링은 보통 인과론을 따른다. 1막에서 벌어진 사건, 즉 원인에 대한 결과가 3막에 등장한다. 1막의 원인과 3막의 결과가 긴밀하게 연결되지 않으면 그 스토리텔링은 시청자의 신뢰를 얻지 못한다. 씬과 씬의 연결, 시퀀스와 시퀀스의 연결도 기본적으로 '원인-결과'에 따른 진행이다. 꼬리가 꼬리를 낳는 것이다. 인과론으로 이야기가 진행돼야 위기가 점점 강화되고, 긴장감이 더욱 커진다. 사랑의 감정도 점점 열정으로 불타오른다. 그만그만한 씬들의 병렬적 연결보다는 점층적 연결이 더 몰입감을 준다.

3막에서는 1막에 뿌린 씨의 열매를 수확한다. 복선도 그제야 밝혀 준다. 생각도 못한 스토리텔링에 시청자가 감탄해도 좋고, 그들의 예상이 맞아 즐거워한다면 더 좋은 일이다. 그리고 그들의 예상이 보기 좋게 틀렸다면 더더욱 좋은 일이다. 예상을 뛰어넘은 작품이 된 것이다.

〈낭만닥터 김사부 3〉 1회 초반, 어느 해경이 함정에 도착한 젊은 의사들을 보고 "국방장관을 살려낸 팀."이라고 말한다. 이렇게 무심코 흘리는 대사가 구성상 '복권 구입'에 해당하는 좋은 예다. 단역 배우의 이 대사는 2회 후반부에서 핵심 이슈를 해결하는 씨앗이 된다. 난해한 정치적 문제를 '국방장관의 백'으로 한 방에 해결했으니 사 둔 복권이 당첨된 것과 같다.

스토리텔링은 작가와 오디언스가 벌이는 게임임을 잊지 말자. 오디언스를 충분히 존중해주며 성취감을 맛보게 해줘야 그들이 게임에 즐겁게 참여할 수 있다.

서브플롯은 클라이맥스 이전에 해결되거나, 엔딩과 함께 자연스럽게 해결되어야 한다. 서브일지라도 나름의 전개 과정을 통해 생겨났다가 소멸되는 과정이 있어야만 오디언스가 개운함을 느낄 수 있다.

하지만 '인과론'만으로 훌륭한 스토리를 만들기엔 살짝 부족하다. 상식적이고 합리적인 인과론은 평범한 스토리를 만들어낼 뿐이다. 이 문제에 대해선 11장 '수정하기'에서 다시 거론하겠다.

### 주인공의 감정선

그래프 속 감정선(JS line: Joy and Sorrow line)은 주인공의 기쁨과 슬픔 등 감정의 크기를 표시한 희비의 쌍곡선이다.

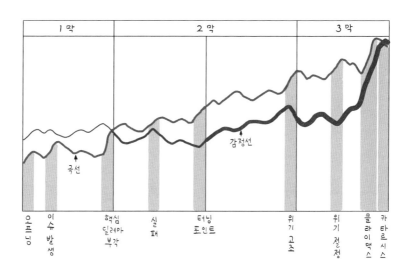

주인공은 딜레마나 위기를 겪을 때마다 감정이 다운되다가, 몇 씬을 지나면서 슬프고 괴로운 감정에서 벗어나려 애쓴다. 감정선은 당연히 극선의 영향을 받는다.

1막 오프닝에서 감정선은 평탄한 편이지만, 핵심 딜레마가 부각되자 급히 내려앉는다. 다시 꾸준히 올라가려고 애쓰지만, 큰 실패를 겪자 다시 하강한다. 그러나 주인공이 태도를 바꾸기 시작하며 반등의 흐름을 가져온다. 위기의 절정에서 다시 바닥으로 쭉 내려갈 것처럼 보이지만, 곧바로 치고 올라간다.

3막에서 극선과 감정선은 심하게 출렁거린다. 특히 감정선이 급하게 우상향한다. 주인공의 감정은 엔딩, 즉 해결을 위해 달려가고 있으니 에너지는 폭발적으로 분출되기 시작한다. 해결하려는 의지가 위기 상황을 이겨내며 위로 상승한다. 감정선의 흐름에 대해 더 알아보자.

· 주인공의 감정선은 고정되어 있지 않다. 늘 변한다.
· 시청자는 감정선을 따라가며 감정을 이입하고, 스토리를 받아들인다.
· 감정선과 극선은 일치하지 않는다. 주인공이 극적 사건에 어떤 감정을 갖느냐에 따라 감정선은 올라가거나 내려간다.
· 감정선을 미리 설정한 뒤 구성을 짜는 건 거의 불가능하다. 극적 사건에 대한 주인공의 리액션이 감정선을 만들기 때문이다.
· 주인공이 가장 힘들거나 슬플 때 내적 성장이 가장 크게 이루어진다.
· 감정선과 극선은 드라마 전개 과정에서 결국 우상향한다.

극선은 극의 중요도라고 했고, 감정선은 주인공의 슬픔과 기쁨을 나타낸다고 했다. 이 둘 중에서 감정선이 훨씬 더 중요하다. 아무리 큰 사건이 터지고, 위기가 닥치더라도, 주인공의 내면과 감정이 이에 반응하지 않으면, 극적 장치는 다 헛수고다. 시청자는 사건 그 자체보다도 인물 내면의 감정적 반응에 더 주의를 기울인다.

3막 그래프의 앞부분을 보면, 감정선이 아래로 처지고는 있지만 굵기는 훨씬 더 굵어졌다. 주인공의 감정 에너지가 커졌다는 뜻이다. 커진 주인공의 감정을 시청자가 지금껏 함께 붙잡고 내려온 것이다. 시청자들은 그간 주인공과 함께 위기를 겪으며 감정을 깊이 나눴기 때문에 아무리 힘든 상황이 닥치더라도 주인공을 두고 배에서 내리지 않을 것이다. 시청자의 의리를 믿어보자. 이 굵은 감정선은 주인공과 시청자가 한배를 타고 있음을 명확히 보여준다. 이제 시청자들은 주인공과 함께 엔딩을 향해서 거친 파도를 넘을 준비가 됐다.

## 엔딩 등대

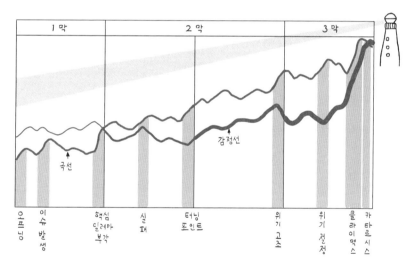

3막 엔딩의 꼭대기에는 등대가 우뚝 서 있다. 바로 엔딩 등대다. 엔딩 등대는 주인공의 항해, 이 극본의 항해를 향해 환히 빛을 비추고 있다. 그리고 무엇보다 작가인 당신에게 빛을 보내고 있다. 당신의 드라마가 한겨울의 거센 파도를 헤치고 올바른 방향으로 갈 수 있도록.

엔딩 등대는 이 항해의 목적지요, 드라마가 시작되는 이유요, 작품이 최종적으로 가야 할 종착지다. 대본의 처음부터 끝까지 작가에게 '가야 할 방향'을 제시해주어, 강력한 스토리 라인을 유지할 수 있게 도와주는 게 엔딩 등대다.

엔딩 등대에는 무엇이 있는가?


1. 작품의 주제와 메시지. 작가의 철학

2. 스토리의 최종 결말. 핵심 딜레마의 해결 방식과 주인공의 마지막 표정

3. 진한 여운을 남길 수 있는 대사나 시각적 이미지

4. 입에서 떠나지 않는 멜로디나 노래 가사

5. 주인공 인생관의 극적 변화

6. 작가·감독이 창작자로서 이 작품을 하는 이유


이를테면 드라마 〈도깨비〉, 〈SKY 캐슬〉, 〈디어 마이 프렌즈〉, 〈동백꽃 필 무렵〉, 〈5월의 청춘〉, 영화 〈인셉션〉, 〈타이타닉〉, 〈라라랜드〉, 〈쇼생크 탈출〉, 〈델마와 루이스〉의 마지막 장면을 떠올려보라. 이들 작품의 엔딩이 위의 1~6번 중의 하나와 저절로 연결되지 않는가?

이런 엔딩 등대는 기획의도의 한 줄에서 나올 수도 있고, 작가의 가슴속에 몽글거릴 수도 있고, 감독의 뇌 속에 그려져 있을 수도 있다.

엔딩 등대는 언제 세워야 하는가? 당신이 콘셉트를 막 잡았을 때나 첫 아이디어가 떠올랐을 때일 수도 있고, 기획안을 구상했을 때일 수도 있다. 〈작은 땅의 야수들〉의 김주혜 작가도 표현은 다르지만, 엔딩 등대를 창작의 핵심으로 삼았다.

"제가 창작 프로세스에서 가장 중점을 두는 부분은 리서치가 아닙니다. 작품을 쓸 때 딱 영감을 받아서 핵심을 알고서 시작을 해요. 목표가 있으면 중간에 뭐가 들어가든 거기를 향해 마지막까지 달려가는 거죠. 도달하는 지점이 어딘지 알아야 저는 스토리를 쓰거든요. 그게 제 창작의 핵심입니다."[26]

만약 당신의 이야기가 해피 엔딩이면 극 초반부터 매우 불행하고 고난스럽게 전개해도 된다. 언해피 엔딩이라면 마음껏 해피한 스토리를 전개하는 게 좋다. 〈쇼생크 탈출〉에서 주인공은 내내 잔인한 처우를 받지만 엔딩은 해피하다. 여주인공이 백혈병으로 죽는 새드 엔딩의 영화 〈러브 스토리〉에서 가장 인상적인 장면은 무엇인가? 유명한 눈싸움 장면이다. 영화나 드라마 속에서, 과도한 행복은 종종 다가올 비극을 예고하는 경우가 많다. 이런 예는 스토리 세계에 무수히 많으니, 공식과도 같다. 나는 주인공이 행복에 한껏 도취된 장면을 보면, 즉시 비극적 결말이 예감돼 눈물이 살짝 고인다. 내 예감은 틀린 적이 없다.

주인공의 행동이 결국은 엔딩에 영향을 미치는 게 드라마다. 엔딩으로 연결되지 않는 주인공의 행동은 의미를 잃거나 시청자의 공감을 얻기 어려울 수 있다. 엔딩 등대는 주인공의 행동을 더 극적으로, 더 과감하게, 더 다양하게, 더 의미 있게, 더 가슴에 와닿게 만들어준다. 구성을 보다 탄탄하게 만들어줘 시청자에게 감탄과 감동을 안겨주며, 작가가 도중에 표류하지 않게 해준다.

'죽음을 기억하라'는 라틴어 경구 메멘토 모리(memento mori)는 '살아 있는 이 순간의 소중함을 알라!'라고 우리에게 말한다. 당신의 엔딩 등대를 항상 기억하라. 지금 당신이 쓰고 있는 씬의 소중함을 알고, 그 씬에 전념하라. 지금 쓰는 씬이 엔딩을 단단하게 만든다.

'엔딩 등대'라고 표현하고는 있지만, 드라마 엔딩이 반드시 등대처럼 밝게 빛나야 한다는 건 절대 아니다. 뼈아픈 좌절도 엔딩 등대요, 주인공의 죽음도 엔딩 등대다.

〈나쁜 엄마〉 1회의 엔딩 등대를 떠올려보자. 흔히 생각할 수 있는 건 온갖 역경 끝에 검사가 된 강호의 모습이다. 그러나 이 드라마의 엔딩 등대는 한 걸음 더 나아가 강호가 자신의 아버지를 죽인 송우벽의 충견이 된 모습을 보여준다. 주인공이 '나쁜 검사'가 되어 스토리의 긴장감을 고조시키고, 시청자들의 가슴을 내려앉게 한 반전의 엔딩 등대다. 〈이번 생도 잘 부탁해〉 1회의 엔딩 등대는 반지음이 면접장에서 서하(안보현)를 향해 날린 돌직구 대사 "저랑 한번 사귀어보실래요?"다.

〈유미의 세포들 2〉 1회의 엔딩 등대는 이별 후유증을 앓고 있는 유미에게 사귀자고 말하는 바비(박진영)의 고백과 유미의 리액션 표정이며, 마지막 회, 즉 드라마 전체의 엔딩 등대는 유미의 '성장'이다.

<네 멋대로 해라> 19, 20회 대본 작업을 앞두고 있을 때였다. 작가는 고복수가 죽는 걸로 엔딩을 가자고 했다. 주인공이 죽음을 맞는 비장한 엔딩이 작품의 완성도를 높일 거라며.

하지만 엔딩에 대한 내 생각은 드라마를 처음 기획할 때부터 분명했다.

"복수가 결국 죽는다면 이 작품은 시작조차 안 했을 겁니다. 시한부 인생임에도 바람을 피우고, 새 연애를 하고, 오늘 여기를 사는 게 이 드라마의 콘셉트입니다. 복수는 앞으로도 계속 그렇게 살 거예요."

수술실에서 나오는 복수를 바라보는 전경(이나영)의 모습이 마지막 엔딩이었고, 그때 나는 마지막 컷의 디렉팅을 했다.

"가장 행복한 웃음을 보여줘요."

그 아름답고 밝은 미소, 그것이 나의 엔딩 등대였다.

복수와 살인, 납치, 특공대 출동 없이도 감정은 요동치고, 삶은 변화하며, 주인공은 성장한다. 스릴러, 미스터리, 복수 플롯이 권선징악, 정의 구현을 클라이맥스로 취한다면, 현실 세계의 사랑 이야기는 '성장'이라는 키워드 하나만으로도 든든한 엔딩 등대를 세울 수 있다. 열정 어린 시간들, 가슴 아픈 시간들을 겪으면서 '성장'조차 하지 못한다면 사랑은 얼마나 허무한 일인가.

엔딩 등대가 뚜렷할수록 주인공 캐릭터도 더 과감하게 변화할 수 있고, 빌런의 악행도 더 대담해질 수 있다. 항해를 떠나는 배가 목적지에 맞춰 연료와 식량을 준비하는 것처럼 당신 역시 작품의 엔딩 등대를 바라보며 극본 집필에 필요한 재료, 사건, 감정의 양을 준비할 수 있다.

김주혜 작가를 인터뷰했던 인플루언서 돌돌콩은 엔딩 등대가 바로 서 있어야 하는 이유를 오디언스 입장에서 분명히 말해주었다.

"이 소설은 첫 장을 읽을 때 훅 빠져들었지만, 마지막 장을 읽을 때도 첫 장만큼 재미있었어요. 아니 첫 장보다 더 재미있었어요. 많은 소설이나 드라마가 처음에는 거창하게 시작하지만, 일을 다 벌여놓고 마지막에 희미하게 가면서 무너지는 경우가 많잖아요."

엔딩 등대를 세우라는 말이 당신의 스토리를 엔딩의 목적지로 직진시키라는 뜻은 아니다. 오히려 그 반대다. 엔딩 등대를 믿고 온전하고 충분하게 여정에 나서라는 말이다. 엔딩 등대가 필요한 이유는 당신의 스토리텔링이 수없이 많은 폭풍우와 암초들을 헤쳐 나가야 하기 때문이다. 만약 등대가 훤히 비추는 잔잔한 바다를 아무 어려움 없이 직진해서 목적지에 도착한다면, 그것은 드라마가 아니다. 그렇다고 해서 폭풍우의 연속일 필요도 없다. 여정 사이에 의미 있는 성취, 아름다운 경험이 꼭 있어야 한다. 작가는 한배를 탄 시청자들에게 때에 맞춘 적절한 보상을 해주며 여정을 이어가야 한다.

**엔딩 등대 직전의 깜짝 반전**

당신의 대본이 엔딩에 다다르다 보면 처음 설정한 엔딩과는 또 다른 매력적인 엔딩이 떠오를 수 있다. 주인공의 장렬한 죽음으로 끝내거나, 슬픈 이별에서 끝내고 싶을 수도 있다. 물론 그렇게 해도 된다. 하지만 더 좋은 방법은 그 매력적인 엔딩을 반전의 수단으로 활용하는 것이다. 직진은 재미없으니 엔딩 등대에 도착하기 직전에 반전의 씬으로 넣어 스토리를 요동치게 하는 것이다. 그리고 본래의 엔딩 씬으로 다시 반전! 그러니 엔딩으로 향하는 동안 떠오르는 감을 버리지 말고 그때그때 적어 두자.

## 2막의 텐션을 책임지는 엔딩 등대

인간은 갈등을 싫어한다. 문제가 빨리 해결되기를 바란다. 작가는 이러한 인간의 본능에 역행해야 한다. 문제 해결을 더디게 하고 텐션을 지속해야 한다. 갈등이나 위기를 견디지 못하고 해결책을 빨리 써버리면 스토리는 거기서 멈춰버린다. 앞서 말한 것처럼 극의 중간 부분인 2막의 과제는 텐션을 지속시키면서 풍부한 전개를 펼치는 일이다. 이때 엔딩 등대는 갈등과 위기의 조기 종료를 막는 강력한 도구가 되어준다. 우리는 결말을 모르는 상태에서는 겁을 내고 움츠리지만, 미리 알면 대담히 행동할 수 있다. 무슨 일이든 마찬가지다. 엔딩 등대가 있기에 2막에서 작가는 위기를 증폭시킬 수 있고, 더 강한 텐션을 만들 수 있다.

## 9개의 핵심 씬과 엔딩 등대의 활용

한 회의 대본 구성에서 기둥이 되어줄 결정적인 씬은 9개다. 몰입감이 있고 긴장감이 넘치며 흐름이 흥미진진하려면 대본 안에 9개의 씬이 존재하는지부터 살펴봐야 한다. 당신의 극본 안에 1막의 '오프닝+이슈 발생+핵심 딜레마 부각' 씬, 2막의 '노력의 실패+터닝 포인트+위기의 고조' 씬, 3막의 '위기의 절정+클라이맥스+엔딩의 카타르시스' 씬이 있는지 점검해보라.

이 9개의 장면을 그래프에서 기둥으로 표현했는데, 앞서 설명했듯 굵기가 조금씩 다르다. 45분 분량의 드라마에는 40~50개의 씬 기둥, 70분짜리 드라마에는 60~80개의 씬 기둥이 필요한데, 핵심인 이 9개의 기둥은 유난히 굵고 크다. 나아가 이 핵심 씬들은 주변의 씬들을 흡수하며 더욱 굵어지고 커질 수 있다. 그것은 그만큼 핵심 씬에 충분한 분량이 필요하다는 의미다. 짧고 가볍게 터치하고 넘어가면 시청자는 당신의 스토리텔링에 실망감을 드러낼 수 있다. 핵심 장면에서 긴장감과 재미, 카타르시스를 얻으려고 기다렸기 때문이다. 9개의 기둥 중에 클라이맥스가 가장 높고 굵은 것은 그만큼 디테일하게, 한 호흡, 한 호흡 천천히 그려 나가자는 뜻이다. 거듭 강조하지만 클라이맥스에서는 서두르지 말자.

9개의 기둥 씬 중 오프닝, 클라이맥스, 카타르시스 씬은 용어의 의미 그대로 그 위치에 있어야 한다. 하지만 핵심 딜레마, 터닝 포인트, 위기의 절정 씬 등은 위치가 고정되어 있지 않다. 이 씬들은 오프닝과 클라이맥스 씬 사이에서 극의 구성이 필요로 하는 위치에 놓이면 된다. 다시 한번 강조하지만, 선의 굴곡이나 핵심 씬의 순서, 배치 등은 작품마다 모두 다르다.

'9개의 핵심 씬과 엔딩 등대' 프레임웍은 단막극이나 영화 시나리오, 시리즈 구성에 모두 유용하다. 시리즈 한 회를 본 시청자들도 영화 한 편을 본 관객만큼이나 작품 한 편 잘 감상했다는 만족감을 얻고 싶어 한다. 이 프레임웍은 시청자에게 만족감을 주고 시청자의 마음과 드라마의 감정을 동행시키기 위한 장치다. 앞에서 여러 시리즈 작품들을 예시로 들은 것처럼 시리즈 한 회를 이 프레임웍으로 분석해보면 그 장점이 확인된다. '미시 세계의 구조는 거시 세계에서도 반복된다'는 척도 불변의 법칙(scale invariance)[27]을 고려하면 8부작, 16부작 시리즈 전체 구성에도 이 프레임웍을 활용할 수 있겠지만, 나는 한 회 구성에 활용하는 것을 기본 전제로 깔고 있다.

오늘날의 드라마 콘텐츠 소비자는 호흡도 빠르고 시리즈 한 회마다의 스토리텔링 완결성을 요구하고 있다. '9개의 핵심 씬과 엔딩 등대'는 이러한 요구에 효과적으로 대응할 수 있는 프레임웍이다.

이 프레임웍이 무리 없이 적용되는 장르는 〈이상한 변호사 우영우〉, 〈모범택시 2〉처럼 회별 에피소드 중심으로 진행되는 드라마다. 에피소드 중심의 법정 드라마는 이런 구성에 기초해 한 회에 한 개씩 사건을 해결해 나가며 빠르고 시원한 전개를 구사한다. 범죄오락물을 표방하는 〈모범택시 2〉 등의 시리즈는 사건의 치밀한 전개 못지않게 클라이맥스와 엔딩의 카타르시스가 중요하다. 이런 드라마는 '카타르시스를 주는 오락'이기 때문이다.

'9개의 핵심 씬과 엔딩 등대' 프레임웍은 거의 모든 장르에 적용될 수 있으며, 로맨스물에도 도움이 된다. 작은 내적 동요와 갈등, 소소한 오해와 감정의 미묘한 변화는 거대한 서사나 숨 막히는 사건 못지않은 텐션을 갖는다. 자신에 대한 새로운 발견, 연인에 대한 감정의 변화, 인간관계에서의 조건 없는 용서도 클라이맥스 씬을 이룰 수 있다. 두려움, 의심, 실망, 감탄, 연민, 이해, 슬픔, 기쁨, 후회, 감동 같은 감정들도 터닝 포인트가 되거나, 나아가 엔딩 등대가 될 수 있다.

이 장에서 설명한 구성 방법론은 초고를 집필하기 전 스토리를 구상할 때 도구로 쓸 수 있으며, 초고 완성 후 수정할 때 보다 효과적으로 활용할 수 있다. 초고는 초고답게 당신이 쓰고 싶은 대로 거침없이 달려가 보는 게 좋다. 수정할 때 이 프레임웍으로 검토해보고, 필요하면 씬을 추가하거나 짧은 씬을 핵심 씬으로 키워 극의 흐름을 강화시키는 것이다.

지금까지 '9개의 핵심 씬과 엔딩 등대'의 프레임웍으로 극본 구성의 전략을 설명했다. 이를 그림으로 그려서 당신이 시각적으로 이해하는

데 도움을 주려고 했다.* 이 그림이 당신에게 유용한 작업 도구가 되기를 바란다.

당신이 신인 작가라면 이 방법에 따라 스토리를 구성해보라. '9개의 핵심 씬과 엔딩 등대' 도구를 활용해 70분 단막극이나 시리즈 1회 대본을 써보라. 기초 역량을 충실히 쌓기 위해선 이 연습을 여러 번 반복해 익숙해져야 한다.

## 프로크루스테스의 황금 침대

그리스 신화에 등장하는 프로크루스테스는 인간 중 가장 논리적이며, 심지어 부자다. 그에게는 예술적으로 아름답고 완벽한 황금 침대가 있다. 그의 초대를 받은 손님들은 황금 침대에서 잘 수 있는 대접을 받지만, 아무도 살아서 나오지 못한다. 완벽한 황금 침대에 자신의 키를 맞춰야 하기 때문이다. 황금 침대보다 키가 크면 밖으로 삐져나온 다리를 잘랐고, 키가 작으면 침대에 맞춰 사지를 늘렸다. 이처럼 황금률은 창작물의 생명을 옥죄는 위험한 잣대가 될 수 있다. 그러니 9개의 핵심 씬을 기계적으로 적용하는 일은 피해야 한다. 스토리와 감정의 자연스러운 흐름을 끊을 수 있다.

---

\* '엔딩 등대'라는 용어는 데이비드 하워드의 책《시나리오 가이드》의 94쪽 '절정이란 등대와 같다.'라는 말에 착안해 내가 만든 용어다. 그러나 내가 설명하는 등대의 개념은 절정과 다르다. '엔딩 등대', '극선', '감정선'이라는 용어와 '3막 구조의 그래프 그림'은 크로키북에 그림과 낙서를 하며 이야기하는 나의 습관으로 인해 우연히 생겨났다.

## 드라마는 흐름이다

초고를 쓴 다음, 핵심 씬들이 있는지, 제 역할을 하는지 면밀히 검토해보고, 필요하면 새로 만들거나 기존의 씬을 확장할 수 있다. 9개의 핵심 씬과 엔딩 등대는 초고를 발전시키기 위한 도구다. 그러나 명심해야 할 것은, 드라마에서 중요한 건 구성보다 흐름이라는 사실이다.

흐름은 본능적이고, 직관적이다. 자연스러운 흐름 속에서 시청자의 주의와 관심이 지속된다면 굳이 자극적이거나 핵심적인 또 다른 씬을 끼워 넣을 필요는 없다. '핵심 씬'들이 흐름을 방해하지 않도록 주의해야 한다. 9개의 핵심 씬으로 구성을 검토하는 이유는 스토리의 흐름을 자연스럽게, 흡입력 있게, 리드미컬하게 만들기 위해서다.

드라마 구성의 방법론은 '비누' 역할을 한다. 우리는 손을 씻을 때 비누를 사용한다. 비누칠을 꼼꼼히 해서 손을 깨끗이 씻은 다음, 맹물로 남은 비누를 헹구어 낸다. 누구든 손에 비누칠한 상태로 물건을 잡거나 악수하지 않는다. 위의 방법론으로 충분히 반복해 연습한 다음 비누칠하듯 싹 씻어내라.* 비누칠의 잔여물이 남지 않은 뽀송뽀송하고 깨끗한 손처럼, 방법론의 프레임과 눈금을 싹 지워버리고 스토리와 인물에 푹 빠지는 대본으로!

---

\* 비누칠의 비유는 법상 스님의 법문에서 가져왔다. "법문이란 듣고 버려야 한다. 비누칠처럼 깨끗이 씻어내야 한다." 작법 이론의 활용에 이 말씀처럼 딱 어울리는 말이 또 있을까 싶다.

# 시리즈의 기획과 구성

지속 가능한 전업 작가가 되려면 반드시 드라마 산업의 중심인 시리즈에서 성과를 내야 한다. 이 책은 기본적으로 시리즈를 준비하는 작가에게 초점이 맞춰져 있지만, 특히 이번 장에서는 더욱 집중해 시리즈의 기획, 구성, 대본 작업, 경쟁력 확보 방안을 깊이 있게 탐색해보겠다.

## 시리즈 드라마의 주요 특성

시리즈는 어떤 특징과 성격을 가지고 있는가? 단막극, 연속극과 비교해보면 좀 더 뚜렷이 보인다.

시리즈와 단막극이 얼마나 다른 세계인지 한눈에 알 수 있도록 '무리한 일반화'를 무릅쓰고 간단히 표로 정리해봤다. 단막극을 잘 쓰는 작가가 시리즈도 잘 쓴다는 보장은 없다.

|  | 시리즈 | 연속극 | 단막극 |
|---|---|---|---|
| 포맷 | 4~16부작<br>회당 40~70분 | 6개월 방송<br>회당 35~60분 | 70분 1회 |
| 기획의 중심 | 주인공 캐릭터,<br>직업 세계, 미션 | 가족생활과 관계 | 주제 |
| 장르 | 장르물, 로맨스, 사극 등 | 가족, 멜로,<br>혼사, 복수 | 다양 |
| 대본 평가 | 메인 플롯의 힘과 서브<br>플롯의 조화, 에피소드<br>흡입력, 참신성 | 일상적 공감과 자극 | 오프닝의 신선함,<br>엔딩의 감동과 반전 |
| 경쟁력 | 스타 캐스팅, 화제성 | 갈등 공감대 | 신선한 주제와 소재 |
| 편성 기준 | 스타 캐스팅, 스타 작가,<br>타깃이 분명한 기획,<br>수익성 | 작가의 주말연속극<br>성공 경험 | 대본의 실험 정신과<br>완성도 |
| 성과 평가 | 화제성, 수익성 | 시청률 | 신인 등용문<br>(작가·연출·연기자) |
| 스토리 전개 | 주인공 중심 | 관계 중심 | 주제 중심 |
| 타깃 연령대 | 20~49세 | 50세~시니어 | 20~49세 |
| 평균 제작비 | 회당 9~14억 | 주말연속극 5~6억 | 수익성 불확실로<br>부정기 편성 |

　모바일 시대와 팬데믹을 거치며 불과 몇 년 전만 해도 찾아볼 수 없던 45분 안팎의 러닝 타임, 5/7/9부작 등 다양한 포맷의 시리즈물이 등장하고 있다. 분량과 횟수가 다양하다는 것은 시리즈의 기획, 구성, 집필 방법도 매우 다양할 수밖에 없다는 뜻이다. 작가마다 접근 방식

이 다르고, 작품마다 스타일이 다르다. '70분 16부작' 중심의 편성 포맷이 무너지니 작가·감독·기획 프로듀서는 예전보다 더 새롭고 다채로운 작품을 기획할 수 있게 되었고, 신인 작가들에게도 기회의 문이 더 넓게 열렸다.

시리즈 제작비도 드라마 시장의 사이클 변화에 따라 출렁거린다. 채널 드라마 운영팀 등 관계자에 따르면, 국내 시리즈물의 회당 평균 제작비는 2018년 5억, 2019년 6억, 2020년 7억, 2021년 10억, 2022년 13~14억으로 점점 늘어나는 추세를 보이다가 2024년 2월 현재는 회당 9~14억 정도다. 반면, 넷플릭스는 회당 20억도 가뿐히 넘긴다.


## 시리즈 작업 과정

시리즈를 집필하는 일은 시간과 에너지를 절대적으로 요구한다. 어찌 보면 단막극은 가벼운 마음으로도 시작할 수 있지만, 시리즈는 인생의 많은 시간을 요구하므로, 먼저 당신의 결심이 필요하다.

결심을 했다면 다음과 같은 프로세스를 밟아야 한다.


콘셉트 구상 → 콘셉트 페이퍼 작성 → 1차 리서치 → 캐릭터 만들기 → 스토리 만들기 → 기획안 쓰기 → 2차 리서치 → 1, 2회 초고 쓰기 → 1, 2회 초고 수정 → 1, 2회 초고 피드백 수정 → 3, 4회 초고 쓰기 → 3, 4회 초고 수정 → 3, 4회 피드백 수정 → 기획안과 1~4회 수정고 제출 → 편성 여부 결정

기획안과 대본 4회까지 완성하고 나면, 채널이나 제작사에 보여줄 수 있고 공모전에도 낼 수 있다. 작가는 위의 각 단계마다 매번 탈락이냐, 패스냐의 갈림길에 서게 된다. 만약 채널에서 당신의 대본을 긍정적으로 평가하고 편성을 고려한다면, 그때부터 채널·감독과의 오랜 협업 과정이 펼쳐질 것이다.

## 시리즈 기획의 시작

작가는 미니시리즈 기획을 몸으로 한다.

어느 날, 가슴 한가운데 통증을 느낀다.

영혼을 건드리는 인물 Y가 다가와 가슴 한복판에 자리 잡는다.

그 인물 때문에 잠이 오지 않는다.

그 인물의 말과 행동이 눈앞에 펼쳐진다.

아침에 깨도 맨 먼저 말을 거는 인물은 Y다.

이제 작가도 Y에게 말을 건다.

다른 사람들이 보기에 작가라는 인간은 혼잣말을 중얼거리는,

반쯤 맛이 간 인간이다.

어느 순간 Y는 작가의 몸 안으로 들어온다.

그때부터 작가는 Y의 눈으로 세상을 본다.

이전까지와는 다른, 완전히 새로운 세상이 펼쳐진다.

세상을 움직이는 법칙, 질서, 행동 양식도 다 달라져 있다.

작가는 낯선 카페 골목을 기웃거리기도 하고,

빈티지 숍에 들러 지금까지 눈길 한번 주지 않던 옷을 입어보기도 하고, 석양의 합정동 네거리에서 눈물을 흘리기도, 웃음을 짓기도 한다.

작가는 몸으로 기획한다.

## 시리즈 작업 전 체크 포인트

시리즈 콘셉트가 잡히면, 핵심 내용을 한눈에 파악할 수 있는 한 장짜리 개요서를 만든다. 제목, 로그라인, 장르 및 세계, 주요 등장인물, 핵심 줄거리를 한 장의 페이퍼 안에 써 넣는다. 이 종이를 책상 위에 붙이고 틈만 나면 본다. 글자들이 당신의 마음을 움직이는가? 새로운 여행을 떠나라고 속삭이는가?

당장 새로운 여행을 떠나고 싶더라도 먼저 점검해야 할 것들이 있다. 당신의 기획은 시리즈가 되기에 과연 적합한가? 다음 열한 가지의 체크 리스트에 냉정하고 솔직하게 답해보자.

### 1. 재미있나?

무엇이 재미있는지는 구체적으로 말하기 쉽지 않다. 그러나 재미없는 것은 상대적으로 말하기 쉽다. 재미없는 스토리는 다음과 같은 것들이다.

뻔하다, 단조롭다, 어렵다, 답답하다, 어디서 본 듯하다, 작위적이다, 스토리텔링에 신뢰가 가지 않는다, 스토리와 인물의 깊이가 없다, 새로움이 없다, 올드하다, 감동이 없다, 오늘의 문화를 반영하지 못하고 있다, 스토리가 앞으로 나아가지 못하고 제자리걸음만 한다….

대본의 단점을 말할 때 흔히 '작위적인', '올드한'이란 표현을 쓴다. 그만큼 드라마는 인과 관계를 중시하고, 새로운 걸 좋아한다. 작가 스스로가 '작위적이고 올드한' 부분을 미리 알아채고 수정할 수 있다면 그것 자체로 엄청난 능력이다.

작위적이고 올드한 대본은 작가의 나이와는 상관없다. 이 문제는 작가의 캐릭터 이해력과 스토리텔링 장악력에 달렸다. 인물에 대한 이해가 얕고, 스토리에 자신이 없으면 관습적(cliché)이고, 안이해지고, 올드해지는 것이다.

당신의 이야기가 재미있는지 알아볼 수 있는 또 다른 방법은 주변 사람들에게 물어보는 것이다. 친구나 지인, 가족에게 스토리를 살짝 들려주고 그들의 반응을 살펴보라. 반응이 좋지 않으면, 작가도 인간인 이상 다시 생각해보게 된다. 다만, 드라마 작가나 PD에게는 너무 세세한 스토리를 들려주지 않는 게 좋다. 당신만의 신선하고 놀라운 요소를 그들이 무의식적으로 가져다 쓸 수도 있기 때문이다.

## 2. 참신한가?

"신인 작가에게 정통 멜로드라마는 불리한가요? 신박한 소재나 장르물을 선택해야만 하나요?"

신인 작가들에게 자주 듣는 질문이다.

시리즈는 작품 하나에 백 억 이상의 제작비가 투자되는 산업이다. 이 세계는 성공의 경험에 투자한다고 해도 과언이 아니다. 채널과 제작사는 손실과 실패를 두려워한다. 신인 작가라면 기성 작가와는 차원이 다른 무언가가 있어야 한다. 단지 극본료가 적다는 것만 내세울 수는 없다.

신인 작가의 무기는 참신함이다. 과감한 도전이다. 기성품을 흉내 내어 답습하기보다는 자신만의 특별한 모서리를 보여줘야 한다.

기존 시리즈와 비교했을 때 나의 작품은 '신인의 데뷔작'으로서 어떤 차별성이 있는가? 이 기획만의 특별한 엣지는 무엇인가? 그 차이가 경쟁력을 가져오는가? 멜로드라마를 쓰고 싶다면, 기존의 멜로와 다른 장르, 다른 가치관, 다른 어프로우치를 가져와야 한다.

## 3. 제작사와 방송사가 돈을 벌 수 있나?

시리즈 제작의 목적은 흥행과 수익성에 있다. 스튜디오드래곤, 콘텐트리중앙과 같은 한국형 스튜디오가 드라마를 보는 첫 번째 기준은 '돈이 되느냐'이다. 사실 '돈이 되냐 안 되냐'의 정확한 기준을 세우는 건 매우 어려운 일이다. 작가가 기획 단계부터 미리 알기도 쉽지 않다. 돈에 너무 신경 쓰면 인간도 그러하듯이 작품도 왜소해진다. 작가는 돈을 벌기 위해 제작사와 채널이 드라마를 만든다는 사실을 인식하고, 예산 개념이 있다는 것을 대본으로 보여주면 된다.

수익 창출의 관점에서 채널은 OTT나 해외에 팔 수 있는 작품인가, 협찬이나 PPL에 유리한가, 스타 캐스팅인가를 주로 따진다.

### 4. 이 기획을 성공시킬 수 있는 능력이 나에게 있는가?

내가 좋아하는 종목과 내가 잘하는 종목이 늘 일치하는 것은 아니다.

쓸 자신이 있는가? 이 드라마의 인물과 세계에 통달해 있나? 시청자의 마음을 홈칠 비장의 카드를 손에 쥐고 있나?

### 5. 시리즈 분량이 나올 만한가?

스토리의 볼륨이 모자라다는 이유로 걸러지는 기획이 의외로 많다. 16부작을 목표로 기획한 아이템을 실제로 전개시켜보면, 고작 2~4부작 분량에 그치기도 한다. 특히 로맨스 장르는 분량이 풍부히 나오지 않는다. 예전부터 숱한 로맨스 드라마들이 2회까지는 재미있어 화제성이 폭발하다가, 3회부터 정체되고 지루해지고는 했다. 로맨스의 클라이맥스는 앞부분에 있다. 연인이 서로의 사랑을 확인하고 나면 텐션이 확 떨어진다. 부모의 반대(사실은 원수 집안이었다는)나 재벌 2세와의 삼각관계 등 진부한 방법으로 텐션을 끌다가, 그마저 약발이 떨어지면 연인이 과거에서 왔다거나, 심지어는 외계인이나 귀신이라는 식으로 스토리를 이어가기도 한다.

시리즈 분량이 적절히 나올지에 대한 판단 기준은 무엇인가? 이야기의 볼륨을 가늠해주는 체크 리스트다.

- ☐ 주인공의 세계
- ☐ 소재의 확장성
- ☐ 주인공 캐릭터의 변화 폭
- ☐ 갈등·딜레마의 심각성과 장애물의 양적·질적 총량
- ☐ 매력 있는 서브플롯들
- ☐ 주·조연 캐릭터의 입체성
- ☐ 위기와 해결의 여러 계단들
- ☐ 풍부한 에피소드들
- ☐ 놀라운 반전들

### 6. 타깃 오디언스가 분명한가?

모바일과 OTT 시대다. 과거처럼 모든 세대를 타깃으로 하는 기획은 느슨하고 게으르다. 그보다는 예컨대, 도시 여성 20~39세에 타깃을 맞추고 스토리와 캐릭터, 에피소드, 소품, 미용, 패션, 공간 디자인, 음식을 철두철미하고 디테일하게 기획하는 게 더 효과적일 수 있다. 타깃이 좁더라도 그 좁은 타깃에게 뜨거운 호응을 얻으면 SNS와 바이럴로 화제성이 증대되고, 다른 세대로까지 확산된다.

## 7. 스타 캐스팅에 유리한가?

스타가 좋아할 만한 대본인가? 예측하기 어려운 일이지만, '주인공의 열 가지 특징'에서 설명한 '주인공다움'이 잘 살아 있는 대본이라면 충분히 가능성이 있다.

처음부터 특정 연기자를 대상으로 대본을 쓰는 건 위험하다. 그 연기자가 신인 작가의 대본을 고를 확률이 아주 낮기 때문이다.

스타가 캐스팅되지 않더라도 성공할 수 있는 대본을 만들자. 소재와 스토리의 힘, 주인공 캐릭터의 매력으로 성공할 수 있는 대본을! 당신의 제안을 거절한 스타가 드라마를 보고 배가 아플 수 있게 말이다. 그러고 나서 "당신을 주인공 삼아 쓴 대본이 있어요."라고 하면 어떨까.

## 8. 제작 현실성, 특히 제작비 경제성을 고려했는가?

예산 개념(budget mind)을 강조하는 것은 오해의 소지가 있다. '남의 돈으로 장난하지 말라'며 소재와 창작의 범위를 제한하는 것처럼 보인다. 넷플릭스의 〈기묘한 이야기〉 같은 드라마는 기획하지 말라는 말인가? 사실 사극이나 시대물은 현대물보다 제작비가 평균 1.5배 더 든다. SF나 미래를 배경으로 한 작품도 제작비가 많이 든다. 그럴듯한 CG 작업은 비용과 시간의 소산이다.

예산 개념을 강조한다고 해서 무조건 저렴하게 세팅하라는 의미는 아니다. 현실적으로 제작이 가능하도록 꾀를 내자는 것이다. 상상의

나래를 펼치되, 예산 담당자가 겁먹지 않도록 몹씬(mob scene)이나 대규모 행사, 액션 씬의 지문에서 꾀를 부려보자. 드라마는 있는 그대로를 보여주는 게 아닌, 시청자가 보고 싶은 장면만 한정해서 보여주는 예술이다.

### 9. 트렌드에 맞는가?

〈마녀의 법정〉은 당시 '미투' 열풍의 시대 트렌드를 잘 반영했다는 평을 받는 드라마다. 그렇다면, 작가가 미투를 예측하고 그 드라마를 기획했을까? 아마도 아닐 것이다. 여성 검사·변호사가 주인공인 드라마라면, 여성 인권 에피소드가 필연적이다. 〈이상한 변호사 우영우〉처럼 주인공이 여성이면서 자폐성 장애인 변호사라면, 여성 인권뿐 아니라 소수자 인권에도 귀 기울이지 않을 수 없다.

시리즈는 기획부터 방송까지 시간이 오래 걸리기 때문에 '트렌드에 맞냐, 안 맞냐'는 운이 작용할 수밖에 없다. 특히 사전 제작하는 경우, 트렌드와 영 맞지 않아 고전하는 경우도 적지 않다. 겨울에 사전 제작했던 어느 드라마는 당시 최고 스타들이 출연하며 기대작에 올랐다. 그러나 한여름에 방송을 내보낸 탓일까. 폭염이 기승을 부렸던 그해 여름, 시청자들은 두꺼운 외투를 입고 뜨거운 연기를 펼치는 배우들에게 등을 돌렸다. 물론 전형적인 스테레오 타입의 답답한 스토리도 한몫했지만.

그렇다면 어떻게 해야 트렌드에 맞게 기획할 수 있을까? 세 가지 방

시리즈의 기획과 구성

법을 제시하겠다.


① 오늘의 핫이슈에 맞추지 말라.

코비드-19 이후 신종 바이러스를 소재로 한 작품이 채널이나 공모전에 몰려들었지만 극본의 완성도와는 상관없이 좋은 평가를 받지 못했다. 철 지난 바닷가 느낌이 나는 식상한 기획이 되어버린 것이다. 〈더 글로리〉가 인기를 끈 직후에는 공모전에 복수 플롯의 스릴러, 미스테리물이 몰려들었다. 비슷한 장르의 극본들은 차별성을 얻기 어렵다. 심사위원들은 그런 소재가 나오면 휘리릭, 마우스를 스크롤 한다.


② 시대의 흐름과 정서를 읽는다.

지금 당장의 유행보다 더 중요한 것은 오늘날의 사회 흐름을 읽고, 그 속의 사람들을 살피는 것이다. 이들의 시대정신, 가치관, 정서, 심리, 인간관계의 양상을 반영하라.


③ 다가올 미래에 관심을 갖는다.

지금의 기획이 3~5년 후 방송될 거라는 가정 아래 3~5년 후의 사회와 인간을 예측해보자. 가까운 미래니 오늘의 사회 상황을 들여다보고 빅 데이터를 검색해보는 일로 시작해볼 수 있다. AI로 인한 대량 실업 등 예상치 못한 변수가 미래를 강타할 수 있다. 발 하나는 지금 여기에, 다른 발 하나는 다가올 미래에 착지해두자. 지금의 기획은 어차피 몇 년 후 미래에 제작될 테니 작가는 미래학자요, 미래를 발명하는 사람이다. 남들이 상상하지 않는 것을 상상해보라.

## 10. 유사 작품은 없는가?

기발하고 신박한 나만의 콘셉트를 잡아 짜릿하던 순간도 잠시, 이미 비슷하게 만들어진 것을 발견한 쓸쓸한 경험이 있을 것이다. 그럴 때마다 우리는 사람 생각은 다 비슷하다며 자조한다. 심지어 몇 년 전부터 기획해 대본까지 써놨는데 유사한 작품이 먼저 방송을 타는 쓰라린 경험도 있을 것이다. 콘셉트가 기발할수록 더 김이 새서 작업을 계속하기 힘들어진다.

대본 작업에 들어가기 전에 비슷한 작품이 있는지 먼저 체크해보고, 혹시라도 발견할 경우 차별성 있는 어프로우치를 새로 찾아야 한다.

## 11. 나의 시간과 에너지가 충분한가?

작가마다 다르겠지만 콘셉트 구상부터 4회 대본 완성까지 걸리는 시간은 적어도 6개월, 어쩌면 1년 이상이다. 운 좋게 이대로 편성, 제작까지 간다면 시간이 얼마나 걸릴까? 12~16부작의 경우, 대략 3년이다.

기성과 신인을 막론하고 어떤 대본은 피칭을 거듭하다 포기했는데 되살아나 편성되기도 하고, 어떤 대본은 확신에 가득 찼는데 탈락하고 만다. 시리즈를 쓰겠다고 결심할 때는 이 점도 고려해야 한다. 나의 시간과 에너지는 '기나긴 기다림의 시간'을 견뎌낼 수 있는가?

## 시리즈의 시작과 끝 전략

### 시리즈 1, 2회의 전략

시리즈 1, 2회가 재미있지 않으면 3회는 읽지도, 보지도 않는다. 1, 2회 만으로 편성 여부, 캐스팅, 비즈니스, 시청률이 결정되는 경우가 많다. 1, 2회의 이미지, 화제성, 완성도가 드라마의 경쟁력을 좌우한다. 그러니 시리즈의 핵심적 재미와 스타일이 1, 2회에 다 드러나야 한다. 만약 작가가 1, 2회는 인물과 세계에 대한 소개이고, 3회부터 재밌어 진다고 말하면 프로듀서들은 1, 2회는 걷어내고 3회를 1회로 하자고 할 것이다.

세계를 구축하고 인물을 설명하는 데 너무 많은 씬과 시간을 투입하지 않는 게 좋다. 꼭 필요한 설명이라도 요령껏 간결하게 집어넣는 게 시리즈 작가의 기본 역량이다. 남발하는 회상 씬, 과거 장면, 설명이 긴 대사들은 신인 작가의 대본에서 흔히 발견된다.* 다시 강조하지만, 이런 내용들을 깔끔하게 삭제해보자. 대본이 훨씬 재미있어지고, 역동적

---

* 스타 작가의 대본도 그렇다며 바로 증거를 내밀고 싶을 것이다. 스타 작가의 기획안은 비단 그 뿐만이 아니다. 가독성이 떨어질 뿐 아니라, 인물 소개만 적고 줄거리는 쓰지 않는 경우도 있다. 이런 일은 스타 작가가 된 다음에 마음껏 펼치길.

으로 변할 것이다. 덤으로 제작비의 경제성도 훨씬 좋아진다.

다음은 1, 2회에 반드시 들어가야 하는 요소들이다.

① 이 시리즈만의 매력

다른 드라마와 차별되는 이 드라마만의 매력은 무엇인가? 이 드라마의 가장 재미있는 요소는 무엇인가? 아껴두지 말고, 시청자가 맛볼수 있게 하라.

② 작품 전체의 퀄리티 기준

1, 2회는 대본의 완성도, 촬영의 수준, 완제품의 기준을 제시한다. 3회 이후로도 이 수준은 유지한다는 약속이다.

③ 주인공의 매력

시청자들은 시리즈에서 배우를 소비한다. 당신이 쓴 주인공 캐릭터와 화학적으로 결합한 배우를 소비하는 것이다. 그러므로 주인공 캐릭터의 특징과 매력이 1, 2회에서 시청자들에게 인상적으로 새겨질 수있게끔 하자.

④ 핵심 딜레마

시청자가 전체 스토리의 이슈, 주요 긴장에 대해 감을 잡아야 더 재미있게 볼 수 있다.

⑤ 이 시리즈에서 시청자가 즐길 것

이 시리즈를 통해 시청자는 무엇을 얻을 수 있는가? 빵 터지는 웃음인가, 쫄깃쫄깃한 긴장인가, 시원한 카타르시스인가, 일상에 대한 공감인가, 위로인가, 연민인가, 또는 성찰인가, 아니면 이 모두인가?


⑥ 엔딩이 주는 만족감과 기대감

각 회의 엔딩은 모두 중요하지만, 1회와 2회, 그리고 마지막 회 엔딩은 특히 더 중요하다. 아무 데서나 엔딩을 자르지 말자. 엔딩을 편집과 후반 과정에 맡겨두지 말자. 항상 엔딩 등대를 기억하라.


1, 2회 초고를 다 쓴 다음, 프로듀서에게 바로 발송하지 말기를!

11장의 '나 홀로 수정'을 참고 삼아 혼신의 열정으로 수정하기를!

작업 일정을 잡을 때는 초고 집필 기간 이상으로 수정 작업 기간을 잡아야 한다. 그것을 당신이 일하는 습관으로 두어야 한다. 채널에서 정해준 대본 마감일을 초고 완성일로 두면, 작가 스스로 만족스럽지 못한 대본을 제출할 가능성이 높다. 작가에게 매우 불리한 게임이 시작되는 것이다.

주 52시간 촬영이 정착되고, 팬데믹 이후에 제작 환경이 급변하면서 드라마 현장은 사전 제작의 흐름으로 가고 있다. 16부작, 20부작하던 미니시리즈가 10부작, 12부작으로 축소되는 경우도 많아졌다.

스토리 분량, 작가 역량, 작품 완성도, 시청자의 소비 패턴 등을 검토해보고, 그 정도 횟수가 적당하다고 판단한 것이다. 과거에는 1, 2회에 모든 걸 걸었지만 이제는 모든 대본을 촬영 시작 전에 완성해야 하는 시대가 열렸다. 채널 데스크, 배우는 회가 진행되어도 스토리의 재미가 줄어들지 않는 대본을 원한다. 그럴수록 더욱더 엔딩 등대가 필요하다. 엔딩 등대가 밝게 비춰줄수록, 작가는 마지막까지 스토리를 탄탄하게 끌고 갈 수 있다.

## 마지막 회의 구성

엔딩 씬이 각 회차 구성의 핵심 포인트이듯, 시리즈 전체 구성의 핵심 포인트도 마지막 회 구성에 있다. 마지막 회에서는 지금까지 진행된 모든 갈등, 위기, 플롯이 해결되어야 한다. 그 해결 과정에서 시청자가 충분한 카타르시스를 얻어야 좋은 작품이 된다. 숱한 시리즈들이 거창하게 시작됐다가 용두사미로 끝나는 것을 우리는 수없이 목격해왔다. 오랜 타성의 결과로, 앞부분에 온 힘을 쏟아붓느라 에너지와 제작비, 글감 모두를 탕진해버린 탓이다. 사전 제작의 시대, 한꺼번에 전작을 공개하는 시대에 1, 2회만 재미있고 그다음부터 갈피를 잡지 못한다면 경쟁에서 뒤처질 것이다.

1, 2회에 집중하는 만큼, 아니 그 이상으로 마지막 회 구성에 힘을 쏟아야 한다. 마지막 회에 메인 플롯을 어떻게 끝낼 것인가? 핵심 갈등과 위기를 어떻게 해결할 것인가? 서브플롯들은 어떻게 마무리할 것

인가? 이런 질문에 답을 내리고, 해결 시퀀스를 미리 그려보자. 미리 생각해보고, 미리 그려보고 나서, 다시 앞으로 돌아오라.

서스펜스 스릴러, 미스터리 장르물이 아니라서 그럴 필요까지는 없다고? 그렇더라도 상상해보자. 당신의 시리즈 마지막 회는 어떤 느낌, 어떤 감정, 어떤 표정으로 끝나면 좋을지를. 주인공들이 웃을지, 눈물을 흘릴지, 그냥 '안녕'이라고 말할지, 모든 연락 통로가 차단된 상태로 끝날지, 마지막 장소는 어디가 좋을지, 어떤 음악이 흐르면 좋을지를. 마지막 대사가 시청자들의 기억에 남기를 원하는가? 그럼 지금 미리 써보라.

마지막 회를 그려본 다음, 다시 11회, 10회, 9회…2회, 1회의 구성을 재검토해보자. '열린 결말'은 준비된 결말일 때만 의미가 있다. 시리즈 마지막 회 구성을 마무리 짓고, 다시 1회로 돌아와서 스토리를 전개시킨다면 보다 흡입력 있고, 깊이 있고, 재미있는 스토리텔링을 펼칠 수 있다.

결국 시리즈 구성은 처음에서 끝으로, 끝에서 처음으로 양방향으로 짜는 것이다. 처음이 끝을 만들고, 끝이 처음을 만든다.

## 시리즈 한 회의 구성

### 9개의 핵심 씬

한 회에 결정적인 장면 9개를 포함시키는 극본 구성은 매우 유용한

지침이다. 이 9개의 핵심 씬으로 드라마는 극적으로 전개되지만, 그 자체로 대본의 재미를 보장하는 건 아니다. 재미있는 대본은 씬이 나눠서 읽히지 않는다. 전체 씬이 연결되어, 그 힘으로 더 힘차게 앞으로 흘러가야 한다.

대부분의 시리즈 감독들은 핵심 씬 9개의 중요성을 본능으로 알고 있다. 그렇기에 그들은 오프닝, 이슈 발생 씬, 클라이맥스와 엔딩에 제작비와 시간을 넉넉히 투입해 힘줘서 찍는다. 내용이 어떻든지 무조건 그렇게 찍는다. 추가로 힘줄 씬을 대본에서 찾는데, 보통은 핵심 딜레마의 부각, 주인공의 실패, 터닝 포인트, 위기의 고조와 절정 씬이다. 그런 씬이 대본에 보이지 않을 때 감독은 위기를 느낀다.

감독은 핵심 씬에서 충분히 힘을 준 후, 다른 씬에서는 힘을 빼고 찍기도 한다. 그래야 드라마 전체에 리듬앤템포가 생기고 흐름도 자연스러워진다. 모든 씬에 힘을 주면 작품은 경직되고 제작비는 초과하며 스태프와 연기자는 탈진한다.


### 오프닝(2회부터)에 담아야 할 것

① 전회 엔딩과의 연결

2회 오프닝은 1회 엔딩과 연결되고, 3회 오프닝은 2회 엔딩과 연결되는 경우를 흔히 볼 수 있다. 이 연결이 시리즈물의 고리 역할을 하며 극을 앞으로 끌고 뒤에서 밀며 드라마가 자연스럽게 흘러가게 한다.

엔딩에서 오프닝으로 무엇을 연결하는가?

먼저 오디언스의 관심사, 마지막 장면의 이슈를 연결시킨다. 전회 엔딩에서 작가가 무엇을 중시했는지 시청자는 기억한다. 그것이 어떻게 되었을지 궁금증으로 시청자가 다음 회를 보는 것이다.

다음으로 등장인물의 감정을 연결한다. 전회 엔딩에서 비통했으면 다음 회 오프닝에서도 비통한 감정이 연결되고, 엔딩에서 행복에 겨웠으면 바로 그 감정으로 오프닝을 시작한다.

엔딩과 오프닝을 연결하지 않는 대본도 있다. 전회 마지막 장면에서 한껏 고조된 시청자의 감정을 그대로 가져오지 못하므로 손해일 수도 있지만, 낯설고 새로운 오프닝으로 시청자의 뇌를 자극시켜 주의력을 더 모을 수 있는 기회가 되기도 한다.

다음 장의 그림을 보면 극선은 계속 우상향하며, 다음 회에서도 마찬가지다. '씬의 에너지와 이에 조응하는 주인공의 감정선은 끝없이 올라가기만 하는가? 끝없이 우상향하는 감정을 어떻게 감당할 것인가?' 이런 걱정은 기우에 불과하다. 극선과 감정선이 전회에서 어디까지 올라갔든, 다음 회에서는 그보다 아래 지점에서 시작하게 되어 있다. 인간의 감정은 용수철처럼 초기 설정값으로 되돌아오는 성향이 있어서 각 회의 극선과 감정선도 매번 비슷한 높이에서 출발하는 것이다. 우리의 감정은 늘 지금, 여기를 출발점으로 다시 세팅된다. 고가의 명품 백이나 커피 머신 등 평소 원하던 것을 갖게 되면 오래도록 행복할 것 같지만, 막상 행복감은 며칠뿐 다시 이전의 심리 상태로 돌아오는 것과 비슷하다.

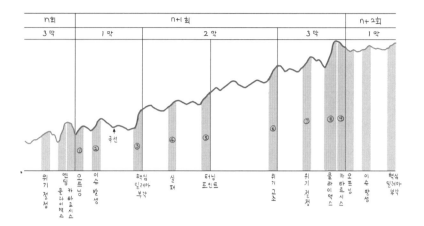

② 그 회의 첫 충격 사건

　전회의 마지막 이슈와 감정으로 오프닝을 시작할 땐 너무 길게 쓰지 말자. 지루해진다. 새로운 회의 핵심 이슈는 무엇인가? 이번 회에 처음으로 등장하는 충격적인 사건은 무엇인가? 오프닝의 두 번째 장면은 거기에서부터 전개된다. 아니, 그 씬 자체가 첫 씬이 될 수도 있다. 대니얼 조슈아 루빈은 이를 '망치를 내리치는 것'[28]에 비유하기도 했다. 주인공에게 충격적인 사건이 벌어지며 극이 시작되어야 함을 강조한 말이다. 수사, 법정 등 에피소드 중심의 장르물은 보통 오프닝에서 바로 그 회의 이슈를 제기하며 시작한다.

**각 회 엔딩 씬에 담아야 할 것**

각 회의 엔딩 씬에는 엔딩다운 긴장감, 카타르시스, 다음 회에 대한 기대감과 궁금증을 담아내야 한다. 엔딩 장면이 '절벽에 매달리기'라면, 그것은 사실 주인공보다도 시청자의 관심을 절벽에 매다는 것이다. 16부작이면 15회 엔딩까지, 8부작이면 7회 엔딩까지 텐션이 유지되어야 한다. 엔딩의 텐션은 살리면서도, 그 회의 이슈나 갈등을 한두 개쯤은 해결하며 50~70분을 함께한 시청자들에게 작은 보상을 주는 게 좋다. 아무것도 해결하지 않은 채, 시청자에게 더 긴장하라며 인내를 강요하는 건 '고구마 전개'다. 마지막 회 엔딩에서 모든 문제를 해결할 테니 그때까지 기다리라는 작가들도 있는데, 오직 갈등과 위기만 고조시키며 마지막 회까지 시청자를 붙잡는 것도 어찌 보면 대단한 능력이다. 신인 작가라면, 고구마와 사이다 모두를 써먹는 게 보다 안전한 길이다.

시리즈 중간 회차 엔딩에서 해결된 문제가 메인 플롯의 진짜 해결일 리는 없다. 마지막 회까지는 분량이 많이 남았다. 주인공 입장에서는 다 해결된 것 같지만, 다음 회를 보면 그것은 착각이거나 부분적 해결에 그친 것일 뿐이다. 이러한 해결들은 그 다음 회에서 오히려 더 큰 위기의 발단이 되어야 한다.

어떤 작가들은 어디서 엔딩을 잡아야 할지 모르겠다며 대본 분량이 차면 갑자기 그 회를 끝내버린다. 이를테면 '주인공의 경악한 표정에서 스톱.', '찻잔이 바닥에 떨어져 산산조각 부서진다.' 같은 식이다. 강렬한 엔딩을 써야 한다는 강박에서 나온 이런 장면들은 인물의 감정과 이슈가 다음 회 오프닝으로 연결되지 않는 가짜 엔딩(fake ending)인 경우가 많다. 이는 극의 완성도를 떨어뜨린다.

시리즈 한 회에서도 그 회의 엔딩 등대를 설치할 필요가 있다. 이는 작은 엔딩 등대로, 그 회의 스토리가 바다를 무사히 지나갈 수 있도록 방향을 알려주는 안내등이자, 결국 가야 할 목적지다. 12부작 시리즈라면 11개의 작은 등대와 1개의 큰 등대가 필요하다.

〈유미의 세포들 2〉, 〈이번 생도 잘 부탁해〉, 〈일타 스캔들〉, 〈닥터 차정숙〉 등 많은 드라마들이 그 회 엔딩과 다음 회 오프닝을 겹치게 구성하는데, 이는 시리즈 구성의 일반적인 방법이다.

〈닥터 차정숙〉 1회 엔딩에서 차정숙은 남편의 간을 이식받기로 하고 수술실로 들어간다. 2회 오프닝에서 어떤 연유로 남편이 아닌 다른 사람의 간을 이식받게 됐는지, 마지막까지 남편이 얼마나 쪼잔했는지를 보여준다. 2회 엔딩도 3회 오프닝과 겹치는 구성이다. 2회의 핵심 이슈는 차정숙의 레지던트 도전인데, 엔딩에서 결국 합격에 성공한 모습을 보여준다. 그리고 3회 오프닝에서는 어떤 과정을 거쳐 합격했는지 상세히 보여준다. 이런 구성은 그 회의 핵심 이슈를 따라가는 주인공과 시청자의 감정을 연결시켜준다. 그러니 엔딩과 오프닝을 장악할 만큼 충분히 흡입력 있는 강력한 에피소드를 배치해야 한다.

특이한 커플의 일상을 따라가는 이야기 혹은 특정 장르에 따라서는 엔딩에 극적 구성이 꼭 필요하지 않다고 생각할 수 있다. 그러나 그런 톤앤매너일수록 엔딩 이미지를 잡고 쓰는 게 극 전개 과정의 리듬앤템포를 조절하기 쉽다. 비슷비슷한 느낌의 에피소드를 병렬적으로 구성하면 지루할 수밖에 없기 때문이다.

## 서브플롯의 활약

시리즈에서 서브플롯의 역할은 성패를 가늠할 정도로 중요하다. 시리즈물에서 메인 플롯에만 의존한다면 리듬앤템포를 잃기 쉽고 단조로우며 지루해진다. 매력적인 서브플롯은 시리즈 극본을 쓰는 작가의 핵심 과제다. 서브플롯이 메인 플롯과 잘 연결될수록 그 드라마의 매력이 더해진다.

메인 플롯은 주인공의 핵심 갈등(core conflict)에서 나온다. 서브플롯은 '주인공 vs 주인공의 내면', '주인공 vs 주변 인물', '주인공 vs 일과 환경에서 나오는 하위 갈등(sub confilct)' 등이다. 이 서브플롯도 '이슈 발생 → 위기와 전개 → 해결'의 흐름을 갖는다. 메인 플롯의 스토리텔링도 만만치 않은 상황에서, 서브플롯 구성까지 미리 짜놓는 건 분명 쉬운 일은 아니다.

마지막 회에 허겁지겁 서브플롯들을 마무리 짓거나, 아예 모른 척 실종시켜 작품의 완성도를 떨어뜨리고, 시청자를 허탈하게 만드는 시리즈들이 많다. 어떤 작가들은 서브플롯을 이끄는 연기자들의 앙상블 혹은 시청자의 반응을 봐가며 해결하겠다는 다소 느슨한 마음을 갖기도 한다. 써봐야 알겠다며 서브플롯을 열어놓거나 방임하며 전개하는 것이다. 그러나 서브플롯의 엔딩을 미리 잡고 시작하면, 보다 적절하고 효과적으로 메인 플롯과 연결시킬 수 있다. 서브플롯의 엔딩을 정하는 건 메인 플롯보다 쉬우니 쉬운 것부터 해결해놓자. 때로는 서브플롯의 스토리 흐름이 메인 플롯의 막힌 부분을 뚫어주기도 한다.

서브플롯은 반드시 메인 플롯과 연결 고리가 있어야 한다. 주인공의 인간관계와 이해관계, 직업, 동선, 장소, 우연한 사건, 과거사 등 어떤 인연이 메인 플롯과 서브플롯의 연결 고리를 만들어준다. 서로 연결되지 않은 플롯들이 각각 따로 진행되는 경우가 있는데, 이 흐름이 길어질수록 스토리는 산만해지고, 각각의 플롯이 강렬할수록 오히려 전체 밸런스가 무너진다.

### 패턴의 활용

12부작 시리즈를 준비한다고 치자. 전체 스토리는 어떤 플롯 중심으로 끌고 가야 할까? 각 회별 스토리엔 어떤 에피소드를 담아야 할까? 부담감이 밀려온다면, 먼저 시리즈의 구성 스타일부터 살펴보자. 성공한 시리즈의 구성 스타일을 읽다 보면, 확실한 '패턴'이 있음을 알 수 있다.

패턴은 무엇보다도 등장인물과 장소에서 생겨난다. 등장인물 관계도가 이미 패턴을 암시하고 있다. 〈닥터 차정숙〉의 패턴을 보자. 차정숙의 에피소드는 어떻게 전개되는가? 어느 회를 보든, 한 회의 분량 안에 패턴처럼 반복되는 에피소드들이 있다.

차정숙과 서인호(김병철)의 부부 갈등이 전형적인 패턴으로 반복된다. 서인호와 최승희(명세빈)의 관계도 텐션을 강화시키는 쪽으로 등장한다. 물론 로이킴(민우혁)은 차정숙에게 에너지와 희망이 필요할 때 패턴으로 나타난다. 차정숙의 아들과 딸도 매번 썰렁한 식사 자리 에피소드로 등장한다. 차정숙의 시어머니 곽애심(박준금)은 차정숙에게 스트레스를 주는 패턴이다.

이런 등장인물들은 차정숙의 거실, 식탁, 병원 이곳저곳을 돌아가며 장소와 함께 패턴화된다. 〈닥터 차정숙〉의 패턴은 모든 연속극에서 줄기차게 활용하는 구성법이다. 주인공의 집이나 회사 등 특정 외경 인서트만 나와도 시청자는 어떤 에피소드가 벌어질지 미리 예측하게 되고, 심지어 거의 들어맞는다. 〈닥터 차정숙〉이 과거 연속극이 주로 편성되던 시간대에 성과를 낸 것도 이런 패턴에 익숙한 시청자들이 여전히 그 시간대에 잔류하고 있었기 때문이다.

등장인물 관계도에 버젓이 이름을 올린 캐릭터가 패턴에 맞게 등장하지 못한다면 작가가 인물 활용에 실패한 것이고, 서브플롯을 살리지 못한 것이다.

시리즈의 패턴은 다음과 같은 성격과 기능을 갖는다.

1) 패턴은 일정한 양식의 리듬 있는 반복이다. 씬의 분위기, 대사, 컬러, 감정, 코미디 포인트 등이 양식을 이루는데, 첫 회의 장르적 성격과 주인공의 캐릭터와 직업, 이야기 소재 등에서 자동적으로 나온다.

2) 시청자는 그 반복을 미리 예상하고 드라마에 참견하고 개입한다.

3) 작가는 패턴 디자이너. 그 드라마 특유의 반복 패턴에 익숙해진 시청자는 자신의 취향이라며 그 드라마만의 패턴을 즐긴다.

4) 오프닝, 엔딩도 작품에 따라 패턴을 갖는다.

5) 편집과 음악으로 패턴이 강화된다.

6) 한 회의 서브 장르, 서브플롯도 패턴을 갖는다.

7) 패턴이 남용되면 스토리 전개 예측이 쉬워지고 단조로워진다. 같은 패턴을 매회 반복하면 지루해지고 뻔해진다.

8) 패턴을 깨는 것도 패턴이다. 시청자의 예상을 깨야 한다. 예측할 수 없는 타이밍에 패턴을 깨야 한다. 그런데 패턴 자체를 전부 깨버리면 여기에 적응됐던 시청자 일부가 떠나갈 수 있다.

9) 타깃 오디언스, 장르에 따라 패턴의 정도가 다르다. 연속극이나 5060+가 주 시청층인 드라마는 패턴에 많이 의존하고, 2039 시청층을 겨냥한 짧은 시리즈는 상대적으로 패턴이 적다.


## 복합장르와 서브플롯

인간 심리도 복잡하고 세상살이도 얽히고설킨 이 시대에 단 하나의 장르로만 시리즈를 끌고 가는 건 쉽지 않다. 오피스물과 메디컬, 로맨스가 섞이거나 성장, 가족 휴먼이 미스터리와 엮이는 일은 다반사다. 장르의 절충, 복합장르는 선택의 문제라기보다 현실의 문제다.

여러 장르를 섞으며 가장 조심해야 할 건 서브 장르가 작품 전체의 톤앤매너를 깨는 경우다. 이럴 때는 그 장르를 배제하는 것까지도 검토해야 한다. 서브 장르는 서브플롯과 결합해 드라마 중간 부분의 풍부한 전개를 위해서만 활용돼야지, 주인공의 메인 플롯까지 가로막아서는 안 된다. 일상의 새로운 발견과 달달한 로맨스를 그리는 드라마에 '텐션을 주기 위해 아주 살짝' 가미한 살인 미스터리가 극 전체에 커다란 먹구름을 불러오기도 한다. 〈일타 스캔들〉에서 구슬총 발사로 시작된 스릴러·미스터리 플롯은 드라마에 극적 긴장을 가져오는 동시에 톤앤매너의 불균질을 초래하는 결과를 가져왔다. 장단점이 있는 설정이다.

#쿠키 스토리

착한 건달과 정의로운 여의사의 달고나 같고 코믹한 사랑을 그리려고 했던 <닥터 깽>은 건달이 주인공이라 1회에 조폭 액션이 따라오게 됐고, 여의사의 '깊은 슬픔'을 형사 오빠의 억울한 죽음으로 묘사했다. 그러자 기획의도와 달리 드라마가 무거워졌다. 회의 때 내가 작가에게 했던 '깊은 슬픔'이란 말이 달고나를 맨흙에 떨어뜨린 꼴로 만든 건 아닌지...

처음 그렸던 기획 포인트와 콘셉트를 해치는 추가 요소를 경계하라. 대본 회의 때 무슨 말이든 서로 던지고 받을 수 있지만, 채택하고 반영하는 것만큼은 신중해야 한다. 초심을 소중하게 간직하며 밸런스를 지켜야 한다.

코미디와 휴머니즘은 어떤 장르에든 잘 어울리는 서브 장르다. 눈물과 웃음은 서로 잘, 그리고 깊게 섞인다.[29] 우리는 앞에 있는 사람이 웃으면 함께 따라 웃고, 눈물을 흘리면 마음속이 젖는다. 코미디와 휴머니즘을 서브 장르로 가져온다면 스릴러 액션이든 법정물이든 청춘의 성장이든, 그 장르의 폭과 깊이가 더욱 확장될 것이다.

당신이 작가인 것은 당신의 눈물과 웃음 때문이다. 우리를 웃게 만들어 달라. 우리를 울게 만들어 달라. 우리는 웃을 준비가, 눈물을 흘릴 준비가 되어 있다.

**회별 스토리: 1개의 핵심 이슈와 4~5개의 이벤트**

시리즈 시놉시스를 만들 때 가장 어려운 과정 중의 하나는 회별 스토리를 짜는 일이다. 주인공과 메인 플롯을 정하는 과정에서 당신은 이미 머릿속이나 메모 카드에 핵심 이슈, 이벤트들을 수집해놓았을 것이다. 이제 인출할 시간이다. 핵심 이슈들은 크고 작은 이벤트를 몰고 온다. 한 회에 1개의 핵심 이슈와 4~5개의 이벤트를 넣어보자. 한 회에 4~5개의 이벤트를 심어놓는 일은 충분한 시간을 들여 작업해야 한다. 숙제하듯 조급하게 서둘러서는 진도가 나가지 않는다.

이벤트는 어디에서 오는가?

1) 그 회의 핵심 이슈, 메인 플롯에서 발생한다.

2) 주인공이 가져온다. 직업이나 목표 추구에서 오고, 심지어 주인공의 동선에서도 온다. 〈이상한 변호사 우영우〉에서 우영우가 로펌에 출입할 때 지나가야

하는 회전문이 그렇다. 주인공의 장애를 보여주기도 하고, 로맨틱한 만남과 율동의 무대가 되기도 한다.

3) 주인공 자신의 감정 변화, 오해, 착각에서 비롯된다.

4) 연인, 가족, 라이벌, 적대자 등의 등장인물들이 불러온다.

5) 주인공 주변에 깔린 수많은 장애물이 초래한다.

6) 사회적 이슈에서 온다.

7) 장소, 교통수단, 날씨도 이벤트를 만든다.

8) 기획 시작부터 현재까지 작가가 리서치, 메모한 것들에서 온다.

이렇게 수집한 이벤트들을 변형시키고 확장하고 가지치기한 다음, 스토리의 흐름에 맞춰 재배열하는 과정이 회별 스토리 작업의 근간이다. 시리즈의 모든 이벤트가 새로운 내용일 필요는 없다. 먼저 발생한 이벤트가 새로운 이벤트로 발전할 수도 있다.

## 그 후의 프로세스

당신의 미니시리즈는 주인공 캐스팅이 이루어져야 비로소 라인업이 가능하다. 누가 캐스팅되느냐에 따라 제작비 규모가 달라진다. 주인공 배우의 출연료는 얼마인지, 그가 글로벌 수출, 광고, 마케팅, PPL에 유리한지, OTT에 좋은 조건으로 협상할 수 있는지에 따라 전체 제작비가 산정되고, 채널과 제작사의 이익·손해 구간을 따져볼 수 있다.

주인공 캐스팅이 확정되면 캐릭터와 대본을 다시 한번 검토해야 한다. 이 배우가 몇 년간 준비한 당신의 캐릭터와 딱 들어맞는지 살펴보고, 배우의 실제 모습 중 캐릭터에 덧붙일 요소가 있을지, 기존 캐릭터에서 덜어내야 할 부분이 있을지 등을 생각해 '가봉' 작업을 해야 할 때도 있다. 이럴 때 작가가 배우와 직접 만나서 논의하는 건 신중해야 한다. 배우의 요구 사항이 대본 작업에 지장을 줄 만큼 과해지는 경우도 있으니 작가는 배우와 일정한 거리를 유지할 필요가 있다.

주 52시간 촬영이 법제화된 이후, 드라마 제작 현장은 한결 여유를 갖게 됐다. 이제 쪽대본이나 당일 촬영·방송은 먼 과거 얘기가 됐다. 12~16부작 미니시리즈의 경우 대본 4~6회 정도에서 편성 여부를 심사하고, 완고(完稿)가 10회 분량쯤 나왔을 때 촬영에 들어간다. 이러한 제작 환경의 변화는 과거의 '급박한 마감 환경'에 익숙해 촬영일이 가까워져야만 대본이 써진다는 일부 기성 작가들보다, 준비된 신인 작가에게 더 유리하게 작용할 수도 있다.

드라마 사전 제작이 자리를 잡으면서 대본이 전부 나온 후에 촬영을 시작하는 경우가 많아졌다. 그렇다고 해서 '촬영 시작이 곧 작가 업무의 끝'은 아니다. 막상 촬영해보니 대본과 연기의 화학적 결합이 부족하거나, 고정 촬영 장소에서 문제가 발생하고, 날씨, 제작비, 뒤늦게 들어오는 PPL·협찬 문제로 다양한 '대본 수정 이슈'가 생긴다. 이미 탈고한 대본에 다시 손대는 건 작가로서 큰 스트레스다. 심지어 뒷부분 스토리에도 영향을 미친다. 그러나 드라마 제작 과정은 감독, 배우, 마케팅 담당자, 제작사, 채널 등의 파트너와 협력하는 비즈니스다. 현실적으로 이 단계에서는 무리한 수정을 요청하지 않는다. 변화된 상황을 수용해 달라는 정도다. 그러니 제작 과정의 비즈니스를 이해하고 적절히 응답하자. 그게 바로 작가의 파트너십이다. 단, 까칠한 톤으로. 완고의 소중함과 작가의 품격은 지켜야 하므로.

---

#쿠키 스토리

'한류 열풍'이 그 주 찍어 그 주 방송되는 한국 특유의 제작 방식 때문에 가능했다는 주장도 있다. 펑크 내면 안 된다는 절박감, NG 내면 역적 되는 연기자와 스태프의 긴장감이 능력의 120퍼센트를 발휘시켰다는 것이다.

2005년 봄, 나는 드라마 국장으로부터 앞으로 6주 후에 방송할 '60분, 12회 분량' 드라마를 만들어달라는 요청을 받았다. 기존에 편성된 주말 연속극이 엎어지면서 6주가 비었다는 것이다. 나는 이 모험을 1초의 망설임도 없이 받아들였지만, 심장이 떨리는 나머지 그 자리에서 제목을 <떨리는 가슴>으로 지었다. 곧바로 김인영 작가를 만나 당장 대본을 써달라고 부탁했다. 작가가 난색을 표하자 2부작이라도 써달라고 매달렸다. 나는 크로키북을 꺼내 어느 가족의 여섯 개 테마를 그려냈고, 김 작가는 그중에서 '사랑'을 택했다. 그날 저녁에 만난 인정옥 작가는 '행복'을 테마로 쓰기로 했다. 6개의 연작이니만큼 연출도 다섯 명이 더 필요했는데, 동료 감독들이 기다렸다는 듯이 동참했다. 남은 4명의 작가뿐 아니라 배종옥, 김창완, 배두나 등 배우 캐스팅도 우리가 원하는 대로 일사천리로 진행되었다. 이 모든 일이 3~4일 만에 이루어졌다. 국장의 제안을 받은 지 정확히 6주 후 12부작 연작 드라마 <떨리는 가슴>이 방송을 시작했고 이 '땜빵' 드라마는 연말에 권위 있는 단체의 상까지 받았다.

# 대사 쓰기

드라마 극본 쓰기의 마력, 대사!

대사는 드라마의 꽃이요, 작가의 스타일이다. 작가의 능력을 평가할 때 스토리 구성력 못지않게 대사력을 중시한다. 이야기가 아무리 훌륭해도 대사가 평이하면 작가의 위치는 불안해진다.

## 좋은 대사란 무엇인가

**1. 직구와 커브를 적절히 배합한다.**

대사는 양면성과 이중성을 갖는다.

기호학에서 '기표(記標)는 기의(記意)에 닿지 못하고 계속 미끄러진다'고 한다. 말의 겉뜻과 속뜻이 맥락에 따라, 상황에 따라, 사람에 따라 다르게 이해된다는 말인데, 대사에도 정확히 적용되는 개념이다. 대사의 진짜 의미는 속뜻에 담겨야 한다. 나는 종종 배우들에게 대사와 반대로 연기해달라고 디렉팅을 주고는 했다. 대부분 효과가 커서 배우들도 놀라워했다. 분노의 상황에서 감정을 숨기고 살짝 미소를 띤 채 대사를 하거나, 환희의 순간에 기쁨을 드러내지 않고 최대한 담담하게 대사를 하다가 눈가에 눈물이 맺히면 좋겠다는 식이다. 이렇게 대사의 양면성을 보다 적극적으로 활용해보자.

작가는 때로는 직구로, 때로는 커브로 대사를 던져야 한다. 직구는 인물의 욕망, 의지, 목적, 속마음을 그대로 말하는 것이다. 직구는 강렬해 보이기는 하지만, 캐릭터의 내면을 너무 드러내 오히려 매력을 떨어뜨릴 수 있다. 내 카드를 보여준 것이다. 직구로만 이루어진 대사는 단조롭고 평면적이며 지루하고 재미없다. 투수가 직구만 던지면 얻어맞듯이, 작가는 유인구나 커브를 구사해야 한다.

커브로 던지는 대사는 하얗든 빨갛든 거짓말이며, 위악이고, 과장이며, 엄살이고, 떠보기다. 커브는 표면에 드러나지 않는 숨은 맥락의 서브 텍스트다. 쉬운 예를 들면, 사랑하는 사람에게 "사랑해요."라고 말하는 것은 직구고, "당신이 미워 죽겠어."라고 말하는 것은 커브다. 사실, 커브 대사에 더 깊은 감정과 진실이 내포되어 있다.

뛰어난 투수처럼 작가는 볼 배합을 잘해야 한다. 직구와 커브의 밸런스 유지가 관건이다. 커브나 체인지업만 던지면 극본의 힘이 떨어지고, 시청자는 피곤해지며 몰입도도 떨어진다. 대부분의 투수가 결정구를 직구 패스트볼로 하듯, 아껴 뒀다 꺼내는 강력한 직구 대사가 극의 전환점을 만든다. 〈이번 생도 잘 부탁해〉 1회 엔딩의 반지음 대사, "판단하기 어려우시면 저랑 한번 사귀어보실래요?"가 바로 강력한 직구다.

## 2. 대사가 곧 행동이다.

대사는 상대를 죽음의 위기에 몰아넣기도 하고, 삶의 기쁨을 주기도 한다. 대사는 행동을 동반한다. 아니, 실은 행동이 대사를 만든다. 그러므로 작가는 인물이 어떻게 행동할지를 먼저 정한 다음, 대사를 써야 한다.

나는 대본을 읽을 때 종종 지문은 건너뛰고, 대사만 읽기도 한다. 대사만 읽어도 스토리텔링이 선명하게 그려져 큰 감동을 주는 대본이 있는 반면, 미사여구만 늘어놓아 지루한 제자리걸음처럼 느껴지는 대본도 있다.

대사는 스토리를 앞으로 나아가게 하는 액션이다.

## 3. 대사는 설명이나 해설이 아니다.

등장인물이 대사로 자신의 감정이나 정보를 과다 누설하면 장면이 처지고 인물의 매력은 반감된다. 자랑이든 비하든 일상생활에서 자기 얘기를 많이 하는 사람은 어쩐지 불편하고 매력 없이 느껴지는 것과 같다. 현재 진행 중인 장면을 마치 등장인물이 중계하듯 설명하는 대사는 스토리텔링을 망치는 전형적인 예다. 창작의 기본 원칙인 '쇼, 돈 텔(Show, Don't Tell)' 즉, '말하지 말고 보여줘라'를 위반하며, 오디언스의 몰입을 방해한다. 안톤 체호프가 조언한 이 원칙은 어떤 상황이나 감정을 직접 말로 풀어내는 대신 이미지나 행동으로 표현함으로써 관객 스스로 느끼도록 하라는 말이다.

대사를 통한 설명과 해설 없이도 작가가 중요한 정보를 시청자에게 전달할 수 있는 방법들을 살펴보자.


· 캐릭터의 감정 상태를 대사로 직접 설명하는 대신, 그들의 표정, 몸의 자세나 움직임을 지문으로 표현한다. '구석에 쪼그리고 앉아 초점 없이 허공만 바라보는 눈빛'만 봐도 우리는 그 인물의 감정 상태를 느낄 수 있다.

· 배경과 세트 디자인, 즉 캐릭터의 생활환경이나 사무실, 집의 인테리어 등을 통해 그들의 성격이나 상황에 대한 정보를 전달할 수 있다.

· 사진 액자 등의 소품, 발톱의 빨간 매니큐어와 같은 분장으로 캐릭터의 과거, 성격, 현재 상태 등을 나타낼 수 있다.

· 음악이나 천둥소리 같은 특정 사운드도 캐릭터의 감정 상태나 장면의 분위기를 전달한다.

· 캐릭터들 간의 대사를 통해 자연스럽게 정보를 전달한다. 갈등이나 긴장감이 고조된 상태에서 필요한 정보를 살짝 섞는 게 최고의 기술이다.

· 부분적으로 조금씩 알려준다. 한 번에 모든 정보를 밝히기보다는 적절한 시점에 조금씩 정보를 공개하는 것이 관객의 흥미를 유지하는 데 도움이 된다.

· 내레이션 기법. 캐릭터가 자신의 생각이나 감정을 말하는 과정에서 중요한 정보를 전달한다. 내레이션은 캐릭터의 심리적 깊이를 보여주는 동시에 정보를 전달하는 효과적인 방법이 될 수도 있지만, 조심스럽게 사용해야 한다. 조금만 지나치면 오히려 설명만 가득하고 캐릭터의 매력이 바닥나는 역효과가 날 수도 있다. 나는 신인 작가에게는 되도록 내레이션을 배제한 대본을 쓰라고 권한다. 정보와 감정을 전달하는 데 있어서 작가 편의적인 방법이며, 대본 전체적으로 1인칭 내레이션 시점을 유지하는 일이 매우 어렵고 때로는 바람직하지도 않기 때문이다. 단일 주인공 시점의 내레이션은 다른 캐릭터가 주목받지 못할 위험이 있다. 실제로, 어느 남자 배우는 중요한 전환점마다 여자 주인공의 내레이션이 들어간 대본에 불만을 느껴, 자신에게도 내레이션 분량을 달라며 작가에게 강하게 요청한 경우도 있었다.

### 4. 대사에 인물의 성격이 드러난다.

말 한마디에도 성격이 녹아든다. 무심코 뱉은 말에도 그 사람이 비친다. 즉, 말하는 것만 보더라도 그가 어떤 사람인지, 어떤 성격인지를 알 수 있다. 4장에서 주인공과 빌런의 입체적 성격을 직육면체에 표시한 것이 기억나는가? 직육면체를 이리저리 손으로 돌려가며 대사를 써보자. 인물 캐릭터가 입체적으로 구축되고, 극의 흐름에 따라 대사의 울림이 커질 것이다.

## 5. 등장인물이 두고두고 후회할 대사를 만들라.

멋진 대사에 집착하지 말라. 씬 안에서 대사의 가장 중요한 기능은 그 말 한마디 때문에 갈등이 촉발되는 것이다. 아름다운 어휘로 주인공의 멋진 모습만 보여주려 대본을 쓰는 게 아니다. 주요 인물이 입을 열 때마다 긴장감이 생기고 문제가 꼬인다면 훌륭한 대사다. 인물의 욕심이나 자존심 때문에 절제되지 못하고 툭 튀어나오는 대사를 써보자. 그 말을 들은 상대방이 상처받고 분노하게 되는 대사를 만들자. 주인공이 두고두고 가슴을 치며 후회할 대사를 써보자. 그런 대사가 갈등을 심화시키고 스토리를 출렁거리게 만든다.

## 6. 대사는 문어체가 아닌 구어체다.

대사는 귀로 듣는 즉시 이해할 수 있어야 한다. 쉽고 분명해야 한다. 강풀 작가는 〈무빙〉 대본을 집필하면서 자신의 대사에 문어체가 많다는 사실을 깨닫고 크게 놀랐다고 한다.

대사는 완벽한 문장일 필요가 없다. 캐릭터에 따라 종결어미가 없을 수도 있고, 단어들이 이어졌다 끊어졌다 하며 단속적(斷續的)으로 나올 수도 있다. 더듬거리는 대사, 도치된 대사, 단어만 나열하는 대사도 상관없다. 오히려 그렇게 대사를 하는 캐릭터가 더 개성 있어 보인다.

## 7. 대사는 리듬앤템포를 갖는다.

로맨스 드라마의 데이트 씬에서는 대사가 핑퐁식으로 진행되는 경우가 많다. 짧은 대사를 티키타카 주고받는 것이다. 그래야 생동감 있고 감각적으로 보인다. 하지만 대본이 전체적으로 짧은 대사로만 이루어질 경우, 경박하거나 겉도는 느낌을 줄 수 있으니, 극적 맥락에 따라 대사의 길이로 리듬앤템포를 조절해야 한다.

대사는 주고받는 리듬이다. 사람들은 변명할 때나 남을 가르치려고 할 때 말이 많아진다. 드라마의 목적은 가르침이 아닌 즐거움이다. 드라마가 놀이가 되려면 일방적인 장광설을 피해야 한다. 대사로 시청자를 가르치려고 하는 순간, 템포는 늘어지고 채널은 돌아간다.

### 8. 쉼표, 점 등의 구두점으로 감정 연기를 이끌어낸다.

이선    (모기만 한 목소리로) 제가... 감히, 당신을 사랑합니다.
유진    ... 네? 지금, 뭐라고.. 했어요?
이선    (조금 더 높여) 당신을, 사랑합니다!
유진    (경악한다)
이선    처음엔 좋아하지 않으려고, 정말 노력했는데... 잘 안 됐어요.

위의 대본에서 보이듯, 구두점은 연기 호흡을 지시할 수 있는 매우 효율적인 방법이다. 쉼표, 느낌표, 점 2개, 점 3개에 배우들은 한두 박자를 쉬거나 호흡을 가다듬으며 연기 감정을 조절한다. 배우 연기의 핵심은 대사의 정확한 발음이 아니다. 단어와 단어 사이, 대사 중간의 짧은 휴지기(pause), 대사가 멈춰버린 그 순간이다. 그때 배우의 표정에서 연기의 정수가 나온다. 구두점을 잘 쓰면 연기 지시용 괄호 지문이 없더라도 배우의 연기를 이끌어낼 수 있다. 또한, 구두점은 감독이 대사를 독해할 때도 도움을 준다.

### 9. 대사가 전혀 없는 씬을 써보자.

시각적인 요소만으로 씬을 만들어보는 것이다. 대사를 쓰고픈 마음을 참아내고, 인물의 행동만 묘사해보자. 대사가 가득한 씬들 사이에 이런 씬이 들어가면 리듬앤템포가 새로워진다. 백 마디 말보다 표정 하나로 모든 걸 다 보여줄 수 있다면, 시청자의 뇌리에 더 강력하게 남는 장면이 탄생하기도 한다. 그런 표정이 나올 수 있는 감정과 행동, 상황 묘사의 지문을 써보자. 어쩌면 이런 씬에서 가장 인상 깊은 장면이 나올 수 있다. 감독과 촬영팀이 '대사가 없는 씬'을 마주하면, 움직임과 이미지만으로 한 씬을 찍어야 한다는 부담감으로 아이디어를 짜낸다. 뛰어난 제작팀은 그런 도전을 즐긴다.

### 10. 대사도 씨앗처럼 뿌리고 거둔다.

등장인물이 초반에 무심코 던진 말이 후반에 실제로 이루어지면, 극성이 강화되고 몰입도가 높아진다. 대사에 시차를 두자. 드라마에서 대사가 위력을 갖는 것은 그 대사대로 흘러갈 스토리텔링에 대한 기대감, 또는 불안감 때문이다. 말씀대로 이루어진다. 하찮아 보이는 일상적인 대사를 시한폭탄이나 신탁의 예언으로 만들어보라.

〈이상한 변호사 우영우〉 1회 초반에 어린 소녀 우영우는 "천재네, 나중에 커서 변호사 하면 되겠네."라는 말을 듣는다. 이 말을 한 당사자는 극 중반, 우영우를 본인 사건의 변호사로 만난다. 앞에 심은 대사를 이렇게 수확함으로써 극성이 강해진다.

〈나쁜 엄마〉 1회에서 오태수 검사(정웅인)는 스폰서에게 "일이 좀 골치 아프게 됐는데요."라고 보고하는데, 러닝 타임 50분이 지난 후 주인공 최강호도 똑같은 대사를 바로 그 스폰서에게 한다. 리얼 타임 30여 년의 시차를 둔 이 대사 덕분에 드라마의 긴장감이 고조된다. 이 대사가 어떤 비극을 몰고 왔는지 시청자가 극 초반부에 목격했기 때문이다.

## 11. 대사는 센스다.

PD들은 대사만 읽어봐도 작가의 나이, 이력, 관심사가 보인다고들 한다. 대본이 올드해 보인다면 대사의 스타일 탓이다. 어떻게 하면 감각적이고, 자연스러우며, 생동감 있고, 오늘날의 시대 문화와 패션을 담은 대사를 구사할 수 있을까?

감각적인 대사는 작가의 주의력, 관찰력, 오픈 마인드, 끊임없는 대사 작문 연습에서 나온다. 방법 하나를 제시해보자면, 극중 2030 등장인물의 대사를 오늘날의 2030 말투로 써보는 연습이다. 유튜브 〈숏박스〉나 숏폼(short-form) 콘텐츠의 대사들을 받아 적어보자. 등장인물

중 10대가 있다면, 그들의 어휘를 찾아서 반영해주자. MZ세대들의 유행어 모음집도 살펴보자. 단, 남용 금지. 너무 남용하면 대본이 경박해지고, 심지어 더 올드해 보이기까지 한다.

### 12. 작품의 주제, 철학, 메시지는 주인공의 대사로!

〈낭만닥터 김사부 3〉 2회 44분, 환자에게 '어레스트'가 온 응급 상황에서 외상센터의 모든 전원이 나가버린다. 그 암흑 속에서 휴대전화 불빛만으로 수술 부위를 비추며 메스와 거즈를 잡고 있는 절망적인 상황, 김사부(한석규)는 특유의 침착한 목소리로 말한다. "할 수 있는 데까지 해봅시다."

나는 이 대사가 이 드라마의 주제라고 생각한다. 이 대사는 김사부의 팀원에게, 환자에게, 시청자들에게 믿음과 용기를 불어넣는다. 당신도 할 수 있는 데까지 해보자.

〈나쁜 엄마〉의 "넘어져봐야 또 다른 세상을 볼 수 있는 거야.", 〈이번 생도 잘 부탁해〉의 "살아 있어줘서 너무 고마워."라는 대사도 작품의 주제를 말해준다.

# 지문 쓰기

지문은 과학적이고 경제적이어야 한다. 정확하되 군더더기가 없어야 한다. 장소와 인물을 묘사하는 지문은 시각적이어야 한다. 화면으로 재현할 수 있게 구체적이고 명확해야 한다. 특히 처음 등장하는 주요 장소와 인물에 대해서는 지문만 읽어도 바로 비주얼 이미지가 떠오르도록 써야 한다. 디테일한 공간, 눈에 그려지는 소품과 의상, 정확한 컬러를 콕 찍어 적절히 묘사한 지문은 스토리텔링과 결합하며 드라마에 깊이를 준다.

카메라는 지문에 근거해 앵글과 사이즈를 잡는다. 미술 스태프들은 지문에 따라 소품과 의상을 준비한다. 배우들은 자신의 대사에만 형광펜을 칠하지만, 스태프들은 지문 곳곳에 다양한 색의 형광펜을 칠한다. 작가는 지문으로 스태프와 소통한다.

분위기 묘사를 위한 장면일 뿐, 중요한 씬이 아님에도 엄청난 제작비가 필요한 지문이 있다면 생략하자. 지문을 통해 작가의 예산 개념을 보여주자.

대사 위주의 대본은 답답하기 쉽고, 지문 위주의 대본은 읽기 불편하다. 여기에서도 밸런스를 유지해야 한다. 적절한 양의 지문은 대본에 적절한 템포를 주어 가독성을 높여준다.

## 액션 씬 지문

결투, 도주 등 액션을 묘사하는 지문에서는 그 움직임이 구체적으로 보이는 게 좋다. 지문 그대로 찍어도 액션 장면이 완성되도록 쓰는 것이다. 격투 장면을 쓰는 중이라면 책상에서 일어나 직접 손과 발을 움직여보자. 당신의 움직임을 순서대로, 세부적으로 묘사해 써보자.

· 원문: B와 C, 두 사람 사이에 치열한 싸움이 벌어졌다.
· 수정: B는 뜀틀 선수처럼 앞으로 달려가더니 테이블을 두 손으로 짚고 그 탄력을 이용해 C의 육중한 상체에 오른발을 꽂았다.[*]

수정한 지문이 두 인물의 체격과 움직임을 시각적으로 생동감 있게 보여준다.

어떤 감독이나 강사들은 격투 장면을 세세히 묘사하지 말고 간단하

---

[*]  반드시 스턴트 액션 배우가 대역으로 연기해야 하는 장면이다. 그들은 부상 방지용 보호대를 차고 전문 기술을 이용해 연기한다.

게 쓰라고 요구한다. 어차피 무술 감독이 '합'을 만들어 와서 촬영하는 전문 액션 영역이라는 것이다. 하지만 나는 그런 주장에 반대한다. 〈각시탈〉, 〈무법 변호사〉, 〈배가본드〉처럼 액션이 중요한 드라마라면 몰라도, 로맨틱코미디나 휴먼 드라마는 그 드라마의 톤앤매너에 맞는 액션이 따로 있다. 지나치게 과한 스턴트 액션, 잔인한 타격, 치고받는 강렬한 효과음 때문에 톤앤매너가 튀면 작품이 손상을 입는다. 액션 장면은 과잉 촬영될 여지가 크다. 작가는 보다 정확한 지문으로 무술 감독에게 디렉션을 줘야 한다.

## 연기 지시형 괄호 지문

대사 앞뒤에 쓰는 연기 지시형 괄호 지문은 작가가 의도한 감정을 감독이나 배우에게 정확히 전달하기 위해 사용한다. 특히 반어법이나 빈정거림을 보여줄 때, 혹은 대사의 겉뜻과 속뜻이 다를 때 오독을 막기 위해 괄호 지문을 쓴다. 다만, 괄호 지문이 과도하면 배우의 창의적이고 풍부한 해석을 방해할 수 있으니 꼭 필요한 부분에만 절제해 넣는 게 좋다.

괄호 지문을 쓸 때는 관념적이고 추상적인 단어는 지양하고, 연기 가능한 단어로 표현해야 한다.

연출을 준비하며 어느 씬을 읽는데 (눈물이 맺힌다), (눈물이 또르르 흐른다), (눈물을 흘리며), (눈물이 하염없이 흐른다)와 같은 눈물 연기 지시형 지문이 대사마다 붙어 있었다. 이러한 눈물 연기 지문은 배우에게 압박과 부담이 되기도 한다. 스태프 모두가 배우의 눈물샘이 작동되기를 기다려야 하고 눈물용 안약이 효과가 없을 때도 있기 때문이다. 나는 위 지문들을 다 지운 채 촬영용 대본을 인쇄했다.

슛에 들어가자 놀랍게도 삭제된 지문의 그 타이밍에 배우의 눈에 눈물이 맺혔고, 맺힌 눈물이 또르르 흐르더니, 다음 순간에 하염없이 눈물이 흘렀다. "오케이!"를 외치고, 그에게 물었다.

"어떻게 그 포인트에서 눈물이 나와요?"

"저도 모르게 저절로 눈물이 났어요. 안 울려고 했는데, 제가 좀 오버했나요? 다시 갈까요?"

"아니요, 완벽했어요!"

이나영, 한가인 두 배우가 이런 연기를 보여주었다. 작가가 정말 잘 쓴 씬이었다. 배우를 믿고, 자신의 대본을 믿자.

## 기술 지시형 지문

지문에 카메라 워킹을 표시하거나 조명의 변화를 쓰기도 하고, 노래 제목을 넣기도 한다. 테크니컬한 지시형 지문이 극적 구성에 꼭 필요하다면 물론 써야겠지만, 나는 기술적인 지문은 절제해서 쓰는 게 좋다고 신인 작가들에게 말한다. 이유는 다음과 같다.

- 카메라 워킹을 표시한 대본은 감독 스스로 대본을 써서 연출하는 영화 시나리오에서 비롯됐다.
- 촬영·음악·편집 담당자는 스태프 중에서도 작가성을 가진 전문가들이다. 그들은 그들만의 창의적인 해석과 높은 수준의 테크닉, 표현 능력으로 작품 완성도에 기여한다. 그들의 창의성을 끌어내는 수준에서 지문을 쓰되, 지나치게 자세히 주문하지 않는 게 좋다.
- '카메라가 창문을 따라 위로 올라가며 집 안 내부를 부감으로 잡는다.', '암전.' 등의 지문은 영화 시나리오나 초보 작가의 대본에서 흔히 볼 수 있다. 대본에 기술 지시형 지문이 자주 들어가면 글을 읽는 흐름이 끊겨, 완성도가 떨어져 보인다. 스토리텔링과 대사, 인물의 행동 묘사만으로 대본은 충분하다.

노래의 곡명이나, 특정 영화의 장면을 대본에 언급하면 제작진은 저작권 협상과 비용 등을 염두에 둬야 한다. 그 요소가 기획의 모티브고, 극을 이끄는 결정적인 요소라면 반드시 언급해야겠지만, 분위기상 혹은 개인의 취향에 따른 거라면, '〈파리의 미국인〉 같은 올드 재즈풍의 음악이 흐른다.' 정도의 언급만으로도 충분하다.

# 초고 쓰기

초고를 작성하기 전에 반드시 새겨야 할 원칙이 하나 있다. '초고는 완고가 아니다.'라는 것이다. 완벽주의는 버려야 한다. 처음부터 완벽한 대본을 쓰려고 욕심내지 말라. 대본을 끝내지 못할 수가 있다.

시리즈든 단막극이든 70분 편성의 대본 분량은 다음과 같다.

70분 편성 드라마 한 편의 대본 분량
= A4, 11pt, 35쪽 내외(60~70씬)

A4 한 쪽에 드라마 2분 정도의 분량으로 계산하면 된다. 70분이면 보통 60~70씬 안팎이며, 넓게 잡으면 50~90씬 사이다. 40분 시리즈의 한 회 분량은 30~50씬으로, A4 20~22쪽 내외라고 생각하면 된다.

줄거리만 간략하게 써놓고 바로 대본 작업에 들어가는 작가들도 있다. 대사를 써야 진짜 대본 작업을 하는 맛이 난다는 것이다. 일단 대본부터 쓰고 나중에 줄거리를 요약·정리하는 식이다.

　이 작가의 머릿속에는 오프닝을 어떻게 시작해야 할지 그림이 분명히 그려져 있다. 타이핑 속도가 등장인물의 대사를 놓칠 정도로 쓰고자 하는 말이 차고 넘친다. 씬이 꼬리에 꼬리를 물고 이어진다.

　작업 초반에는 스토리 전개에 힘이 있으며, 감정이 풍부한 씬들이 써지기도 한다. 하지만 중간부터 스토리가 멈춰 앞으로 나아가지 못하는 경우가 생긴다. 돌파구를 찾는 데 시간이 걸린다. 앞은 힘차고 풍부한데 뒤로 갈수록 힘이 떨어지고 밋밋해진다. 스토리 흐름에서 벗어나 옆길로 새거나 점핑하듯 갑작스런 엔딩을 맞는다. 간략한 줄거리만으로 대본을 쓰는 것은 단막극 집필에는 가능할 수 있지만, 시리즈에서는 난관이 따른다.

　이와 달리 스토리 구성부터 촘촘하게 한 다음에 대본을 쓰는 작가들도 많다. 시놉시스용 줄거리 작업이 스토리 구성 작업이며, 초고의 기초 작업인 경우다. 이 방식엔 다음과 같은 의문이 따를 수 있다.

　'스토리 구성 작업에 모든 에너지를 올인하느라 실제 대본 작업 때 에너지가 방전되면 어쩌지? 구성이 너무 촘촘해서 주인공 캐릭터와 스토리가 그 안에 갇힌 느낌이 나면?'

　이런 고민은 몸과 마음이 지쳤을 때 생기기 쉬우니 우선 잘 먹고 잘 자야 한다. 사전 작업을 철저히 해서 생기는 단점은 아주 미미한 데 비해, 사전 작업을 대충하고 바로 대본 작업에 들어갔을 때 생기는 문제점은 치명적이다. 시리즈에서 스토리와 인물이 앞으로 나아가지 못한다면, 대부분 사전 준비가 부족했기 때문이다. 작가는 스토리와 인물에 대해 많이 알면 알수록 할 말이 더 많아지기 마련이다.

　작가는 주인공 캐릭터, 핵심 줄거리를 간략하게 작성한 스토리 개요(story summary)를 스토리 아웃라인(story outline)으로 확장시키며 대본 집필 작업을 준비한다. 아웃라인은 스토리의 청사진이요, 설계도이자 로드맵이다. 한 회의 구성안이고 씬 계획표다. 대본을 쓰기 전에 스토리의 구성과 방향을 명확하게 제시하는 것이 아웃라인의 용도다.

　오프닝에서 엔딩까지 당신의 드라마에서 가장 중요한 장면은 무엇인가? 그 장면들을 연결시켜 스토리 아웃라인을 만들어보라. 이때에도 '9개의 핵심 씬과 엔딩 등대' 프레임웍을 이용하라. 그 자체로 스토리 아웃라인이자 스토리 구성의 한 방법이며, 이것을 확대하면 씬 구성표다.

　아웃라인은 참고하는 설계도지, 완성품은 아니다. 대본을 쓰다 보면 등장인물들이 새로운 모습을 보여주거나, 다른 길로 가는 경우도 생기는 법이다. 처음보다 이야기가 더욱 재미있고 풍부해진다는 생각으로 앞으로 더 가 보면 된다.

　이제 초고를 써보자.

## 초고 작성의 13가지 가이드

### 1. 전체 줄거리를 자세히 쓴다.

전체 줄거리, 즉 스토리 아웃라인은 7장에서 설명한 '한 장의 개요서'에서 시작한다. 처음에는 열 문장 안팎이었을 것이다. 당신이 만든 수많은 개요서 중에서 주변 사람들의 반응, 시의성, 체크 리스트 등 여러 검토 단계를 거쳐 살아남은 문장이다. 처음의 열 문장이 여러 날을 거치며 스무 문장, 백 문장으로 늘어났을 것이며 그와 관련한 메모들 역시 꾸준히 추가되었을 것이다. 이렇게 한 장의 개요서에서 시작해 A4 몇 장의 전체 줄거리로 확장시키는 것이 바로 스토리 발전 과정이다.

전체 줄거리를 쓸 때는 맞춤법이나 문장의 완성도에 신경 쓰지 말고 마음먹은 대로 쓴다. 대사가 떠오르면 대사도 쓴다. 멈추지 말고 자세히 쓴다. 70분 분량이라면 A4로 5쪽 이상은 쓴다.

**2. 반드시 결말까지 쓴다.**

지금 당신의 기분과 느낌으로 엔딩을 잡아보라. 대본을 쓰다가 엔딩에 다다를 수도 있겠지만, 이야기를 처음 구상하는 과정에서 좋은 엔딩이 떠오르기도 한다. 작업할수록 엔딩은 새로운 이미지나 사건으로 진화하기도 한다. 잡아둔 엔딩이 있으니 진화도 하고 발전도 하는 것이다.

물론 엔딩을 미리 설정해두더라도, 막상 대본을 쓰다 보면 스토리가 넘쳐서 엔딩 이후까지 써지는 경우도 있다. 그렇다면 좋은 일이다. 대본을 쓰는 동안 스토리가 더 깊어지고 다이내믹해진 거니까. 러닝 타임에 맞춰 대본 분량을 조절할 때도 더하는 것보다 빼는 게 더 수월하며, 대본의 질도 좋아진다.

이 작업에서 가장 중요한 일은 지금 다루는 인물과 주제를 스토리의 끝까지 데려가 보는 것이다. 엔딩까지 가봐야 기획의 장점이 잘 살아날 수 있다. 중간에 스토리를 줄이거나 생략하거나 멈추지 말라.

오디언스들이 '놀랍지만 납득이 간다.', '주인공이 그럴 수밖에 없었을 것이다.' 수긍하며 하나의 스토리가 종결되었다고 느껴야 비로소 엔딩이다. 그때까지 엔딩을 뒤로, 뒤로 밀어붙여보자.


### 3. 전체 줄거리를 4~10개의 시퀀스로 나눈다.

70분 기준 드라마 한 회에 64씬이 담긴다면, 시퀀스로는 보통 4~10개 정도다. 이 드라마의 아웃라인 분량은 A4 기준 5쪽 안팎 정도다. 물론 편성 포맷과 장르, 내용에 따라 가감되는 임의의 기준이다.

한 시퀀스는 보통 7~8개의 씬으로 이루어지는데, 10씬 이상이 될 수도 있고, 1~2씬만으로 구성될 수도 있다. 씬으로 나누는 기준은 등장인물과 공간, 시간의 변화다. 줄거리를 토대로 시퀀스를 짜고, 시퀀스를 쪼개 씬으로 나눈 후, 씬 구성표를 짜보자. 대사와 지문이 떠오르면 같이 적는다.

씨퀀스는 칼로 무 자르듯 날카롭고 단정하게 잘리지 않는다. 리듬앤템포와 텐션을 살리기 위해 시퀀스 중간에 그 시퀀스의 흐름과 다른 씬들을 넣기도 한다.

**4. 오프닝의 핵심 사건과 감정을 명확히 정한다.**

이제 씬을 쓸 차례다. 첫 문장부터 술술 풀리는가, 아니면 노트북 앞에서 몇 시간째 멍을 때리고 있는가? 시퀀스를 나누고 씬 구성표를 짜놓았는데도 막상 씬이 안 써질 때가 있다. 줄거리대로 가자니 감정이 붙지 않거나 오프닝의 임팩트가 약하다고 느끼는 것이다. 이럴 땐 관점을 살짝 바꿔보자.

당신의 스토리에서 주인공에게 벌어질 가장 큰 첫 사건은 무엇인가? 그 사건, 그 감정을 결정하는 게 초고의 시작이다. 예를 들어보겠다.

---

S는 대성당 앞에서 검은 사제복을 입은 낯선 인물과 마주친다. 검은 사제가 S를 뚫어지게 바라본다. S는 걸음을 멈추고 잠깐 어리둥절해서 사제를 본다. 검은 사제가 한 걸음, 한 걸음 천천히 S에게 다가온다.

S는 이상한 기분이 들었으나 사제에게 고개 숙여 예를 표한다. 검은 사제가 S의 앞에 선다. 강렬한 오후의 햇빛이 사제의 머리 위에서 빛나고 있어 S는 사제 얼굴을 똑바로 쳐다볼 수 없다.

검은사제  (감정 없는 목소리로) 당신은 한 달 후에 죽습니다.

말을 마치자마자 검은 사제는 옷자락을 휘날리며 대성당 모퉁이로 홀연히 사라진다.

---

이 씬이 주인공에게 닥칠 첫 번째 사건이라고 해보자. 바로 이 장면에서 오프닝을 시작할 것인가, 아니면 S의 일상에서 가장 행복하고 평온한 순간을 먼저 그린 후 바로 이어 '죽음의 예언'을 보여줄 것인가. 그것부터 정하면 된다.

오프닝 방법은 작가마다 다 달라서 단순하게 일률적으로 말할 수는 없다. 다만 첫 대사, 첫 지문보다 '첫 사건', '첫 감정'을 먼저 결정해야 오프닝이 열린다.

첫 사건을 위의 장면으로 시작할 경우, 엔딩은 둘 중 하나다. S가 결국 죽거나, 절정의 위기를 극복해내고 살아남거나, 죽느냐 사느냐로 귀결되는 엔딩이다. 많은 드라마의 오프닝들이 이렇게 첫 사건에서부터 엔딩을 달고 시작한다. 이러한 전개는 "초반에 총을 보여줬다면 드라마가 끝나기 전에 총이 발사되어야 한다."[30]는 말과 통한다. 오디언스는 오프닝에서부터 계속 총에 신경을 쓰기 때문에, 엔딩으로 향하는 길에 그 총이 쥐도 새도 모르게 사라지거나 발사되지 않으면 실망하고 말 것이다.

**5. 질문 리스트를 만들어 답해본다.**

앞의 예시 장면은 독자나 시청자에게 다음과 같은 궁금증을 불러일으킬 것이다.

· 장르는 무엇인가? 스릴러인가, 미스터리인가? 휴먼인가? 혹시 코미디? 설마

로맨스?

· S는 누구인가? 죽을 죄를 지었나? 원한을 샀나? 왜 사제에게 저런 말을 듣나? S에게 핵심 사건은 무엇인가?

· 죽음의 고지가 정말 신의 계시인가, 사적 복수인가? 누구의 부탁인가? 아니면 사제는 정신이상자인가?

· 신의 대리자로서 사형 선고가 가능한가? 이 작품의 세계관에서는 신이 인간을 죽음으로 심판하는 게 가능한가?

· 사제는 누구인가? 진짜 신부인가, 가짜 신부인가?

· 무슨 의도로 저런 말을 하는가?

· S는 이 상황을 어떻게 받아들이나?

· S가 한 달 안에 정말로 죽는다면, 살인자는 신인가, 사제인가, S 자신인가?

· S는 이 상황에서 벗어나기 위해 어떤 노력을 벌이나?

· 이 스토리에는 어떤 반전이 있는가?


우리는 하나의 씬으로도 이렇게 다양한 질문 리스트를 받을 수 있다. 중요 질문들에 대한 답은 시놉시스에 대부분 반영되어 있을 테지만, 막상 씬을 써보면 원하던 느낌이 묘하게 살지 않거나 술술 풀리지 않을 수도 있다. 그렇다. 드라마가 어떤 결로 어떻게 갈지는 씬을 써봐야만 알 수 있다. 대본을 쓰다 보면 이런저런 질문들이 거듭 튀어나오는데, 여기에 작가가 답하는 과정이 바로 대본 작업이다. 이제까지 준비한 아웃라인과 메모, 자료를 단순히 정리하는 것을 넘어선 그 이상의 일이다. 키보드를 두드리는 순간마다 캐릭터와 당신의 감정을 섞어가며 질문과 대답을 주고받는 과정이다.

줄거리를 구성하는 것과 대본의 씬을 쓰는 것은 같은 성격의 작업이 아니다. 어떤 작가는 시놉시스를 쓸 때는 '이성 70퍼센트+감성 30퍼센트'로 대본 작업을 할 때는 '감성 70퍼센트+이성 30퍼센트'로 임한다고 한다.

**6. 갈고리로 씬을 시작해 놀람·의문·반전·여운으로 마무리한다.**

씬 역시 3막 구성처럼 시청자의 관심을 갈고리로 끌어당기며 시작해 반전이나 놀람, 궁금증, 여운으로 마무리 짓는다. 씬의 시작, 중간, 끝에 펼쳐져야 할 요소들은 다음과 같다.

· 한 씬의 시작: 시청자의 관심을 끌 만한 갈고리

· 한 씬의 중간

  – 어떤 이벤트, 사건, 액션 발생

  – 해당 사건에 대한 인물의 리액션

  – 중심인물의 목표와 장애물 갈등

  – 이전의 씬이 현재의 씬에 미치는 영향

  – 현재의 씬이 나중에 나올 핵심 씬에 미치는 영향

· 한 씬의 끝: 놀람, 의문, 반전, 여운

작가가 준비한 씬의 재료들 중에서 상투적이고, 지루하며, 설명적이고, 반복적이며, 단지 시간 순서에 따른 행위 묘사 같은 것들은 덜어낸다.

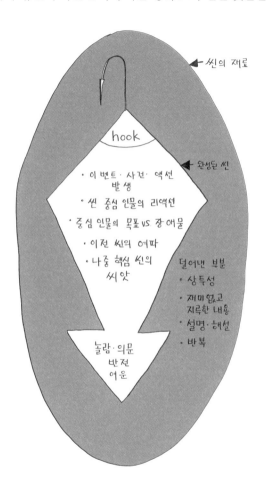

## 7. 매일 일정 시간 꾸준히 쓴다.

첫 씬을 썼다면 액셀을 밟은 셈이다. 발동을 걸었으면 멈추지 말고 앞으로 쭈욱 나아가자. 대본 작업 시간은 하루의 루틴으로 일정한 시간을 정해놓자. 하루 몇 시간을 배정하든 작업의 시간 단위는 '집중 50분+휴식 10분' 정도로 한다. 당신의 집중력을 최고로 유지하기 위한 뇌과학적인 방법이다.

분량을 기준으로 작업 시간을 잡으면 집중력과 체력을 효율적으로 관리하기 어려울 수도 있다. 어느 날은 열 씬 이상을 쓰게 되고, 또 어느 날은 단 한 씬밖에 못 쓰는 게 대본 작업이다. 시간 기준으로 집필해야 작업의 항상성, 지속성을 오래 유지할 수 있다. 글이 잘 써진다고 밤을 새우는 등 오버 페이스하지 않도록 주의한다. 하룻밤 반짝하는 좋은 컨디션은 사나흘의 피로감과 편두통을 불러올 수 있다.

작업을 끝마칠 시간에 갑자기 대본이 잘 써지기 시작한다면? 대부분 멈추지 못할 것이다. 단막극이라면 계속 써 나가도 괜찮지만, 시리즈라면 간단히 메모만 해두고 멈추는 게 좋다고 생각한다. 시리즈는 단거리 경주가 아니다. 길게 가야 한다. 일단은 전원을 끄고 푹 자는 편이 계속 달려가기에도 좋다. 다음 날 아침에 당신은 기분 좋게 깰 수 있을 것이다. 신나게 쓸 내용이 있으므로. 잠자는 사이 당신의 뇌가 전날의 아이디어를 더 풍성하게 만들어줄지도 모를 일이다.


### 8. 도중에 고치지 않는다.

수정은 나중 문제다. 쓰던 도중 마음에 안 든다고 수시로 멈추면 안 된다. 대사와 지문을 수정하지 말라. 초고를 쓸 때는 무조건 스토리를 앞으로 전진시켜라. 커다란 문제를 만나더라도 일단은 메모만 해놓고, 앞으로 계속 나아가라. 쓰는 과정에서 자연스럽게 해결책을 만날 수도 있는 일이다.

다른 일을 하며 작가를 꿈꾸는 이들 중에서는 몇 년이 지나더라도 단막극 한 편 끝내지 못하는 이들이 많다. 고치면서 초고를 쓰기 때문이다. 대개는 이런 작업 스타일이다.

'노트북을 켜서, 첫 씬부터 다시 검토하기 시작한다. 어느 한 부분이 마음에 들지 않는다. 심사숙고하며 고친다. 그러다 보니 오늘도 스토리 진도는 거의 나가지 못했다. 다음 주까지 마감해야 하는 회사 업무가 있어 한동안은 대본을 쓸 시간이 없다.'

아직 초고일 뿐이다. 고치지 말고 앞으로 나아가라.


### 9. 구상한 줄거리와 달라져도 계속 써나간다.

미리 짜놓은 줄거리와 달라지더라도 개의치 않는다. 심지어는 생각한 결말보다도 더 멀리까지 이야기가 이어질 수도 있다. 이때, 앞으로 가려는 주인공을 막지 말고, 그냥 한번 믿어보라. 엔딩 등대를 저 멀리, 또는 다른 곳으로 옮겨 두어도 괜찮다. 분량에 상관없이 일단 쓴다.


### 10. 중요한 감정 씬은 감정의 바닥까지 다 쓴다.

A4 한 장이든, 두세 장이든, 인물의 상황과 감정을 깊이 파고들어, 그 바닥까지 써보자. 씬이 길어지고 지루해질 것 같아 중간에 끝낸다

고? 감정의 바닥까지 긁어보지 않으면, 캐릭터의 진면목에 다다를 수 없을 뿐더러 평면적이고 예상 가능한 인물에서 멈추게 된다. 짧은 씬들만 쓸 경우, 인물의 심층 세계에 접근할 수 없고 캐릭터의 개성 있는 목소리도 담아낼 수 없다.

길어져도 상관없으니 가슴속에 묻어둔 감정, 머릿속에 맴도는 말들, 쓰면서 떠오르는 느낌들을 아낌없이 다 써보자. 그럴수록 당신은 캐릭터를 더 깊게 탐색하게 된다.


## 11. 자신의 글을 판단·평가하지 않는다.

초고를 쓰는 과정에서, 혹은 완성 직후일지라도 당신의 글에 대해 스스로 평가하지 말라. 지금 쓰는 초고는 남에게 보여줄 대본이 아니다. 당신 혼자서만 볼 것이다. 그러니 당신을 위해서만 써보자. 아무런 필터링 없이. 잘 썼는지, 못 썼는지 판단도 평가도 하지 말자. 당신 자신의 목소리도 듣지 말자. 내면의 비평가가 활동하려고 하면 손발, 특히 입에 재갈을 물려라. 이 단계에서는 첫 씬부터 마지막 씬까지 다 써내는 것만으로도 충분하다.


## 12. 논리적으로 쓰려고 하지 말라.

당신의 본능, 직관, 육감, 통찰력, 신통력을 믿고 써보자. 몸이 느끼는 대로 써보자. 인과 관계, 논리에 얽매이지 말고 앞으로 나아가 보자. 무의식이 작동하면 반갑게 환영해주며 키보드를 맡기자. 작법과 이론으로 돌아가지 말라. 멈추지 말고 흘러가는 대로 써라. 분석과 수정은 초고를 완성한 다음에 할 일이다.

### 13. 초고 완성 후 24시간 거리를 둔다.

초고를 다 쓰고 나면 뿌듯한 마음이 들 것이다. 충분히 맛보고 즐기자. 혹은 불안한 감정이 찾아올 수도 있다. 초고이니 불안한 게 당연하다. 그 불안도 수용하자. 지금은 딱 거기까지만. 초고를 완성한 직후는, 분석하고 판단하고 평가할 때가 아니다. 지금까지 수고한 당신을 잠깐이라도 어루만져줄 때다.

초고와 감정적 거리를 유지할 시간이 필요하다. 작가는 대본 작업을 하면서 고도의 집중력을 발휘하기 마련이고, 집중할수록 시야가 좁아진다. 거리 두기는 집중력을 해제해 시야를 넓히는 일이기도 하다. 최소 24시간 정도 초고와 떨어져 있어보자. 2~3일 묵혀둘 수 있으면 더 좋다. 시간과 거리를 유지해야만 놀라운 아이디어가 쏟아질 수 있다.

아무 일도 하지 않고 디폴트 모드*로 편히 쉴 때 획기적인 아이디어를 얻을 가능성이 더 높아진다.[31] 지금껏 쓴 대본은 까맣게 잊어버리고, 반신욕을 하거나 사과나무 아래에 앉아 가만히 쉬어보자. 그러다

---

* 뇌과학자 마커스 라이클은 쉬고 있을 때, 즉 뇌가 활동하지 않을 때 작동하는 일련의 뇌 부위를 일컬어 '디폴트 모드 네트워크(Default Mode Network)'라고 명명했다. 디폴트 모드 네트워크는 아무것도 안 하고 가만히 있을 때 더 활성화되는 신경망이다.

보면 당신은, 벌거벗은 채로 목욕탕에서 달려 나와 "유레카!"를 외치는 아르키메데스가 될 수 있다. 또는 나무 그늘 아래에 대자로 누워 떨어지는 사과를 보다가 만유인력을 발견한 뉴턴이 될 수 있다. 편히 쉬는 디폴트 모드에서 뇌 고유의 성찰 기능이 활성화되고, 창의성이 발휘된다. 당신이 쉬어야만 머리가 맑아지고, 대본이 숙성된다.

## 초고 집필과 수정 작업 시간

　시리즈 대본 1회 분량의 초고를 집필하는 데 걸리는 시간은 작가마다 다르고, 채널·제작사의 마감 일정에 따라 다르다. 계약이 없는 무소속 작가라도 스스로 마감 일정을 정하고, 그 일정에 맞춰 작업해야 능률이 오른다. 만약 50일의 일정이 주어진다면 초고 집필에 20일, 수정 작업에 30일 정도를 배분하는 게 어떨까. 30일 후에 제출해야 한다면 12일 정도 초고 작업을 하고 18일 정도 수정 작업을 하는 식이다.

　초고 집필보다는 수정 작업에 시간을 더 많이 배정하는 게 초고 발전에 이롭다. 바로 뒷장에서 설명할 '나 홀로 수정'에서 그 이유를 자세히 설명하겠다. 그리고 또 하나, 초고는 빨리 써야 잘 써진다는 게 통설이다.

# 수정하기

대본 수정의 목적은 당선될 수 있는 대본으로, 편성 받을 수 있는 대본으로 발전시키는 데 있다. 그것도 작가 자신의 방법과 노력으로!

초고를 다시 들여다보니 수정할 분량이 얼마나 되는가? 10퍼센트 미만이라면, 당신은 천재 작가다. 그게 아니라면, 자기 객관화가 부족하거나, 수정할 능력이 없는 사람이다. 50퍼센트 이상이라면, 당연하다. 정상이다. 헤밍웨이도 모든 초고는 엉망진창이라고 말한다. 그러니 담담하게 수정 작업에 들어가면 된다. 진정한 대본 작업은 이제부터 시작이다.

수정은커녕 손볼 수조차 없는 상태라면, 씨앗 창고에 넣어두고 처음부터 다시 시작하라. 새로운 콘셉트로.

## 초고보다 더 중요한 수정 작업

사전 작업(Pre-writing) 65%

초고 쓰기(Writing) 5%

수정 작업(Re-writing) 30%[32]

대본을 완성하는 데 걸리는 시간을 100퍼센트라고 할 때 초고 작업 시간을 5퍼센트로 두고, 그 여섯 배의 시간을 수정 작업에 투입해야 한다는 주장이다. 그만큼 수정 작업은 대본을 완성하기 위한 필수 과정이다.

수정을 대사 몇 줄 고치는 것쯤으로 간주하는 작가들도 있지만, 스토리 전체를 뜯어고쳐야 할 때도 자주 있다. 대본 수정의 범위는 단어에서부터 시작해 대사, 지문, 씬, 시퀀스, 구성, 인물, 소재, 주제까지 매우 광범위하다.

기본적으로 대본 수정은 스토리를 재검토하고, 재편성하는 작업이다. 나무보다는 숲을 먼저 봐야 하는 일이다. 스토리를 발전시키기 위해 등장인물을 바꾸기도 하고, 주인공의 성별과 직업을 바꾸기도 한다. 이 수정 작업은 작가한테 몹시 괴로운 일처럼 보인다. 일단 작가는 초고를 완성하고 나면 뿌듯하다. 시간과 노력 끝에 탄생한 자신의 초고가 대견하고 사랑스럽다. 그러나 초고에 애착이 생기면 자기 객관화가 어려워진다. 이것이 수정 작업에서 가장 큰 걸림돌이다.

대본은 당신이 아니다. 더욱이 초고는 당신의 아이가 아니다. 앞으로 당신은 수십 수백 편의 초고를 써야 할지도 모르는데 그 많은 초고를 어찌 다 내 자식들이라 우길 수 있겠는가. 그저 한때의 결과물일 뿐이다. 대본에 애착할수록 눈이 멀고 강퍅해진다. 애착하지 말고 담담히 들여다보라. 수정 작업은 지키고 방어하는 일이 아니라 해체하고 발전시키는 작업이다.

수정에 '완벽'이란 있을 수 없다. 그러니 할 수 있는 데까지 최선을 다할 뿐. 목표를 100점이 아닌 80점 정도로 삼고, 남에게 보여주기 이전에 나 홀로 고쳐보자. 대본 작업 중 가장 중요한 과정이며, 작가로서의 역량이 가장 필요한 시간이다. 초고를 다 쓴 지 적어도 24시간이 지난 후에 대본을 다시 검토해본다. 이때 초고를 인쇄해 종이 상태로 보는 게 좋다. 노트북 모니터의 화면 단위가 아니라, 손으로 앞뒤 넘겨가며 대본을 보는 것이다. '2쪽씩 모아 찍기'로 인쇄하지 말고, 한 장에 한 쪽씩 정성껏 인쇄하자. 모아 찍기를 하면 글씨가 작아져 한눈에 대충, 빨리 읽기 쉽다. 그런 지면은 숙고할 여지를 주지 않는다. 잉크와 종이를 아끼지 말라.

## 수정 작업에 꼭 필요한 자기 객관화

자기 객관화는 매우 어렵다. 과연 가능한지도 분명하지 않다. 그러나 프로페셔널한 작가로 성장하기 위해서는, 자신의 대본을 객관적으로 바라보는 능력이 필수다. 소크라테스가 말한 것처럼 세상에서 가장 현명한 사람은 자기 자신을 아는 사람, 곧 자신의 부족함을 아는 사람이다. 자신이 쓴 대본의 부족함을 아는 작가가 가장 지혜로운 작가요,

가장 발전 가능성이 있는 작가다. 작가의 자기 객관화란, 대본의 부족함을 찾아내고 이를 잘 고쳐 편성 받을 수 있는 수준까지 끌어올리는 안목과 능력이다.

이 지점에서 작가인 당신 역시 주인공 캐릭터처럼 입체적 성격을 가졌다는 것을 떠올려보자. 상상력, 창작 정신, 나만의 세계관 같은 중요한 단면들 사이에 '살짝 떨어져서 바라보는 눈'도 한 단면을 차지하고 있다고 생각해보자. 이 단면은 직육면체에서 바닥을 향하고 있어 잘 드러나지는 않지만, 대본을 검토할 때만큼은 고개를 들어야 한다. 이 단면은 '공정한 관찰자'다. 공정한 관찰자는 '내면의 인물'이며 '어느 쪽에도 치우치지 않고 충분한 정보를 갖춘 관찰자'다.[33]

작가는 자기 객관화를 어떻게 얻는가?

① 낙선과 거절을 거치며 얻는다. 단번에 얻을 수 있는 게 아니다. 작가의 자기 객관화는 숱한 도전과 오랜 인내심의 산물이다. 낙선과 거절을 당하면 왜 떨어졌는지, 왜 거절당했는지 반드시 이유를 찾아보고, 대본 수정 작업에 바로 반영한다.

② 평가·분석 도구를 활용해 자신의 대본을 냉정하게 검토한다. 인정사정없이. 이 책에서 안내하는 드라마 구성 방법론과 수정 방법론을 이용하라.

③ 가능하다면 전문가를 포함해, 주변 사람들의 피드백을 받으라. 경험이 풍부하고 안목이 훌륭한 선배 작가의 코칭이 가장 좋겠지만, 이런 기회가 주어지지 않더라도 방 안에 갇혀만 있지 말고 피드백 받을 방법을 찾으라.

④ 작품 평가의 기준을 높인다. 최고의 작품, 최고의 대본, 엣지 있고 독특한 기획, 감탄이 절로 나오는 드라마만 골라 본다. 자신의 기획과 대본을 훌륭한 당대 작품들과 비교해보라. 무엇이 빠졌는가? 어떤 요소를 추가해야겠는가? 다행히 모바일 시대를 맞아, 방금 전 끝난 드라마도, 10년 전 끝난 드라마도 언제든 볼 수 있는 공부하기 매우 좋은 환경이다. 도서관이나 서점에서 어렵지 않게 대본집도 구해 읽어볼 수 있다.

⑤ 자기 객관화란 자신의 대본을 남의 대본처럼 읽는 것이다. 왜 그래야 하는가? 작가의 대본은 심사위원이나 EP, 감독 등 남이 알아줘야만 드라마로 탄생할 수 있기 때문이다. 그들의 관점에서 대본을 검토해보자. 배우들도 당신의 대본을 알아줘야 하니 배우 입장에서도 대본을 읽어보자.

작가에게 자기 객관화가 필요한 시점은 한정되어 있다. 언제인가?

대본 수정 방향을 잡을 때

대본을 제출하기 전에

대본 수정 회의를 할 때

작가의 자기 객관화가 필요하다.


대본을 쓸 때는 자기 객관화를 내려놓아도 된다.

## '나 홀로 수정'으로 완성도 높이기

초고를 채널에 제출하지 말라! 초고를 쓰자마자 별도의 수정 작업 없이, 감독이나 EP에게 보내는 작가들이 있다. 그렇게 하지 말기를 간곡히 당부한다. 왜 바로 보내면 안 되는가?

EP나 감독은 작가와 다른 관점에서 대본을 볼 수밖에 없다. 인생 경험과 세계관, 인간관, 드라마관이 작가와 일치할 수 없기 때문이다. 그러니 그들이 작가와 같은 관점에서 대본을 본다는 기대는 접어야 한다. 작가가 신인인 경우, 자신의 판단을 억누르고 감독이나 EP 의견에 따라 대본을 고치는 쪽을 선택하기도 한다. 그들이 결정권을 가지고 있으므로. 그들의 의견이 그럴싸하게 들릴 수 있고, 고쳐서 더 좋아질 수도 있지만, 때로는 당신 고유의 색깔과 장점이 약해질 수 있다. 작가의 주도성과 자신감도 함께 쇠약해지고 만다. 그러니 초고를 바로 제출하지 말라.

드라마 연출, EP, 드라마 국장, 제작사 프로듀서까지 다양한 자리에서 숱하게 대본 수정 작업을 지켜본 내 경험을 그래프로 그려보면 다음과 같다.

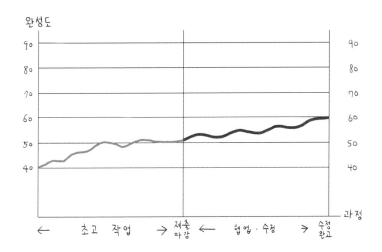

신인 작가의 초고는 보통 50~60점* 정도의 퀄리티에서 시작한다. 이 상태로도 채널에서 당신과 함께 협업하고 싶어 하는 경우가 있다. 당신이 공모전 당선 작가 혹은 채널과 계약한 작가이거나, 당신 작품의 주제·소재·콘셉트·캐릭터에 호감이 있을 때, 혹은 애초에 채널이 확보한 원작을 당신이 각색 중일 때 가능성을 우선으로 보고, 방송할

---

\* 사실 초고를 점수로 정량화해 평가한다는 건 현실적으로 불가능하다. 드라마 업계의 평가는 암묵적이며 체계적이지 않아서, 개인의 경험과 관점에 따라 편차가 크다. 이 가상의 점수들은 나의 주관적인 평가 기준과 경험에서 나온 것이다. 그럼에도 구체적인 점수를 부여해 설명하는 이유는 대본 수정의 방향과 방법을 직관적으로 쉽게 전달하기 위함이다.

수 있을 만한 대본으로 함께 발전시켜보고 싶어 한다.

50점짜리의 초고는 어떤 수정을 거치든 평균적으로 10점쯤 상승한 60점짜리의 결과물이 된다. 50점 대본이 80점이나 90점이 되는 경우는 거의 보지 못했다.

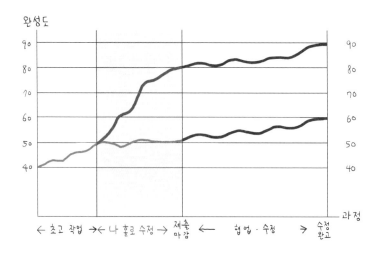

반면, 80점짜리 퀄리티의 대본은 훌륭한 프로듀서나 감독을 만나면 90점까지 발전할 여지가 있다. 협업 과정에서 도움을 크게 받지 못하더라도 기본 80점은 지키는 대본이 된다. 그러니 제출하기 전에 대본의 완성도를 최대한 높여야 한다. 이는 당신의 가치도 높이는 길이다. 그럼 어떻게 해야 작가 혼자 힘으로 50점짜리 대본을 80점까지 발전시킬 수 있을까? 대본을 뚫어져라 본다고 되는 일이 아니다. 과학적이고 효과적인 방법론의 힘을 빌려야 한다.

작가 스스로 자기 객관화의 역량을 키워 대본의 완성도를 높이는 '나 홀로 수정' 방법 23개를 지금부터 소개하려 한다. 이 23개의 방법은 크게 다음의 3단계로 나뉜다.

1단계: 검토(Check)

2단계: 삭제(Delete)

3단계: 다시 쓰기(Rewrite)

다시 강조하지만 이 수정 작업의 목적은 객관적으로 완성도가 높은 대본을 만드는 것이다. 라인업 심사에서 통과돼 방송이 될 대본을 만드는 것이다. 그러니 과감하고 철저하게 고쳐야 한다. 1단계부터 자세히 살펴보자.

## 나 홀로 수정 1단계: 검토

**1. 스토리 구성과 주인공 캐릭터를 원점에서 재검토한다.**

당신의 감정으로부터 멀찌감치 떨어진 채로 냉정하게, 냉철하게 다음의 질문에 솔직히 답해보자.

☐ 스토리는 완결되었는가?

☐ 처음 쓰려고 했던 대로 스토리가 전개되었는가?

□ 주인공은 처음 그리고 싶었던 대로 구현되었는가?

□ 스토리는 흡입력이 있는가?

□ 주인공은 매력이 있는가?

□ 스토리와 주인공이 만족스러운가?


이 질문에 대한 답이 긍정적이지 않다면 왜 그런지 고민하고, 해결 방법이 있는지 탐구해보라.


## 2. 부분이 아닌 전체를 본다.

읽다 보면 어떤 대사는 고치고 싶고, 어떤 씬은 새로 쓰고 싶을 것이다. 하지만 지금 당장 고치지 말고 넘어가라. 연필로 체크해 두는 것만으로 족하다. 이 단계에선 부분을 보기보다는, 전체를 봐야 한다. 전체 스토리가 밸런스를 유지하며, 몰입감 있게 전개되는지를 봐야 한다. 첫 씬부터 마지막 씬까지 천천히, 쉬지 않고 집중해서 읽어본다.


## 3. 냉정한 물음표로 체크한다.

당신은 지금 남의 대본을 평가하는 중이며, 이 대본의 문제점이 무엇인지 밝혀내는 게 당신의 임무다. 이상한 점이나 마음에 안 드는 점을 모조리 체크하라. 씬이든 대사든 지문이든 이상한 데에는 모조리 물음표를 남겨라. 등장인물과 에피소드 전개에 집요하게 의문점을 달아보자. 대충 넘어가면 안 된다. 인물이 왜 그런 행동을 하는지, 왜 그런 대사를 하는지, 왜 그런 리액션이 나오는지, 혹은 왜 아무런 리액션이 없는 건지, 에피소드가 왜 그렇게 끝나야 하는지를 묻고 또 물어라. 타인이 쓴 이 대본에 당신은 궁금증을 넘어 의혹을 가져야 한다. 궁금증과 의혹을 하나씩 풀어가며 물음표를 지워나갈 때 비로소 대본은 탄탄해진다.

### 4. 엔딩에서 오프닝으로 거꾸로 읽는다.

맨 뒤에서 시작해 맨 앞까지, 한 씬씩 거꾸로 읽는다. 거꾸로 읽으면 전체 스토리 구성이 잘되어 있는지, 덜컥거리지는 않는지 새로운 눈으로 볼 수 있다. 이를 통해 인과 관계, 씨뿌리기, 거두기, 복선의 배치 등을 정확히 검토해볼 수 있다. 거꾸로 읽었을 때 무엇보다 가장 큰 장점은, 후반부에서 중요하게 다루는 사건들의 단서, 복선, 대사, 소품 등을 전반부에 새로 심어놓을 수 있다는 것이다. 대본의 질이 수직 상승하는 길이다.

서브플롯의 시작과 해결을 검토할 수 있는 가장 좋은 방법도 거꾸로 읽기다. 거꾸로 읽을 때도 천천히 꼼꼼히 읽되, 멈추지 말아야 하고, 체크 포인트는 연필로 가볍게 표시하고 넘어간다.

### 5. 톤앤매너를 체크한다.

극본의 전체 톤을 변질시키는 요소는 아깝더라도 과감하게 버린다. 멜로로 진행되다가 뒷부분에서 갑자기 호러로 간다거나, 휴먼에서 갑자기 폭력이 난무하면 오디언스를 혼란스럽게 만들기 쉽다. 선댄스영화제나 부천판타스틱영화제에 출품하는 게 아니라면, 톤앤매너의 밸런스를 전체적으로 유지하는 게 바람직하다.

### 6. 리듬앤템포를 체크한다.

단조로우면 지루하고 졸리다. 모든 씬의 길이가 1분 안팎으로 비슷하거나, 대사의 길이가 서로 비슷비슷하면 내용의 재미와 상관없이 지루해진다. 지루한 대본은 작가의 태만이다.

대본에 리듬앤템포를 주는 방법을 살펴보자.

① 긴 씬과 짧은 씬을 적절히 배치한다. 템포가 긴 중요한 씬 다음에는 한 템포 쉬는 짧은 리액션 씬이나 서브플롯 씬을 넣는다.

② 실내와 야외 장면의 비율을 적절히 나눈다. 실내 장면으로만 이루어지면 답답해진다. 실내와 야외의 적절한 배치가 대본의 리듬감을 살려준다. 실내 장면이 많으면 몇 장면은 야외로 돌리자. 만약 공간적 배경이 서울이라면 거실, 침실, 카페, 사무실, 차 안 같은 장소를 서울식물원 온실, 노을공원의 드넓은 풀밭, 연남동의 칵테일 바, 외국인이 주로 오는 이태원의 비건 레스토랑, 망원동의 한강변이나 당신만의 특별한 야외 장소로 옮겨라.

③ 낮과 밤을 적절히 배치한다. 대본에서는 보통 낮(D)과 밤(N)으로 시간을 구분한다. 낮 씬만 쭉 나오거나 밤 씬만 쭉 나오면 시간이 멈춘 듯하고, 지루해진다. 낮과 밤이 교대로 오가게 하자. 여기에 새벽, 황혼, 저녁 등을 추가해 리듬앤템포를 줄 수 있다. 특히 황혼 장면은 스태프들이 힘줘 찍는다. 황혼의 빛깔만으로도 드라마의 감성을 높일 수 있기 때문이다. 날씨의 변화도 리듬앤템포를 만들어준다. 연인의 첫 만남이나 이별 장면에 비가 쏟아지게 해보자.

④ 동적 장면과 정적 장면을 적절히 배치한다. 특히 대사 위주의 씬은 작가가 쓸 때는 괜찮으나, 막상 직접 소리 내어 읽어보면 지루할 수 있다. 인물의 움직임 장면을 삽입하여 리듬감이 느껴지게 해보자.

⑤ 목소리나 효과음 등 오디오의 볼륨 차이로 리듬을 만들어보자.

### 7. 추가 자료 조사, 팩트 체크를 한다.

초고를 빠르게 쓰느라 놓친 팩트를 체크하거나 디테일을 위한 추가 자료 조사가 필요할 수 있다. 대본을 쓰기 전에는 주로 소재·인물과 관련한 넓은 범위의 자료 조사를 진행하지만, 수정할 때는 대본에 필요한 부분만 집중해서 조사하면 된다. 덧붙여 고유 명사, 전문 용어, 특정 직종의 계급과 승진 제도 등을 검색해보고 조사해보자. 이미 알고 있다고 생각한 부분도 다시 한번 검색해보며 정확성을 기하자. 팩트와 다르거나 사실 관계에 어긋나면 대본의 다른 부분까지도 신뢰를 얻지 못할 수 있다.

## 나 홀로 수정 2단계: 삭제

### 8. 비정하게 고친다.

수정은 삭제의 예술이다.

자기 아들을 번제의 제물로 바치는 아브라함처럼 비정하고 단호하게 삭제하라. 가장 아끼는 씬, 가장 힘주어 쓴 씬부터 버려라. 남이 보기 전에 인정사정없이 버리자. 그런 씬은 보통 작가 자신의 신념이나 체험에서 나온 경우가 많아서 전체적인 톤에서 튈 가능성이 높고, 그 씬으로 인해 드라마의 밸런스가 무너질 수 있다. '가장 아끼는 아들을 죽여라.'[34] 그러고 나면 다른 씬들을 삭제하고 수정하는 일이 뭐 그리 어렵겠는가. 지금은 분량 걱정을 할 단계가 아니다.

만약 조연급 캐릭터의 매력이 너무 넘쳐서 주인공의 분량을 위협하거나 주인공의 매력을 갉아먹는 정도라면, 위기다. 조연의 분량과 매력을 과감히 쳐내야 한다. 아니면 아직 초고 상태이니 조연을 주인공으로 바꾸든지.

### 9. 설명적인 부분은 모두 삭제한다.

설명하거나 해설하는 대사는 드라마를 지루하게 만들고 멈춰 세운다. 대본에서 설명·해설하는 대사를 모두 삭제해보라. 그 후에 다시 읽으면 놀라운 사실을 발견하게 될 것이다. 여전히 대본에 설명과 해설이 남아 있음을! 작가가 설명하고 싶은 내용이 대본 어딘가에 표현되어 있다는 사실을! 설명과 해설을 빼면 뺄수록 대본이 산뜻해지고, 읽기에도 좋으며, 리듬앤템포도 살아난다.

## 10. 지루한 씬은 삭제한다.

"드라마라는 것은 재미없는 부분을 잘라낸 인생과 다름없습니다."[35]

히치콕의 이 말보다 대본 수정 작업을 더 잘 표현한 금과옥조도 없다. 당신의 대본에서 지루하거나 평범하거나 단지 일상적인 내용이 담긴 부분을 모두 들어내보자. 연결된 씬 일부를 삭제하고 스토리 전개를 점평하면, 예상외로 신선하고 산뜻한 느낌이 나며 속도감이 붙기도 한다. 그래도 꼭 필요한 씬이라면, 묘사의 관점을 예리하고 기발한 각도로 바꿔보라.

## 11. 시청자에게 불친절해서는 안 된다.

대본 리뷰 때 작가에게 에피소드나 인물의 행동을 이해하기 어렵다고 말하면, 그들은 '자신이 불친절했다'고 답하곤 한다. 시청자들에게, 읽는 사람들에게, 심사위원들에게 불친절했다는 말인가? 불친절한 게 아니라 잘못 쓴 것이다. 보는 이들은 글로 쓰인 것만 볼 뿐, 작가의 생각까지는 읽지 못한다. 글로 납득되지 않았다면, 잘못 쓴 것이다. 시청자의 체험을 이끌어내려면 작가는 대본만으로도 스토리 전개와 인물의 행동이 납득 가게끔 써야 한다.

많은 이들이 좋아할 대본을 쓰기 위해서는 먼저 대본의 내용이 그들에게 분명하게 전달되어야 한다. 이해와 공감은 다른 차원이다. 이해를 먼저 해야 공감도 할 수 있고, 감동도 받을 수 있다. 그러니 오디언스에게 스토리를 먼저 이해시켜주는 게 작가의 첫 번째 임무다.

미스터리와 텐션을 강화한다는 명분으로 시청자를 오도하거나 속인 장면이 있는가? 잠깐은 허용되지만, 길게 끌고 가면 스토리 전개가 꼬여 시청자에게 외면을 받을 수 있다.

## 나 홀로 수정 3단계: 다시 쓰기

모든 요소를 한 번에 고치려고 하지 말라. 수정의 우선순위를 정해서 한 요소씩 접근한다. 주인공 캐릭터나 스토리 구성처럼 중요하고 까다로운 부분을 먼저 고친 다음, 버릴 부분은 버리고, 새로 채우는 순서로 작업한다. 수정의 우선순위는 아래와 같이 잡을 수 있다.

· 1순위: 인물 캐릭터 수정(주인공 캐릭터 수정, 등장인물 통합이나 새로운 인물 등장)

· 2순위: 구성의 수정. 특히 오프닝과 엔딩 수정

· 3순위: 시퀀스, 에피소드, 플롯 수정

· 4순위: 씬의 삭제

· 5순위: 씬의 추가

· 6순위: 씬 수정

· 7순위: 대사 수정

· 8순위: 지문 수정


## 12. 주인공 캐릭터와 스토리 전개를 수정한다.

다음은 초고에 흔히 나타나는 문제점이다.


· 주인공이 허약하게 그려져 문제 해결의 기대감이 없다.

· 위기가 너무 작거나 주인공과 거리가 멀어, 위기 해결의 후련함이 부족하다.

· 구성이 쫀쫀하지 않다. 에피소드들이 감정선을 그을 수 있을 정도로 연결되
  어 있지 않다.

· 스토리와 인물의 개연성, 리얼리티가 부족하다.

· 서브플롯이 메인 플롯과 결합되지 않아 극 전체가 산만하다.

· 위기를 너무 크게 설정해 해결할 의욕도, 방법도 보이지 않는다.

· 감동적이며 흥미진진한 큰 씬(big scene)이 없다.

· 재미가 없는데 그 이유가 뭔지 모르겠다.


　주인공이 허약하거나 위기가 실감 나지 않는 이유는 작가의 세계관
과 인간관에서 비롯된 한계일 수 있다. 드라마를 쓴다는 것은 세계관
과 인간관을 새로 변화시키는 과정이며, 인간의 다른 모습을 발견하는

과정이다. 이때 필요한 것은 분석력과 문장력, 구성력이 아니다. 담대한 용기다. 상상력이라 불리는 돌파력이다. 이 책의 가이드를 바탕으로 용감한 상상력을 펼쳐보라.

주인공의 매력과 능력을 30퍼센트쯤 키워주고 취약점도 30퍼센트 더 올려보자. 이를테면, '시한부 청년'에서 시작한 캐릭터 아이디어에 소매치기라는 취약점을 더한 뒤, 스턴트맨으로 직업을 바꿔 능력치를 증가시키는 것이다. 이렇게 주인공의 엣지를 뾰족하게 세운 후에 스토리 전개에 다시 대입시켜보라. 이런 보강만으로도 플롯이 힘을 얻을 수 있다.

작가는 주인공의 능력을 있는 힘껏 믿어줘야 한다. 취약성을 감추지 말고 수용해야 한다. 이것이 작가가 주인공을 사랑하는 방법이다. 사랑을 충분히 받은 주인공은 당신에게 반드시 보답한다.


**13. '9개의 핵심 씬과 엔딩 등대'로 스토리 구성을 재점검한다.**

스토리의 속도와 분량이 적절한 균형을 유지하고 있는가? 오프닝이 시청자를 끌어당기는가? 클라이맥스가 너무 급하게 당겨진 건 아닌가? 핵심 씬들이 존재하며 제대로 기능하는가? 그 씬들이 시청자의 마음을 사로잡고 있는가? 163쪽의 그래프에 당신의 대본을 대고 가늠해 보라. 어느 부분을 발전시켜야 할지 보이는가? 당신의 주인공은 어떤 감정선을 따라가고 있는가? 감정선의 굴곡과 굵기는 적절한가? 감정선은 엔딩을 향해 우상향한다. 감정이 초반엔 과잉되지 않고, 중반 이

후엔 마르지 않도록 그 크기를 조정하라. 감정의 크기는 사건 자체가 아닌, 리액션의 정도로 조정한다.

**14. 시청자의 예측을 배반한다.**

시청자들은 왜 드라마 콘텐츠를 소비하는가? 한마디로 즐거움을 얻기 위해서다. 즐거움은 뇌의 쾌락 호르몬인 도파민이 분비되면서 생겨난다. 이 도파민은 기본적으로 예측 오류의 상황에서 나온다. 아무리 큰 보상이 주어지더라도 미리 예상했을 경우엔 도파민이 생성되지 않는다. 인간의 뇌는 기대 이상의 것이나 서프라이즈 파티에 반응한다. 뻔하고 예정된 것보다는 낯설고 새로운 이벤트를 만났을 때 도파민 회로가 활성화된다.

여러 뇌 과학 실험 결과를 보면, 도파민 회로는 예측 적중률이 50퍼센트일 때 가장 활성화된다고 한다. 인간은 50퍼센트의 불확실성, 50퍼센트의 새로움과 낯섦에 가장 적극적으로 반응한다는 것이다.[36] 예측이 75퍼센트 이상으로 너무 잘 맞아도 심드렁하고, 25퍼센트 이하로 너무 안 맞아도 흥미를 크게 느끼지 못한다. 즉, 예상이 맞을지 안 맞을지 확률이 반반일 때가 가장 조바심이 나는 순간이다.

시청자의 도파민 분비를 활성화시키는 게 작가의 의도라면, 어떻게 스토리를 끌고 가야 할지가 명확해진다. 시청자의 예상을 반은 들어주고, 반은 다른 방향으로 전개시키는 것이다.

'시청자의 예상을 예상하는 능력'이 곧 작가의 역량이다. 작가는 자신이 전개시키는 스토리에 시청자가 어떤 반응을 보일지 끊임없이 예상해야 한다. 그리고 그 반은 시청자의 예상과 다르게 전개시켜야 한다. 결국 시청자의 예상을 뒤엎는 스토리 전개력이 작가의 역량이다.

그러나 이 게임이 도박은 아니다. 작가가 시청자 예측대로 가지 않는다는 것이 시청자를 실망시키거나 고통스럽게 한다는 뜻은 아니다. 그런 일은 도박에서나 하는 일이다. 예측과 맞지 않을 때 그들에게 오히려 더 큰 즐거움, 더 큰 재미를 선물로 줄 수 있다. 이는 드라마 작가만이 발휘할 수 있는 특별한 능력이다. 이 능력을 아끼지 말라. 스토리 전개가 시청자의 예측과는 달라도, 더 새롭고 더 재미있고 더 특별하다면 도파민이 솟아날 것이다.

시청자의 예측을 일부 배반하는 것과 어떤 방법을 써서든 자극시키는 것은 완전히 다른 개념이다. 전자의 시청자는 예측과 개입을 하며 작가와 함께 드라마를 만들어 가지만, 후자의 시청자는 자극 대상에 머물 뿐이다.

다음은 시청자의 예상을 깰 때 필요한 팁 두 가지다.


① 한 회에 두 번의 반전을 무조건 설정해보자. 이를테면 2막에 한 번, 3막 엔딩 직전에 한 번 반전 씬을 넣는 것이다. 그럼 시놉시스의 줄거리와 달라지지 않냐고? 걱정하지 않아도 된다. 반전에 반전을 거듭하면 원래 스토리로 돌아오게 된다.

② 조연 중 한 인물을 시청자의 시각을 대변하는 캐릭터로 설정하여, 그가 드라마의 반전에 깊은 충격을 받게 하자. 상식과 합리성을 갖췄다고 주장하는 조연 캐릭터가 놀라 까무러치면 시청자도 같이 놀란다. 충격적인 반전을 일으켜도 시청자가 놀라지 않는다면, 설정 안 하느니만 못하다.

### 15. 엔딩 씬부터 고친다.

첫 씬부터가 아니라 엔딩 씬부터, 맨 뒤에서부터 고쳐보자.

첫 씬부터 수정하면, 쓰면서 계속 봤던 앞부분은 수십 번 더 반복해 보면서도, 뒷부분은 대여섯 번밖에 못 보기도 한다. 그러니 그 반대로 해보자. 끝에서부터 수정하면 의외로 대본 작업이 신선하고 재밌어진다.

우리는 살아본 후에야 과거의 잘못을 깨닫고, 시간을 되돌려 삶을 바꾸고 싶어 한다. 인간인 나는 2023년 1월로 돌아갈 수 없지만, 작가인 당신은 지나온 과거로 다시 돌아갈 수 있다. 끝부터 시작해 앞쪽을 수정하는, 극본의 운명을 바꾸는 권능은 인간 중에서 오직 작가에게만 주어진다. 당신만이 주인공의 운명을 바꿀 수 있다. 스토리와 시간을 거꾸로 거슬러 올라가며 고쳐보라.

첫 씬부터 수정하면 앞부분을 많이 고치게 되고, 마지막 씬부터 수정하면 반대로 뒷부분을 많이 고치게 된다. 문제의식, 아이디어 생성력, 주의력, 집중력은 수정 작업 초반에 활성화되기 때문이다. 게다가 집중력에는 한계가 있어서 쉬지 않고 반복해 들여다보면 감각이 둔해지기 마련이다. 신선한 감각을 뒷부분에도 작동시켜주자. 대본의 뒷부분이 탄탄하면 퀄리티도 더 높아진다. 우리 인생도, 인간관계도 처음보다는 마지막 시점에서 평가받지 않는가.

앞 씬의 원인을 살짝 바꿔 뒷 씬의 결과를 변화시킬 수도 있지만, 반드시 이 방향으로 흘러야 하는 건 아니다. 주인공이 과거의 잘못을 인정하고, 반성하며, 각성하고, 새롭게 변화하는 과정이 거꾸로 과거에 영향을 준다. 가상의 인물 캐롯을 떠올려보자. 그는 그래도 외양간을 고칠 줄 안다. 그의 오늘날의 노력이 결국 과거를 바꿨다. 상처와 트라우마로 남을 뻔했던 과거를 행복과 감사의 시간으로 바꾼 것이다. 아픈 이별에도 불구하고 그의 사랑은 삶의 아름다움으로 남았다. 이것이 작가의 마법이고, 주인공의 주인공다움이다. 캐롯의 사례처럼 변화한 현재의 주인공이 시간의 흐름을 거슬러 올라가 과거까지 바꾼 것이다. 이렇게 드라마 스토리텔링은 과거가 현재를 바꾸는 것뿐 아니라, 현재가 과거를 바꾸기도 한다. 즉 과거에 대한 감정과 해석을 바꾸는 것이다.

## 16. 대사를 비튼다.

초고를 빠른 속도로 쓰다 보면 스토리를 따라가는 데 급급해서 등장인물의 성격과 욕망을 깊이 있게 반영하지 못할 수 있다. 커브 없이 직구만 던진 것이다. 이제 승리 투수가 될 기회가 왔다. 대사를 비틀어 겉뜻과 속뜻을 다르게 만들자. 캐릭터가 자신의 본심을 감춘 채 말하도록 대사를 바꿔보라. 어떤 대사엔 동전의 양면을 주고, 어떤 대사는 초고와 완전히 반대되게 써보자.

직구 중심의 정직한 대사에 위악과 위선, 거짓이 섞인 변화구를 던지니 어떤가? 대사가 훨씬 깊어지고, 스토리도 보다 흥미진진해지지 않았는가? 수정 작업에서 대사를 비트는 것만큼이나 중요하고 재미있는 것도 없다. 이렇게 변화구, 유인구를 던져야 승부구로서 직구가 더욱 강해지고, 결국 결정구도 꽂을 수 있게 된다. 다만 변화구를 남용하면 읽는 사람이 피곤해질 수 있으니 적절한 밸런스를 유지해야 한다. 입체적 성격을 갖는 캐릭터들이 극적 맥락에서 던져야 하는 게 커브 대사다.

스토리도 비틀 수 있으면 비틀어보자. 모로 가도 서울로 가면 된다. 더 위험한 길, 더 어려운 길이 있으면 그 길로 가라.


## 17. 장점을 강화하고 확장한다.

지루한 부분, 재미없는 부분, 말이 안 되는 부분을 자르니 분량이 턱없이 부족하다. 아직도 대본 전체에 여러 문제점과 약한 고리가 있어 그 부분에 대한 해결점을 고민하느라 시간만 흘러가고 있다. 이럴 때 잠깐 멈추고 생각해보자. 당신이 이 작품을 기획할 때, 대본을 쓰려고 마음먹었을 때 자신 있던 부분이 분명 있지 않았던가? 당신을 들뜨게 했던 이 작품만의 매력, 장점이 있지 않았던가? 그 지점으로 다시 돌아가라. 그 부분을 살려내서 더 풍부하게, 더 깊이 있게, 더 길게 써보자. 장점을 확장시켜 단점을 메워버리자.

수정 과정에서는 대본의 문제점을 찾는 데 열중하지만, 그보다는 장점을 확인하는 게 더 중요하다. 욕조의 물을 버리다가 아기까지 버리는 일이 생겨선 안 되기 때문이다. 누군가를 단점만 보고 판단한다면 우리는 인생에서 그 누구도 사랑할 수 없을 것이다. 신인 작가들은 자신의 대본에 익숙해져 있어 그런지 더 살려야 할 재미있는 부분을 가볍고 짧게 터치한 채 넘어가는 경향이 있다. 대신 주제, 메인 플롯과 긴밀한 관계가 없는 씬에서 진땀을 흘린다.

기획의 장점과 당신의 매력을 맘껏 과시하라. 당신 대본의 장점과 매력을 지켜줄 수 있는 사람은 당신뿐이다.


**18. 결정적인 장면은 슬로우 모션으로 묘사한다.**

주인공에게 절체절명의 위기가 닥친다. 또는 인생을 걸고 고백하는 순간이다. 이때 긴장한 주인공의 행동과 상황을 디테일하게, 자세하게, 천천히 묘사하자. 주인공 묘사에 슬로우를 걸어서 천천히 흐르는 것처럼 0.5배속으로 써보라. 그의 액션, 대사를 바로 코앞에서 보는 것처럼.

드라마에서 시간은 균일한 속도로 흐르지 않는다. 아인슈타인의 특수 상대성 이론은 드라마 작법 이론이다. 재미있으면 시간이 금방 가지만, 재미없으면 지루해진다. 가장 극적인 장면을 천천히 디테일하게 묘사해 오디언스가 즐기게 해주자. 잉글랜드 프리미어 리그 축구 중계 방송에서 가장 재미있는 장면은 무엇인가? 두말할 필요 없이 손흥민이 골 넣는 장면이다. 그 장면이 휙 지나가고 마는가? 방송 전체 분량 중에서 가장 느리다. 골 장면을 다양한 각도에서 슬로우 모션으로 보여준다. 이 느린 화면을 보는 시청자들의 뇌 안에 도파민이 분비된다.

장면이 천천히 흐르면 안 보이던 것들도 보이기 시작한다. 주인공의 의심과 착시, 불안과 흥분이 보인다. 여기에 주변의 특별한 물건이나 공간의 특이점, 혹은 외부의 소리나 디테일한 날씨 표현도 덧붙여보라. 이런 디테일한 묘사가 바로 치밀한 묘사력이다. 다만 슬로우 모션은 결정적인 한두 장면에서만!

### 19. 원인과 결과에 맞지 않는 부분은 인과관계를 연결시켜준다.

대본의 모든 사건들은 서로 연결되어야 한다. 주인공과 관련 없는 에피소드가 메인 플롯에 난데없이 들어가면 극본은 산만해진다. 드라마 세계의 법칙은 인과율이다. 인과율은 엔딩으로 갈수록 중요해진다. 시청자를 납득시키고, 감정 이입을 도와주는 연결 고리다.

권선징악도, 복수극도 인과율에 의존한 플롯이다. 반드시 어떤 큰 사건이나 빌런의 악행만이 인과율의 원인이 될 수 있는 것은 아니다. 극중 초반에 보인 주인공의 성격, 먹구름 가득한 날씨, 대도시의 심각한 교통 체증, 고장이 자주 나는 낡은 차도 인과율의 인(因)이 되어 스토리에 영향을 줄 수 있다.

하지만 단순한 인과율은 매력이 부족하다. 매직이 없다. 특히 평균적이고 통계적인 인과율은 더욱 그렇다. 모든 사건, 감정, 전개가 반드시 인과론만으로 흘러가지는 않는다. 이별, 학폭 같은 끔찍한 사고를 겪었다고 모두가 PTSD 환자가 되는 것은 아니다. 특히 주인공은 인과율에 얽매이지 않는다. 과거의 어떤 사건이 그를 전적으로 규정하지 않는다. 오늘 지금 여기의 에너지로 존재하는 자가 바로 주인공이다.

세계의 창조자로서 작가는 인과율을 깨고, 운명적인 우연을 행사할 권한이 있다. 우리 인생에서도 우연이 얼마나 크게 삶을 바꾸고 흔들어왔는가. 지금 당신의 인생도, 나의 인생도 우연이 만들었다. 훌륭한 작가는 우연을 만들고, 운명을 창조한다. 시청자가 바라는 것은 감정의 정화, 곧 카타르시스지, 논리가 아니다.

## 20. 이상하거나 부자연스러운, 불확실한 부분을 해결한다.

논리적으로 모순되거나, 리얼리티를 무시한 채 무리하게 우긴 부분이 있으면 반드시 해결하고 넘어간다. 모순은 극본을 발전시킬 수 있는 절호의 기회다. 딜레마에 빠졌다가 스스로 문제를 풀어내고 성장하는 주인공처럼, 작가는 극본의 심각한 문제점들을 해결하며 대본을 발전시킨다. 하루나 이틀, 사흘이 걸려도 이 문제를 화두로 잡고 모든 방법을 동원해 해결하도록 노력해야 한다. 이런 문제를 해결하지 못하고 안이하게 넘어가면 나중에 큰 장애물로 대두될 것이다. 스토리텔링에 타당성을 의심받아 공모전 심사에서 최종 탈락하거나, 운이 좋아 제작에 들어가더라도 수정 요청이 이어질 것이다.

당신의 대본에 '드라마적 허용'을 허용하지 말라. 대강 넘어가려고 하지 말라. 작가나 프로듀서 중에서는 빨리 읽히는 대본을 좋은 대본이라고 평가하는 경우가 많다. 그런데 좋은 대본은커녕 얄팍한 대본, 깊이를 갖지 못한 대본인 경우가 자주 있다. 빨리 쉽게 써지고, 잘 읽히는 게 능사는 아니다. 주인공의 딜레마가 너무 단순하고 쉬운 문제는 아닌지, 심각하게 따져봐야 한다.

막히는 부분과 해결하기 어려운 난관 덕분에 당신의 대본이 발전하는 것이다. 전심전력을 다해 해결책을 찾아보자. 그 문제만 해결한다면 깊이 있고 감동을 주는, 한 단계 발전한 대본이 당신 앞에 놓여 있을 것이다.

어려운 문제를 해결할 때 도움이 되는 팁 하나. 자기 전에 포스트잇이나 노트에 해결하고자 하는 문제를 써서 침대 곁에 두는 것. 작가의 '굿나잇 루틴'인 셈이다. 그리고 푹 잘 잔다. 어쩌면 당신이 잠든 사이에도 쉬지 않고 활동하는 뇌가 그 문제를 반쯤 풀어놓을지도 모른다. 당신이 깊이 잠든 순간 당신의 뇌는 천재가 된다.[37] 아침에 일어나 제일 먼저 그 종이를 보라. 답이 보일 때가 있을 것이다.


### 21. 소리 내어 읽는다.

당신의 대본이 방송된다면, 당신이 쓴 모든 대사는 오디언스의 청각기관에 도달할 것이다. 당신의 대사는 입으로 쉽게 발음되는가? 귀에 잘 들어오는가? 길이는 어떤가? 리듬은?

소리 내어 읽는 것은 단순한 낭독이 아니다. 내면에 자리한 배우가 읽는 것이다. 당신은 배우가 되어 대사를 읽어야 한다. 구어체인지, 발음이 잘되는지도 중요하지만, 그보다 더 중점을 둬야 할 것은 감정을 건드리는 매혹적인 대사인지, 연기하고 싶은 대사인지 여부다. 배우는 대사에 꽂힌다. 그러니 당신부터 당신 대사에 먼저 꽂혀야 한다.

제작진은 촬영 시작 전에 배우들과 대본 리딩 시간을 갖는다. 이 리딩 자리는 배우의 캐릭터 이해도와 연기력을 점검하는 자리이기도 하지만, 작가에게는 대본을 수정할 마지막 기회이기도 하다. 스토리 흐름을 가늠할 수 있고, 배우의 입에 대사가 잘 맞는지, 귀로 들었을 때 잘 들리는지 직접 확인할 수 있기 때문이다. 이 '리딩'을 앞당겨 나 홀로 수정 단계에서 당신이 직접 해보자. 아울러 지문 역시 발음된다는 사실을 유념하고 써야 한다. 보통 대본 리딩 때 감독이 큰 소리로 지문을 읽고, 스태프들은 그 지문으로 의사소통을 하고 촬영 준비를 한다.

## 22. 기획안을 최종 수정하고 오탈자, 비문, 구두점을 체크한다.

대본을 고쳤으니 캐릭터도 달라졌고, 스토리도 바뀌었다. 기획안을 수정한 대본에 맞춰 고친다. 대본을 잘 수정한 후에 기획안에 반영하는 작업을 소홀히 해서 불이익을 받는 경우를 많이 봤다. 오래 걸리는 일이 아니니 바로 작업해야 한다.

신인 작가들은 예상외로 등장인물 이름 등 고유 명사에서 오타를 많이 낸다. 구두점을 무시하는 경우도 잦다. 한두 번 그냥 넘어가기 시작하면 습관이 되어 대본의 완성도가 나아지지 않는다. 초기에 확실히 잡아야 한다.

### 23. 당신만의 목소리와 시선이 담겨 있는가?

당신만의 고유하고 독특한 스타일, 표현 방식, 개성, 감정이 있는가? 새로운 도전이 있는가? 이 시리즈의 마지막 장면이 끝났을 때 시청자가 당신을 기억할 수 있는가? 스스로를 믿고 용기를 내어 당신만의 고유성을 대본에 담아내라.

대본 작업 전체 과정에서 시간과 에너지가 가장 많이 소요되는 게 수정 작업이다. 수정 작업이야말로 작가 생활의 본령이다. 수정 작업에 충분한 시간을 배정해야만 한다. 수정은 두세 번으로 끝나는 게 아니다. 앞에서 수정 방법 23가지를 제시했으니, 서로 다른 관점에서 총 23회의 수정을 시도해보자. 어떤 회차는 한두 시간이면 충분하고 어떤 회차는 사나흘이 걸릴 것이다. 이처럼 23가지의 수정 방법을 적용해 나 홀로 초고를 수정하는 노력은 50점짜리 대본을 80점짜리로 발전시켜줄 하나의 방법이다. 재수정, 재재수정, 최종 수정 단계에서도 이 수정 방법을 체크 리스트로 활용하라.

100점짜리 완벽한 대본을 제출하고 싶은가? 그런 대본은 존재하지 않으니 당신이 설정한 마감을 지켜라. 수정 작업에 들어가기 전에 제일 먼저 해야 할 일은 마감 시한을 정하는 것이다. 흠 없이 잘 쓴 대본인 것 같아도 아무리 훌륭해야 80점이다. 심사위원, EP, 감독, 배우가 그 대본에 빨려 들어가야 90점까지 올라간다. 100점짜리 대본은 시대와 시청자가 만들어준다. 90점짜리 대본을 써도 호응해주는 이가 없으면 60점 밑으로 추락한다. 그러니 우리의 목적은 완벽한 대본이 아닌 편성 받을 수 있는 '괜찮은' 대본이다. 유체 이탈 능력, 자기 객관화, 그리고 이 책에서 얻은 통찰력과 체크 리스트를 적용해 당신의 대본을 스스로 수정해보자.

## 대본의 리뷰

당신 대본의 첫 소개는 신중해야 한다. 작가는 대본이 현재 만족스럽지 않더라도, 관계자들이 어떻게들 읽을지 궁금한 마음에 그들에게 얼른 '캐주얼'하게 보여주고 싶을 수 있다. 하지만 참자. 사람들은 무엇이든 첫인상으로 판단하고 결론 내린다. 열심히 고쳐서 나름 만족스러운 수정고를 다시 보내도 대부분의 사람들은 자신의 첫 판단을 바꾸지 않는다. 두 번 읽으려고 하지도 않을 뿐더러, 읽는다 해도 처음 읽었을 때의 문제점들이 고쳐졌는지에 대해서만 관심을 갖는다. 심지어 나중에 다른 콘셉트의 대본을 보내도 당신에 대한 평가는 처음 본 그 대본에 머물 수 있다. 첫인상의 '낙인'이 지워지지 않는 일은 인간관계뿐 아니라 대본 리뷰에서도 자주 발생한다.

'나 홀로 수정' 과정을 거친 대본을 작가는 '초고'라고 부르며 이때부터는 타인의 리뷰를 청해볼 수 있다. 채널이나 제작사에 소속된 작가는 '수정한 초고'를 데스크나 기획PD에게 제출하겠지만, 소속이 없는 신인 작가는 제일 먼저 가족이나 친구에게 보여주려 할 것이다. 그러나 이것만은 자제하는 게 좋다. 비전문가에게 리뷰를 얻고자 하는 것은 어린 사자가 얼룩말에게 사냥법을 묻는 것과 다름없다. 공연히 가족이나 친구와 멀어질 뿐이다. 그들에게는 콘셉트 체크 단계에서 일감(一感)을 듣는 것으로 족하다. 비전문가의 무조건적인 칭찬도 독이지만, 악평은 비수다.

　아카데미 동료들과의 스터디는 격려와 견인, 리뷰를 통해 상호 발전하겠다는 취지로 모이지만, 오고 가는 시간 낭비, 불필요한 감정 소모, 비전문적인 리뷰 등 여러 문제로 얻는 게 그리 많지 않을 수 있다. 대본을 잘 읽어줄 수 있는 전문가를 만난다는 것도 운이다.

# 채널·감독과의 협업

드디어 스스로 판단하기에 괜찮은 대본을 손에 쥐었다. 공모전이나 채널, 제작사에 제출할 시점이다. 콘셉트부터 대본 수정까지는 당신 혼자 해야 하는 일이나, 이제부터는 팀플레이가 펼쳐진다. 작가 지망생들에게는 곧 닥칠 미래의 세계고, 기성 작가들에게는 이미 겪은 적이 있거나 지금 겪는 과정일 것이다.

## 초고에 대한 피드백과 작가의 반응

채널이나 제작사와 계약한 신인 작가들의 앞길이 순탄하기만 한 것은 아니다. 담당 기획PD, EP 또는 감독 등에게 초고를 제출하면 다양한 반응이 나온다.

① 콘셉트, 소재, 완성도, 제작비의 문제로 "엎어라."
② 극의 배경, 주인공 캐릭터, 장르 등 기본 요소를 "바꿔라."

③ 톤앤매너를 "고쳐라."

④ 구성, 에피소드를 "바꿔라."

⑤ 대사와 지문의 일정 부분을 "수정하라."

⑥ "완벽하다."

마지막은 기대하지 말자. 스타 작가에게 아부할 때를 제외하고는 들어본 적이 없다. 최악의 반응은 아무 반응도 없는 경우다.

수정 의견을 들은 작가의 반응은 어떨까?

①, ②번은 기획 자체를 다시 하자는 말이니 제외하고, ③, ④, ⑤번에 대한 작가들의 반응을 살펴보겠다. 톤앤매너를 고치고, 구성을 바꾸고, 에피소드를 교체하고, 대사와 지문을 고치자는 말은 대본 회의에서 늘 나오는 일상적인 얘기들이다. 이때 작가들은 보통 이런 반응을 보인다.

**1. 분노가 치솟는다.**

감정이 불편한 정도가 아니고 화가 머리끝까지 치밀어 오른다. 분노의 감정이 얼굴에 그대로 드러난다. 말이 험악해지고, 더 이상의 회의 진행이 불가능해진다.

몇 년 전 나는 대본 수정 회의를 앞두고 작가의 대본을 어떻게 발전시킬 수 있을지 고민했다. 캐릭터의 수정과 보강, 구성의 변경, 대사와 지문의 수정 방향을 대본에 연필로 적었고, 대안으로 제시할 에피소드들은 별도로 프린트해서 테이블에 올려놓았다. 며칠씩 밤잠 줄여가며 준비한 것들을 대본에 반영하면 분명 더 좋아질 거라고 기대했다. 회의가 시작되자 작가가 말했다.

"비평가는 필요 없어요. 내게 필요한 사람은 나를 위한 치어리더입니다."

그것으로 회의는 종결됐고, 나는 그 팀에서 하차할 수밖에 없었다. 작가와의 만남도 그날이 마지막이었다. 나는 비평가도, 치어리더도 아니다. 함께 좋은 작품을 만들고자 하는 같은 팀일 뿐이다. 마음이 열리지 않고, 상호 신뢰가 없는 상태에서 진행하는 대본 회의는 그야말로 고통의 시간이다.

## 2. 오독이다.

감독이나 기획PD가 대본의 장단점에 대해 작가에게 말한다. 장점을 말할 때는 괜찮지만, 단점이나 문제점을 말할 때는 조심스럽다. 그 말을 들은 작가는 어이없는 표정으로 말한다.

"어떻게 그렇게 읽을 수 있나요? A란 의미가 아니었어요. 나는 B란 의미로 아주 분명하게 썼어요."

감독, EP, 기획PD가 대본을 오독하다니! 그런데 배우나 시청자가 오독을 한다면? 그땐 어떻게 해야 하나?

## 3. 개인의 취향이다.

리뷰를 하고 난 후 대본의 문제점을 설명하면, 작가는 그것이 잘 썼고 못 썼고의 문제가 아니라 읽는 사람 개인의 취향 문제라고 판단한다. 대놓고 말하지는 않더라도 마음속으로 그렇게 믿는다. 사실 그렇게 결론을 내고 나면 마음은 편할 수 있다. 그런데 좀 억울하지 않은가? 개인의 취향이 대본의 가부를 가른다면?

### 4. 구성이 꽉 짜여 있어서 고칠 수 없다.

작가는 이렇게 생각하고 판단한다. '지적된 사항들을 대체로 수긍하긴 한다. 그러나 그렇게 수정하면 기획의도가 달라지거나, 뒷이야기가 다 무너져버린다. 얻는 것보다는 잃는 게 많은 수정 방향이다.' 그리고 마음을 굳게 걸어 잠근다.

### 5. 스타일상 또는 능력상 쉽지 않다.

수정 의견에 충분히 공감하지만 대본에 제대로 반영이 안 되는 경우다. 채널의 수정 방향에 따라 고쳐보는데 대본 퀄리티는 오히려 더 나빠진다. 수정을 몇 차례 더 진행해도 똑같은 문제가 반복되기에, 결국 심각한 상황이 되고 만다. 서로 지쳐갈 수밖에 없다.

### 6. 수동적으로 수용한다.

주제, 캐릭터, 구성 등 여러 수정 방향에 대해 분명 동의한 것처럼 보였는데, 한 달 후 수정해온 것을 보면 회의 때 예를 들어 설명했던 몇몇 대사와 지문뿐이다. 작가 입장에서는 심각한 고민 끝에 엄청 많이 고쳐온 대본인데, 기획PD와 감독은 그전과 다르지 않다고 말한다.

**7. 창의적으로 수용한다.**

수정 제안을 지렛대 삼아 작품 전체를 발전시키는 경우다. 이렇게 창의적이고 발전적으로 대본을 수정해오는 작가들도 많다. 그런 작가들의 감각과 수용력, 창작력은 경탄스럽다.

## 대본 회의에 임하는 작가의 자세

이제부터 리뷰와 대본 수정 회의 때 작가가 어떤 자세로 임하면 좋을지 대처 방법에 대해 제안하겠다. 작가 자신과 대본이 발전하고, 결국은 프로젝트가 순항하기 위한 최선의 길을 찾아보자. 이 장에서 가장 중요한 내용이다.

**1. 완성도 높은 대본은 스스로 방어력을 갖는다.**

당신이 판단하기에 최선의 대본을 제출하라. 당신이 봤을 때 미진하고 결함 많은 대본이라면 제출하지 말아야 한다. 마감 연기를 요청하라. 단순히 마감에 맞춰 스스로도 만족할 수 없는, 형편없는 대본을 제출하면 스스로 제 발등을 찍는 것과 다름없다.

## 2. 예스맨이 되지 말라.

EP·감독의 의견에 동의하며 지적받은 대로 모두 고친다면, 작가는 만만해 보이고 대본은 나락으로 떨어질 수 있다. 아무리 신인이고, 시리즈 데뷔를 앞둔 작가라 해도 절대 만만하게 보여서는 안 된다. 작가에게 매우 해롭다. 작가는 자기 존중감과 자신감으로 대본을 쓴다.

스타 작가의 대본을 신인 작가 이름으로, 신인 작가의 대본을 스타 작가 이름으로 바꿔 보내면, PD들은 스타 작가 이름의 대본에서는 장점만, 신인 작가 이름의 대본에서는 단점만 찾아낼 거라는 우스갯소리가 있다. PD들은 작가에게 수정을 요구하지 않으면 자신이 일을 하지 않는 것과 같다고 여기는 사람들이다. 신인 작가의 대본에서는 더욱 그렇다.

신인 작가의 입장에서 EP·감독의 수정 요구를 받아들이지 않을 경우 라인업이 안 될 수 있다는 불안감이 엄습할 것이다. '대본을 살려주고' '작가를 구원해줄' 경험 많은 드라마 전문가들의 의견을 신인 작가가 받아들이지 않는다니! 그들이 마치 속으로 이렇게 말하는 것 같다. '능력이 부족한 건지, 애티튜드에 문제가 있는 건지.' 소문으로만 듣던 갑을 관계, 권력관계가 실감 날 것이다. 어떻게 할 것인가?

## 3. 대본의 뛰어난 점을 '효과적인 워딩'으로 전하라.

작가가 대본에 자신이 있으면 그 자체로 만렙의 방어력이다. 그런 모습이 EP·감독에게 대본의 신뢰감을 더해준다. 아직 당신 대본의 장점을 발견하지 못한 이들에게 작가의 자신감은 10점 정도의 가산점을 덧붙여준다. 70점짜리 대본을 80점으로 올려주는 것이다.

당신의 대본이 왜 재미있고 훌륭한지 적절한 단어로 명쾌하게 표현하라. 당신의 워딩, 논리, 어휘가 EP·감독의 머릿속에 은연중에 박히게 하라. 그러면 그들은 최종결정권자에게 보고할 때나 스타 캐스팅 과정에서 당신이 제공해준 논리와 어휘를 사용할 것이다.

'효과적인 워딩'이 무엇인지 감이 안 잡힌다면, 아래의 예시를 참고해보라. 당신이 '멜론 스토리'라는 제목의 시리즈를 썼다고 해보자.

· "몇 사람에게 읽혔더니 이렇게 **중독성이 강한 스토리**를 본 적이 없다고들 해요. '멜론 스토리'는 스토리 전개를 예측할 수 없다고들 해요, 그게 **시청자를 중독시킨다**는 거죠."
· "**여주인공 멜론의 캐릭터가 죽이죠.** 〈킬링 이브〉의 빌라넬, 〈도깨비〉의 지은 탁 느낌이 난다고들 하는데, 완전 달라요. **그런 캐릭터를 만들어내다니! 미쳤나 봐요.** 멜론 역을 맡을 배우는 행운을 타고난 거죠."
· "'멜론 스토리'의 또 다른 장점은 **확장성**이죠. 읽어본 사람들은 완전 **시즌제로 가야 한다**고들 하더라고요."
· "소재가 매력적이고 대사가 선명해서 **글로벌 시장에서도 충분히 통한다**는 말을 많이 들었어요."

**4. EP, 기획PD, 감독에게도 파트너십을 요구하라.**

사적인 모임이 아니다. 공동의 목표를 향해 함께 작업하는 팀이다. 서로를 인격적으로 존중하려면 상호 대등한 관계에 서 있어야 한다. 파트너십은 양쪽 모두에게 요구되는 기본자세이지, 일방적으로 어느 한쪽에게 요구하는 게 아니다.

### 5. 그들도 때로는 오독한다는 사실을 명심하라.

나는 감독들의 대본 오독을 자주 목격했다. 그들의 오독 이유는 1) 문해력이 떨어져서, 2) 감독은 오독하지 않는다는 자만심, 3) 2쪽 모아 찍기로 인쇄해 대본을 속독하는 버릇, 4) 촬영 준비 등 업무량이 많아 피곤해서, 5) 신뢰 부족 등 작가와 사이가 안 좋아서, 6) 본인이 읽고 싶은 대로 읽어서 등 여러 이유가 있다.

감독들은 촬영 현장에서 장면을 어떻게 찍을지 스태프들과 기술적인 부분을 논의하는 데 많은 시간을 쓴다. 무엇을 찍을지보다 어떻게 찍을지가 더 큰 관심사다. 이때 감독은 대본을 처음 읽었을 때의 해석에 머물러 있을 가능성이 있다.

의도적으로 오독하는 경우도 있다. 남녀 주인공이 서로 견제하며 거리를 유지하는 내용을 깊고 따뜻한 멜로 감각으로 찍어낸 경우를 본적이 있다. 카메라는 크레인을 타고 내려오며, 음악은 감미롭게 흐른다. 이 장면을 방송으로 확인한 작가는 까무러칠 수밖에 없다. 그 후의 감정선이 무너진 데다가, 이제껏 써놓은 로맨스 감정 씬이 다 날아가게 생긴 것이다. 작가가 기절해 있는 동안, 감독은 대본의 허점을 연출로 메웠다며 성취감을 피력하고, 스태프들은 진작 이랬어야 한다고 호응해준다. 감독과 작가는 멀어지고, 작가는 고립된다.

대본 회의 때 감독이나 기획PD가 오독하면, 작가는 그 즉시 다시 질문하며 서로 정확히 이해하고 넘어가야 한다. 작가 입장에서 "앞뒤로 이런 장치가 있으니 이렇게 해석하는 게 맞다."고 분명히 짚어줘야 한다. 단, "썼다가 뺐는데, 원래는 이런 내용이 있었어요."라고 하면, 작가가 오독을 유도한 결과가 된다. 대본 제출 전, 오독의 가능성이 있는지 검토하고 미심쩍으면 대사와 지문을 추가해서라도 오독을 막자.

### 6. 개인의 취향이 작용한다는 사실을 인지한다.

작가도 그렇지만 기획PD와 감독이 좋아하는 장르와 취향도 제각각이다. 멜로에 강하다고 주장하는 감독은 멜로 없는 대본이 지루하고, 범죄 액션 좋아하는 감독은 멜로 대본이 오글거린다. 취향이 편견을 낳아 객관적인 평가를 가로막기도 한다.

회의를 통해 대본이 획기적으로 발전할 거라고 기대하지 말라. 그것은 요행을 바라는 것이다. 운이 좋으면 좋아질 수도 있지만, 퇴보하거나 정체되는 경우도 많다.

### 7. 외교적으로 수용한다.

EP, 기획PD, 감독은 작가가 아니다. 그래서 그들은 수정에 대해 더 과감하게 말한다. 서로 긴밀하고 조밀하게 연결되어 있어서 한쪽을 들어내면 공들인 성이 와르르 무너질 수 있는데도 쉽게 말한다. 그들의 수정 요청이 탐탁치 않더라도 일단 검토해보겠다고 '외교적으로' 수용한 뒤 혼자만의 공간으로 돌아와 당신의 직감에게 물어보라. 다만 명심해야 할 점은, 그들이 전문가라는 사실이다. 그들은 대본의 발전을 위한 의견을 제시하며, 그 속에는 큰 도움이 되는 힌트들이 묻어 있다.

대본 회의는 자존심 싸움의 자리가 아니다. 그들의 의견에 공감하면 최선을 다해 창의적으로 반영하라. 물론 그들의 의견을 잘못 수용하면 대본을 수렁에 빠뜨릴 수도 있으니 주의하라.

### 8. 대본 수정의 키는 당신이 잡고 있어야 한다.

여러 의견을 절충해 수정하거나, 시간의 압박을 받아 서둘러 봉합시키게 되면 그만큼 대본의 통일성과 완성도가 떨어진다. 대본 회의는 작가와 감독이 대본의 일부분을 주고받으려고 하는 게 아니다. 어떤 경우든 작가로서 대본 짜깁기를 허용하지 말라. 스토리텔링은 작가가 단 하나의 이야기 길을 선택하는 것이지 봉합이 아니다.

대본 수정의 키는 당신에게 있어야 한다. 시작이 원작이든 창작이든 다르지 않다. 당신은 대본에 있어서 최종결정권자인 동시에 완고의 완성자여야 한다. 그게 작가의 역할이다.

회의를 통한 협업은 전혀 다른 타인과의 작업이다. 당신의 대본과 머릿속으로 타인의 세계관, 드라마관, 지성과 실력이 비집고 들어오는 일이니만큼, 감정과 에너지를 많이 쓰게 된다. 수정 작업이 매우 더디거나, 제자리걸음 할 때도 자주 있다. 그들의 지적이 옳은 듯해서 대본에 반영해보면, 이물감이 느껴지기도 한다. 때로는 당황, 실망, 좌절, 분노와 같은 감정이 찾아오기도 한다. 이럴 때 할 수 있는 최선은 바로 반응하지 않는 것이다. 자극과 반응 사이에 틈을 만들자. 유체 이탈 능력을 발휘할 때가 온 것이다. 감정을 가라앉혀 평정심을 되찾고 수정의 목적이 무엇인지 차분히 되짚어보자.

대본 수정 회의는 누가 옳고 누가 그른지 논쟁하는 100분 토론이 아니다. 다른 관점에서 대본을 볼 수 있는 기회이자, 시청자들을 만나기 전에 뷰어들을 미리 만나볼 수 있는, 새로운 차원으로 대본을 발전시킬 기회다. 이런 회의에서 문제점들을 잘 짚어내주고 적절한 대안까지 제시해주는 전문가를 만나는 것은 크나큰 행운이다.

다시 강조하지만, 이 과정에서 얻어야 할 것은 1) 대본 디벨로핑, 2) 원활한 소통과 협력·신뢰 관계 구축, 3) 작가 역량 향상이다. 드라마를 만드는 일은 오랜 시간 서로 소통하고 협력하는 일련의 과정이다. 작가는 감독, 제작사, 채널, 주연 배우와 협력 관계이며, 한시적 공동 운명체다. 이런 관점에서 수정 작업과 협업의 애티튜드를 다져야 한다.

## 작가의 역량은 언제, 어떻게 성장하는가?

그래프에서 보여지듯 작가의 역량은 초기에 계단형으로 성장한다.

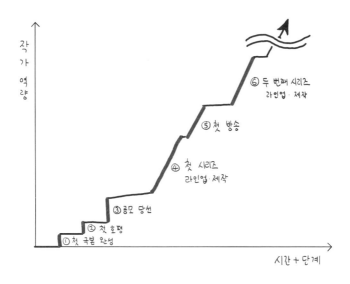

첫 극본을 완성했을 때(①단계) '뿌듯하게' 성장한다. 대본이 아카데미 강사나 등단 작가로부터 좋은 평가를 받으면(②단계) 절로 춤이 나온다. 공모에 당선되면(③단계) '벅차오르게' 성장한다. 이때부터 '작가'라는 호명이 어색하지만은 않다. 그러나 작가로서 '본격적인' 성장은 편성이 확정되고 제작을 준비할 때부터다. 극본이 제작돼 방송이 나가는 과정에서 작가의 역량은 그야말로 '도약'한다.

당신의 첫 시리즈가 편성을 받으면(④단계), 당신의 포지션과 관점이 달라진다. 드디어 경기장에 입장한 것이다. 경기장 안에서는 누구도 신인 작가라고 봐주지 않으니 당신 스스로 정신 무장부터 새롭게 해야 한다. 대본 수정 회의, 캐스팅 회의, 스태프 회의에 감독과 함께 최일선에서 참여하며 제작을 이끌게 된다. 이때부터 드라마 시장의 실제 세계가 보이기 시작한다. 돈, 즉 제작비가 얼마나 중요한 요소인지 절실히 체감하는 것도 이때부터다. 신인이라고 잠자코 앉아 참관만 하면 안 된다. 씬의 구현이든, 캐스팅이든 제작과 관련된 주요 이슈에 대해 작가 입장에서 분명한 의견을 내놓아야 한다. 이렇게 드라마 제작의 핵심 역할을 하는 과정에서 작가는 배우고 성장한다. 당신은 이전과는 아주 다른 사람이 되어간다.

첫 방송(⑤단계)은 당신의 오랜 꿈이 드디어 성취되는 순간이다. 대본으로 쓴 것과 실제 영상이 어떻게 다른지 절감하며 당신은 그 어느 때보다도 많이 배운다. 쓰지 말아야 할 씬과 꼭 써야만 했던 씬이 보이기 시작한다. 보다 효과적으로 영상으로 옮기려면 어떤 식으로 접근해야 하는지도 보인다. 당신의 대사에 배우와 시청자들이 어떤 반응을 보이는지 확인하며 새로운 깨달음도 얻는다. 감독이나 배우와의 관계에 대해서도 감이 잡히기 시작한다. 방송이 나가자 가족과 지인의 시선이 달라진다. 이제 당신 인생은 완전히 달라졌다. 편성 이후 방송이 되기까지 작가 역량의 성장세는 그전과는 비교도 할 수 없을 정도로 가파르다.

작가의 두 번째 시리즈가 편성되면(⑥단계), 이 성장세는 더욱 탄력을 받는다. 두 번째 시리즈를 편성 받는다는 것은 첫 번째 시리즈를 성공시켰다는 의미다. 채널, 감독과의 역학 관계에 뚜렷한 변화가 생긴다. 첫 작품과는 비교할 수 없을 정도로 발언권이 커진다. 작가 고료도 두 배 이상 껑충 뛴다. 첫 작품으로 얻은 경험과 학습이 자신감과 결합하여, 대본은 더 분명한 포인트를 갖추고 씬들은 한층 세련되어진다. 캐스팅도 첫 작품과는 비교도 할 수 없을 정도로 수월하다.

두 번째 시리즈마저 성공시킨다면, 당신은 '작가의 강'을 건너는 셈이다. 지속 가능한 시리즈 작가의 기회를 얻은 것이다. 당신은 이제 과거의 당신이 아니다. 그러나 시리즈를 두 번 연달아 성공시킨다고 해서 삶이 행복해진다는 보장은 없다. 행복은 미래의 조건이 아닌 현재 당신의 마음 안에만 있으며, 창작가의 삶은 '불안과 고뇌'를 동반할 수밖에 없기 때문이다. 다만 작가로서 성장했음은 분명하다. 작가 성장에 1만 시간의 법칙을 적용한다면, 극본 작업 시간뿐 아니라 편성, 제작, 방송, 평가 등 모든 공동 작업 과정까지 다 포함시켜야 한다.

하지만 이 성장 그래프는 최선의 경우만을 담은 것으로, 누구에게나 주어지지 않는다. 운 좋게 공모전에 당선되고, 또 운이 좋아서 라인업의 기회를 얻더라도 절호의 기회를 좌절의 하강선으로 만드는 작가를 자주 목격했다. 무엇이 문제였나?

· 작가로서 기본 역량이 부족한 경우. 공모전 출품작이나 과제작이 작가 역량의 최대치인 경우다.
· 협업과 소통의 시스템에 적응하지 못한 경우. 호감과 기대로 시작한 첫 만남

이 회의와 작업을 거듭할수록 상호 불신과 실망으로 치닫기도 한다. 결과물의 퀄리티 못지않게, 애티튜드 문제로 협업 관계가 깨지기도 한다.

· 작가 지망생 시절 예상했던 것과 너무나 다른 제작 현실에 좌절하기도 한다. 이 분야가 그에게 맞지 않는 것이다.

드라마 작가가 절대로 소모품이 아니듯이, 감독이나 배우도 작가가 성공하는 데 필요한 도구가 아니다. 서로 협력해야만 성과를 낼 수 있는 파트너 관계다. 상호 존중의 파트너십이야말로 드라마 시장에 진입하는 작가에게 필요한 애티튜드라고 할 수 있다.

### 파트너십은 열린 마음으로

파트너십의 첫 단계는 마음을 여는 데 있다. 당신이 마음을 여는 대상은 감독이나 프로듀서, 배우, 스태프들만이 아니다. 미지의 오디언스, 그리고 당신의 대본을 향해서도 마음을 열어야 한다. 마음을 열어야 이해받을 수 있고, 도움을 얻을 수 있다.

채널이나 제작사 기획PD들과 수정 회의를 할 때 작가가 초고를 쓸 때와 그 논점이 서로 다른 경우가 종종 있다. 작가는 '말이 되며 재미있고, 완성도 높은 대본'을 쓰는 게 목적이었지만, 회의에서는 '타깃 오디언스를 정확히 공략하고 있는지, 그들의 공감을 이끌어낼 수 있는지'를 따진다. 타깃 오디언스에 따라서 캐스팅과 마케팅 전략이 세워지기에, 기획팀이 제시한 관점과 자료, 리뷰를 잘 살펴보고 '대본에 도움이 된다면' 반영하자.

　홀로 하는 대본 집필도, 여럿이 함께하는 대본 수정 회의도 연속된 작업 과정이다. 그러니 작가는 극작술(Writing skill) 못지않게 소프트 스킬(Soft skill)도 장착해야 한다. 성격이나 신뢰도, 열정과 몰입도, 타인과의 상호작용이 회의의 생산성과 작업의 성과를 이끌어낸다. 그래서 하는 말인데, 회의 전날에는 밤새워 작업하지 않는 게 좋다. 수면 부족과 피로감, 배고픔으로 컨디션이 엉망이면 자칫 회의도 엉망이 될 수 있다. 상쾌하고 씩씩하고 맑은 머리로 회의에 참석할 수 있게 컨디션을 조절하자.

# 드라마 산업의 리얼리티

드라마 제작의 필수 3요소는 감독, 작가, 배우다.

시리즈를 준비하는 과정을 중심으로 신인 작가가 누구와 어떻게 일하는지 살펴보자.

작가는 기획 단계에서 채널 혹은 제작사의 기획PD와 작업을 시작한다. 물론 시작부터 감독과 매칭이 되어 함께 소통하며 작업을 진행하는 경우도 많다. 편성 가능성을 검토하는 시점부터는 채널의 EP가 논의 과정에 참여한다. 작가의 요청이나 채널 혹은 제작사의 판단으로 보조 작가가 붙기도 한다.

라인업, 즉 편성의 기준은 채널이나 플랫폼마다 다르다. 주연 배우가 캐스팅돼야 편성이 나는 경우가 많지만, 작품의 준비 상황이나 기획의 특장점, 극본의 매력만으로도 라인업에 오를 수 있다. 편성이 확정되는 순간 작가는 감독, 배우, 스태프, 제작사, 채널과 한 팀이 되어 드라마 시장의 최일선에서 글로벌 경쟁에 나선다.

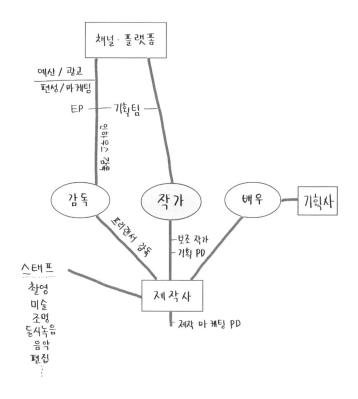

## 드라마 산업의 흐름

코로나 시대를 지나오며 많은 것들이 변화했지만, 드라마 산업은 특히 더 드라마틱한 변화를 맞았다.

### 1. 지상파 중심에서 OTT로, 아시아에서 글로벌으로

팬데믹 이전에도 이미 tvN과 JTBC가 품질과 수익성 면에서 지상파를 위협하거나 추월했고, 코로나 시대를 겪으면서 넷플릭스 등의 해외 OTT가 인기를 끌며 드라마 산업의 중심에 우뚝 섰다. 이처럼 채널이 다양해지며 드라마 시장이 크게 성장한 반면, 불확실성도 더 커졌다. 넷플릭스의 투자·편성 정책이 국내 드라마 산업의 방향을 좌지우지하고 있기 때문이다. 2024년까지 JTBC와 CJ는 넷플릭스와, SBS는 디즈니+와 쿼터 계약을 맺어 시한부 동맹 관계에 있다. 국내 채널이 제작비를 확보하고 수익성을 높이기 위해서는 글로벌 시장에서 성과를 내야 하므로, 해외 OTT와 협력 관계를 추구할 수밖에 없는 현실이다. 그사이에 왓챠, 웨이브 같은 국내 OTT는 자본 잠식 상태에 빠지는 등 미래가 불투명해졌다.

해외 OTT는 드라마 제작 시스템에도 큰 변혁을 불러왔다.

· 사전 제작이 정착되어가고 있다.
· 시리즈의 횟수와 회당 시간이 유연해졌다. 미니시리즈의 횟수가 6부에서 20부까지, 회당 시간도 40여 분에서 70분까지 다양해졌다.
· 타깃 오디언스가 다양해지고 세분화되었다.
· 실험적이고 마이너한 소재도 가능하다. 이를테면 국내 지상파는 퀴어 소재

를 꺼려 하지만, 해외 OTT는 열려 있다. 로컬의 현실을 따르느냐, 글로벌을 지향하느냐에 따라 소재 선택의 기준이 달라진다.

· 기획 단계부터 지상파를 배제하고 해외 OTT와 글로벌 시장을 겨냥한 작품이 늘어나고 있다. 드라마 시장의 판도가 지상파에서 OTT 중심으로 바뀌었다는 것은, 타깃이 전 세계 오디언스로 확장되었다는 의미다. 글로벌 시청자를 염두에 두고 기획해야 하는 시대다.

이런 변화는 신인 작가에게 새로운 기회를 만들어준다. 지상파, 16부작 70분, 방송·제작·대본 집필이 동시에 진행되는 과거의 시스템에서는 아무래도 성공 경험이 있는 기성 작가가 편성을 받는 데 더 유리했다. 그러나 OTT가 초래한 변화는 신인 작가도 도전할 수 있는 여건을 만들어주었다. 6부작이나 8부작으로, 신인만의 과감하고 색깔 있는 터치로, 특정 타깃을 목표로, 지상파의 규제와 관습에서 벗어난 작품으로 드라마 세계를 다원화시킬 기회가 생긴 것이다. OTT에서 시작한 이런 변화는 지상파에 반사되어 그대로 영향을 미치고 있다. 해외 OTT의 득세는 일견 다양한 작품을 만들 수 있는 기회로 보이기도 하지만, 결국 그들이 원하는 방향으로 끌려가야 하는 종속 구조로 바뀌고 있다는 우려도 있다.

작가와 배우들은 자신의 작품이 넷플릭스에서 공개되기를 원한다. 지상파와 비교하기 어려울 정도로 넉넉한 제작비가 책정되니 작품의 퀄리티를 높일 수 있다는 기대감이 무엇보다 크다. 아울러 전 세계로 작가와 배우가 널리 알려질 기회이니 '넷플릭스'가 작품 결정의 조건인 경우도 있다.

하지만 〈오징어 게임〉, 〈더 글로리〉처럼 '넷플릭스 오리지널'일 경우, 저작권(IP)을 넷플릭스에 양도해야 한다. 작가의 저작권 역시 넷플릭스에 귀속된다. 해외 OTT가 제작비와 작가 고료를 후하게 쳐준다고는 하지만, 작가 입장에서는 저작권 추가 수익을 전부 넘겨야 하고, 보상은 단발성에 그치니 문제가 있을 수 있다.

### 2. TV에서 모바일로

기술의 발달, 인구 구성의 변화, 라이프 스타일의 급변으로 온 가족이 TV 앞에 모여 드라마를 본다는 건 이제 '시대물'이 되어버렸다. MZ 세대들이 콘텐츠를 모바일로 접하며 군대 부조리를 소재로 한 드라마 〈D.P.〉가 성과를 내기도 했다. 모바일은 이전과는 다른, 새로운 타깃 설정을 가능케 한다.

젊은 세대는 드라마를 TV로 보지 않는다. 본방 사수는 아침 드라마, 일일 드라마, 주말 연속극의 주 시청층인 5060+의 몫이다. 젊은 세대는 화제성이 있거나 취향에 맞는 드라마만 골라 OTT로 몰아본다. 2039를 타깃으로 미니시리즈를 만들어왔던 지상파는 저조한 시청률, 치솟는 제작비, 목표액에서 10퍼센트도 채워지지 않는 광고 판매 등으로 수익성이 악화되면서 편성표에서 월화·수목 드라마를 지웠다.

### 3. 단발성에서 시즌제로

전작의 성과에 기대어 다음 시즌을 계속 만드는 미드와 달리 한국에서는 시즌제 드라마가 쉽지 않았다. 신인 배우라 할지라도 시즌 1을 통해 벼락 스타가 되고 나면 시즌 2를 한다는 보장이 없고, 작가나 시청자가 작품의 깔끔한 결말을 원한다는 고정 관념도 작용해왔다. 시즌제 드라마는 홍보나 기대감의 기저 효과가 있고, 신작보다 제작이 수월해 채널과 제작사의 오랜 숙원이었는데 〈슬기로운 의사생활〉, 〈보이스〉, 〈낭만닥터 김사부〉, 〈모범택시〉, 〈유미의 세포들〉 등의 성공으로 시즌 N을 염두에 둔 기획들이 많아지고 있다.

### 4. 무료에서 구독 경제로

이제는 매주 정해진 요일, 정해진 시간에 TV 앞에서 기다리지 않아도 된다. OTT를 통해 시리즈 전편이 한 번에 공개된다. 본방 사수할 필요 없이 원하는 시간에 한 번에 몰아볼 수 있게 된 것은 일상에 큰 변화를 몰고 왔다. 시청자들은 이제 10시간 연속으로 OTT 드라마에 푹 빠져 휴가를 보낸다.

### 5. 정속도에서 1.5배속으로

당신은 OTT 드라마를 볼 때 배속을 사용하는가, 정속도로 보는가?

OTT 유저들은 드라마를 정속도로 보지 않는다. 2023년 상반기, 어느 통신사의 조사에 따르면 가입자의 50퍼센트 이상이 드라마를 정속

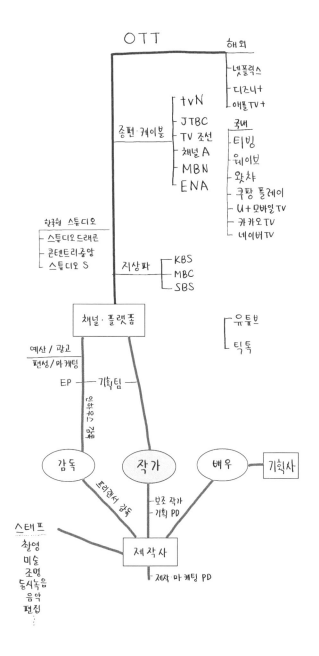

OTT

해외
└ 넷플릭스
├ 디즈니+
└ 애플TV+

종편·케이블
┌ tvN
├ JTBC
├ TV조선
├ 채널A
├ MBN
└ ENA

국내
┌ 티빙
├ 웨이브
├ 왓챠
├ 쿠팡 플레이
├ U+모바일TV
├ 카카오TV
└ 네이버TV

한국형 스튜디오
├ 스튜디오드래곤
├ 콘텐트리중앙
└ 스튜디오S

지상파
┌ KBS
├ MBC
└ SBS

채널·플랫폼

┌ 유튜브
└ 틱톡

예산/광고
편성/마케팅
EP ─ 기획팀 ─

인하우스 감독

감독          작가          배우 ─ 기획사

프리랜서 감독

보조 작가
기획 PD

스태프
촬영
미술
조명
동시녹음
음악
편집
…

제작사

제작·마케팅 PD

도로 보지 않는다고 한다. 한 프레임을 붙이냐 안 붙이냐, 0.1초를 어떻게 할까, 고민하며 밤새우는 후반 작업 편집자의 가슴에 멍드는 현실이다. 대사 한 마디 한 마디에 혼신의 에너지를 쏟은 작가의 가슴은 또 어떨까.

〈무빙〉의 강풀 작가는 "디즈니+가 가장 마음에 들었던 게 배속 기능이 없기 때문."이라고 말한다.[38] 작가나 감독 등 창작자 입장에서 배속 기능은 끔찍하다. 그러나 모바일 콘텐츠에 익숙한 사람들의 입장은 다르다. 많은 시청자들이 1.5배속 또는 2배속으로 보다가 재미있는 부분을 포착하면 그 지점으로 다시 돌아가 정속도로 본다. 그들에게는 유튜브나 드라마나 다를 게 없는 것이다.

모바일과 OTT가 초래한 이런 시청 습관은 대본 작업과 드라마 제작에 어떤 영향을 미칠 것인가? 더 자극적이고 폭력적이며 선정적인 장면을 넣어야 한다는 압력이나 강박이 생기지 않을까? 자극에 익숙해진 시청자들이 더 강한 자극을 원하게 되지 않을까?

드라마 작가는 어떤 환경에서든 시청자와 적극적으로 상호작용해야 하는 창작자다. 환경에 영향을 받기도, 주기도 한다. 모바일 친화적인 드라마를 기획한다면, 동시에 글로벌 오디언스도 염두에 두어야 한다. 우선 모바일의 작은 화면으로 드라마를 즐기는 유저들의 눈과 귀에 영상과 대사를 꽉꽉 꽂아주어야 한다. 모바일·글로벌 오디언스를 메인 타깃으로 작품을 준비한다면, 다음의 표에서 보이듯 기존의 전통적인 방식과는 접근을 달리해야 한다.

| 특성 | 접근 방법 |
|------|----------|
| 작은 화면 | 눈에 확 들어오는 과감한 비주얼 이미지 활용. 강렬하고 명확한 컬러, 앵글, 소품으로 시선을 붙잡는다. 클로즈업의 사용 빈도가 늘어나는 동시에 시원한 풀 숏(full shot)도 적절히 들어가야 한다. |
| 빈약한 사운드 | 대사가 명료하고 간결해야 한다. 귀에 꽂혀야 하고, 자막으로 처리될 때 쉽게 읽혀야 한다. |
| 짧고 산만한 집중력 | 박진감, 몰입감 있는 스토리 라인을 전개한다. |
| 다문화적 다양성 | 언어, 종교, 가치관이 다른 오디언스를 대상으로 하는 만큼 보편적인 주제, 즉 사랑·복수·생존·정의 구현 같은 테마를 다룬다. 종교적·다문화적 민감성을 배려한다. |

## 드라마 산업의 특징

지상파 독과점 시대에서는 드라마를 '산업'이라고 부르지 않았다. '오락이냐, 예술이냐'란 포장마차 논쟁만 있었을 뿐이다. 광고 완판 시대에서는 드라마에 시장 경제의 논리가 불필요했다. 시청률 경쟁도 자존심과 명예를 건 싸움이지, 시청률 1등을 한다고 해서 인센티브가 주어지는 것도 아니었다. 대기업 CJ가 진입하면서 제작 현장에 '드라마 산업'이란 용어가 등장했다. '돈이 되느냐'가 드라마를 만드는 첫 번째 가치가 된 것이다. 이 드라마 산업은 어떤 성격과 특징을 갖는가?

### 1. 스타 산업

드라마 시장은 스타에게 투자한다. 스타 배우의 출연이 확정되고 나면, 편성되고 제작된다. 대본의 완성도는 그 다음 문제다. 어떤 대본이든 스타 배우가 출연한다고 하면 '훌륭한 대본'으로 승격한다. 스타 작가의 대본도 편성 1순위다. 이 산업은 성공의 경험에 투자한다. 스타 작가와 스타 배우는 서로가 서로를 끌어들인다.

그런데 OTT 시대가 도래하면서 스타 산업에 작은 균열이 생기기 시작했다. 신인들만 캐스팅해 제작하는 드라마가 생겼고, 그중 〈스위트홈 1〉처럼 드라마 흥행과 동시에 신인 출연자들이 '라이징 스타'로 뜨는 경우도 자주 생기고 있다.

### 2. 팀플레이

아무리 뛰어난 능력자가 오더라도 혼자 힘으로는 결코 성과를 낼 수 없는 분야다. 훌륭한 극본, 연기력, 연출력이 모여 화학적 결합을 이뤄내면 성공의 기본 조건이 갖춰진 셈이다. 위의 세 요소 중 하나만 삐걱해도 성공을 기대하기 어렵다.

### 3. 성공 매뉴얼이 없는 흥행 산업

뚜껑을 열기 전까지는 성공할지 실패할지 아무도 모른다. 대단한 스타가 출연해도 마찬가지다. 스타 없이 기대 이상의 성공을 거두기도 하고, 스타가 여럿 출연해도 폭망하기도 한다.

산업치고는 확실한 성공 매뉴얼이 존재하지 않는다. 이 업계에서는 흔히들 '성공한 드라마는 이유를 찾기 어려우나, 실패한 드라마는 정확하게 분석할 수 있다.'고 말한다.

작가, 배우, 감독 이외에 흥행에 반드시 필요한 요소는 '타이밍'이다. 흥행은 작품이 공개되는 당시의 사회 이슈와 분위기에 영향을 받는다. 하지만 드라마 시장에서 기가 막힌 타이밍은 결과론적인 경우가 많다. 채널에서 그 타이밍을 노려 제작했다기보다 공개 시점이 운 좋게 절묘했던 것이다.

### 4. 글로벌 경쟁

한국 드라마는 '독과점 채널의 내수 시장 → 다채널·다매체 체제로의 개편과 일본·중국에서의 한류 열풍 → 팬데믹 이후 글로벌 시장 진입'의 시대로 성장해왔다. 여기에서 한국 드라마와 일본 드라마의 차이가 극명해진다. 자국 내수 시장에 만족하며 경쟁보다는 협력, 혁신보다는 질서 유지를 택한 일본 드라마는 글로벌 시장에서 한국의 경쟁 상대가 될 수 없었다. 그러나 글로벌 시장에 기댈수록 드라마 산업의 리스크는 커질 수밖에 없다. 광고 시장의 위축, 제작비 인플레이션, 드라마 수익성 악화 등으로 지상파 월화·수목 드라마가 사라진 현상은 결국 국내 드라마 제작 시스템의 붕괴를 예고한다는 우려도 존재한다.

## 5. 격차 사회

극본료와 출연료의 엄청난 차이가 드라마 업계에 격차 사회라는 성격을 부여한다. 승자가 모든 것을 가져가는 '초격차 사회'라 해도 지나치지 않다. 어떤 작가들은 회당 5천만 원 혹은 1억 원에 플러스알파 원고료를 받는다. 16부작 시리즈 두 편만 계약해도 수십억이다. 스타 배우는 이보다 더 받는 경우도 많다.

제작비의 절반 이상이 스타 출연료와 작가 고료인 경우도 있다. 이 때문에 제작비에 압박이 오면 생계형 중견 배우의 출연료부터 깎는 제작사도 있다. 회당 100만 원의 출연료를 받던 배우는 50만 원으로 반절 깎인 출연료를 고심 끝에 받아들인다.

돈이 가장 중요한 가치가 된 한국 사회에서 이러한 격차는 작업 방식, 인간관계, 개인의 가치관, 정신 건강 등에 크나큰 영향을 미친다.


## 6. 낮아진 진입 장벽

드라마 업계는 과거 진입 장벽이 높았다. 감독이 되려면 방송사 공채에 합격해야 했고, 연기자가 되기 위해선 방송사 신인 탤런트 공채에 합격해야 했다. 여러 차례 방송법이 개정되고, 정부 정책과 시장 여건이 변화하면서 방송사 독과점이 무너지고, 진입 장벽도 낮아졌다.

드라마 제작자도 특별한 자격을 요구하지 않는다. 편성 받을 수 있는 스타 배우와 작가만 데려온다면, 그 제작자가 과거에 건설업을 했던, 여행업에 종사했던, 제약회사를 경영했던 아무런 상관이 없다.

진입 장벽이 낮아졌다는 것은 드라마 작가에게 결정적인 영향을 미친다. 전공, 나이를 불문하고 누구든 공모전에 당선되기만 하면 데뷔의 기회를 잡을 수 있다. 물론 그만큼 경쟁이 치열하다는 것을 의미한다. 한국콘텐츠진흥원에서 해마다 실시하는 '대한민국 스토리 공모대전'의 지원자 수는 2019년 1110명에서, 2023년 2068명으로 4년 만에 두 배 가까이 늘었고, 이 중 80퍼센트가 영상화(드라마·영화) 분야라고 한다.* 지상파 공모전의 지원자 수도 2022년에 비해 2023년에는 두 배 정도 늘었다. 지상파 위주로 시행됐던 공모전은 몇 년 사이에 여기저기 우후죽순처럼 늘어났다. 채널 책임자들의 말에 따르면, 매해 드라마의 전체 제작 편 수 중 15~25퍼센트 정도가 신인 작가의 데뷔작이라고 한다. 경쟁률은 매우 높지만, 기회가 열려 있는 시장이다.

### 7. 돌고 도는 사이클

드라마 산업은 '성장 → 후퇴 → 침체 → 회복'의 사이클로 돈다. 성장과 호황의 계기는 치열한 경쟁에 따른 '내적 역량 강화'의 결과이기도 하지만, 일본·중국에서의 한류 붐이라든지 팬데믹 같은 '외적 조건의 변화'에 기인하기도 한다.

———

\* 　한국콘텐츠진흥원 한류지원본부 관계자와 2023년 7월에 나눈 대화에서 들었다.

성장기에는 제작비가 상승해 출연료, 작가 고료, 스태프 비용 등도 오르고, 고용이 확대된다. 팬데믹으로 인해 영화 산업이 침체에 빠지자, 영화 스태프들이 상대적으로 호황인 드라마 쪽으로 대거 옮겨오기도 했다. 성장기에는 제작 편 수도 늘어나고 제작사도 늘어난다. 물론 작가 지망생도 늘어나고 공모전 응모작도 늘어난다.

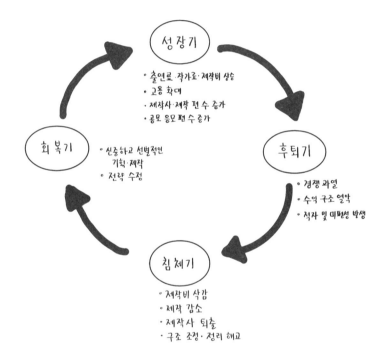

장밋빛 같던 드라마 산업은 거의 필연적으로 후퇴기·침체기를 맞이한다. 한국 드라마는 특히 외적 상황 변화로 침체기를 맞고는 했다. 국내 정치 지형 변화로 주변국의 정책 변화, 중국의 한한령, 일본의 한국 혐오 등으로 한류 붐이 차단되기도 했다. 팬데믹 때 글로벌 OTT로 활로를 열었다가, 엔데믹(감염병의 풍토병 전환)으로 OTT가 정체되자 그 유탄을 직통으로 맞기도 했다.

성장기의 과열된 경쟁이 침체기를 불러오기도 한다. 제작비가 지나치게 상승하면서 수익성이 악화되고, 드라마를 만들 때마다 적자가 발생하는 현상이 벌어진다. 광고나 글로벌 판매 활로가 막히면 제작 중단이라는 불상사가 생기기도 한다. 침체기에 들어서면 제작비 예산이 축소되고, 비용도 줄어든다. 구조 조정, 정리 해고가 벌어지고 제작 편수가 줄어들며 제작사가 도산하거나 퇴출된다. 이때 채널과 제작사는 기획과 제작에 신중을 기하고 보수적으로 접근한다. 스타 중심의 킬러 콘텐츠 제작과 적은 제작비로 과감한 실험작을 만드는 투 트랙 전략을 사용하기도 한다. 이런 변화가 회복기를 준비한다.

제작비가 줄어드는 침체기·후퇴기에도 떨어지지 않는 비용이 있다. 바로 스타의 비용으로, 한 번 오른 스타의 출연료, 작가 고료는 쉽게 내려가지 않는 하방경직성을 갖는다.

### 8. 유행 산업

드라마는 트렌드의 영향을 받기도 하고, 새로운 유행을 선도하기도 한다. 작품의 흥행은 공개 당시의 대중의 취향, 관심을 비롯해 경제 흐름, 기후 등 다양한 것에서 영향을 받는다. 그래서 처참한 실패를 겪은 감독이나 작가들이 자주 하는 말 중 하나가 '시대를 잘못 태어났다'는 것이다. 10년 후라면 대박 났을 거라며 확신과 울분에 차서 하는 말도 들었다. 얼마나 시간을 앞서 가야 할까?

사실 기획부터 집필, 제작, 방송까지 얼마나 걸릴지 예측하기란 어렵다. 드라마는 지금 당장의 트렌드에 맞춰 뚝딱뚝딱 만들 수 있는 게 아니다. 오늘의 트렌드보다는 미래를 볼 수 있어야 한다. 작가에게는 근 미래가 어떤 모습일지에 대한 감이 있어야 한다. 미래에 대한 관심과 감각이 흥행 감각을 키운다.

# 챗GPT와 드라마 작가의 미래

어떤 작가는 보조 작가가 필요 없는 시대가 됐다고 주장한다. 챗
GPT를 시키면 된다는 것이다. 그는 최근 대본 작업을 하며 자료 조사,
서브플롯의 구성 등 여러 작업을 챗GPT에 맡겼다고 한다. 챗GPT가
앞으로 대본 작업에 어떤 영향을 미칠지 고민하던 차에 구립 도서관의
포스터 하나가 눈에 들어왔다.

'챗GPT 그리고 예술가의 종말'

구립 도서관에서 진행하는 교양 강좌 포스터치고는 매우 도발적인
제목이었다. 내용을 보니 인공지능과 챗GPT가 무엇인지 배운 후 챗
GPT로 시, 단편 소설, 대본까지 써본다고 한다. 착시 현상인지 '예술가
의 종말'이 '드라마 작가의 종말'로 읽혔다.

작가들이 속수무책으로 앉아서 종말을 맞이할 수는 없는 일이다.

## 챗GPT에 맞서는 할리우드

2023년 5월 2일, 미국 작가 조합(WGA: Writers Guild of America)은 넷플릭스, 디즈니+ 등 OTT 제작사와의 협상 결렬로 파업에 돌입했다. 제작사가 챗GPT와 같은 인공지능을 활용해 대본을 쓰지 못하도록 하는 게 파업의 핵심 쟁점이었다. 챗GPT가 공개되고 반년도 되지 않아, 미래 생존에 위협을 받는다며 작가 조합이 전면 파업을 벌이는 사건이 터진 것이다. 같은 해 7월 14일, 미국 배우 조합(SAG-AFTRA)도 파업에 들어갔다. 이들의 쟁점은 단역·엑스트라 배우들을 AI 기술로 대체하고자 하는 대형 스튜디오의 움직임을 막는 것이었다. 제작사들은 무명 배우의 얼굴과 몸을 스캔한 후 이에 대한 소유권을 독점, 향후 만드는 영화·드라마의 몹씬이나 배경에 복사해 쓸 계획이었다. AI 기술의 발달로 영상을 제작하는 데 드는 비용과 시간이 엄청 단축된 것이다. 모든 영화와 드라마 제작이 전면 중단된 118일간의 파업 끝에 양측은 다음과 같이 합의했다.

'제작사는 생성형 AI로 대본을 만들지 않는다. 다만, 작가는 AI를 이용해 대본을 쓸 수 있으며, AI가 쓴 대본의 저작권은 작가가 갖는다.'

작가들은 위대한 승리라고 환호했지만, 길게 봤을 때는 과연 그러할지 의문이다. AI로 대본 쓰는 것을 더 이상 막을 수 없는 추세라는 것을 인정한 합의문이기 때문이다. 2023년 11월, 구글에서 발표한 생성형 AI 제미나이(Gemini) 무료 버전은 챗GPT 유료 버전 4.0의 기능 못지 않다.

# 챗GPT에 어떻게 대처해야 할까?

나는 이 챕터를 쓰면서 단지 호기심으로 챗GPT에 작업을 시켜봤다. 간단한 질문을 던지자, 즉각 대답이 올라왔다.

---

• YOU
너는 어떤 방법과 과정으로 OTT 시리즈 드라마의 대본을 생성하니?

• ChatGPT
1. 목표 설정: AI에게 드라마의 목표를 설정합니다. 예를 들어, 로맨틱코미디, 스릴러, 역사 드라마 등 특정 장르를 명시하고, 드라마가 전달하려는 메시지나 테마를 정합니다.
2. 데이터 입력: AI가 학습할 수 있도록, 해당 장르와 관련된 기존 드라마 스크립트, 소설, 시나리오 등을 제공합니다. 이 데이터를 통해 AI는 언어의 구조, 스토리텔링의 요소, 대화 스타일 등을 학습합니다.
3. 캐릭터 개발: AI에게 각 캐릭터의 성격, 역사, 동기, 변화 과정 등을 생성하도록 지시합니다. 예를 들어, 주인공의 성격이나 캐릭터 간의 관계를 설정합니다.
4. 플롯 구성: AI가 주요 사건, 갈등, 해결 과정 등의 플롯을 생성합니다. 이는 스토리의 방향성과 주요 전환점을 포함할 수 있습니다.
5. 대본 초안 작성: AI가 생성한 플롯과 캐릭터를 기반으로 대본 초안을 작성합니다. 여기에는 캐릭터의 대화, 장면 설명, 감정 표현 등이 포함됩니다.
6. 장면 구성: 각 장면의 배경, 시간대, 분위기 등을 설정하고, 시각적 요소를 포함하는 방법을 AI에 지시합니다.
7. 인간의 검토와 수정: AI가 작성한 대본은 전문 작가나 편집자에 의해 검토되며, 스토리의 일관성, 대화의 자연스러움, 캐릭터의 발전 등을 위해 수정됩니다.
8. 피드백과 반복: 수정된 대본은 AI에게 다시 입력되어 추가적인 학습과 개선을 위한 반복 과정을 거칩니다.
9. 최종 승인과 사용: 최종 대본은 제작자의 승인을 거쳐 촬영에 사용됩니다.

챗GPT와 드라마 작가의 미래

좀 더 들어가 봤다. 10장에 예시로 나온 'S와 검은 사제'의 문장을 입력한 후, 주제와 장르, 톤을 어떻게 하면 좋을지 물어봤다. 그 후 챗GPT가 제안한 순서대로 캐릭터 개발, 플롯 개요, 씬 생성, 단막극 대본 작업까지 진도를 나아가 봤다. 대본 완성까지 한두 시간 걸렸을까.

'이런 식으로 대본을 만든다고?' 대본의 퀄리티를 떠나, 내 콘셉트에 맞는 대사와 지문이 모니터 화면에 주르륵 올라오는 것 자체가 큰 충격이었다. 난생 처음 AI가 대본 쓰는 모습을 목격한 것이다.

나의 우려를 눈치챘는지 챗GPT는 이렇게 말했다.

> AI가 창작 과정에 도움을 줄 수는 있지만, 대본 작성의 핵심은 인간의 창의성, 감정, 경험에 있다는 점을 기억하세요. AI로 생성된 콘텐츠는 창의적인 비전을 돕고 향상시키기 위한 도구로 사용해야 합니다.

챗GPT가 만들어준 'S와 검은 사제' 대본을 보니 아직은 AI가 만든 플롯이나 대본의 퀄리티가 그리 높지 않아 다행이었다. 흔한 케이스들을 모아 유저의 콘셉트에 맞게 작성해주는 수준이다. 뭐 하나 마음에 드는 게 없었고, 구성과 씬 에피소드도 클리셰로 도배되어 있었다.

챗GPT를 사용해본 사람은 알겠지만, 잘 물어볼수록 잘 대답해준다. 질문을 잘하는 사람이 AI 시대의 능력자라는 말이 절로 실감 날 것이다. 작가가 질문을 하고, 세부 사항을 더 캐물으면 AI는 자료를 검토한

후 답변을 내준다. 정교하게 수정을 요구하면 또 고쳐준다. 그다음 지금까지 완성한 생성물을 저장, 출력한 후 그때부터는 작가만의 감각으로 고치면 끝나는 일이다. 그림으로 보자.

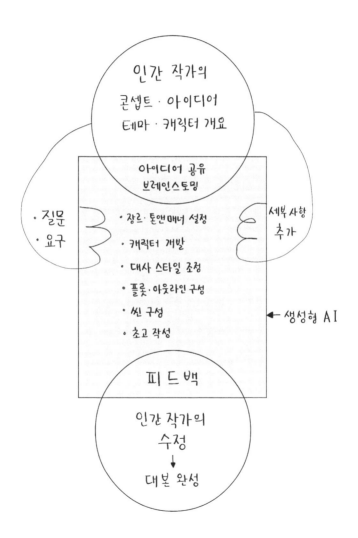

당분간은 챗GPT가 드라마 작가에게 그다지 위협적이지 않을 거라고 믿고 싶다. 당신만의 고유한 감각과 표현들을 AI가 절대 따라오지 못할 거라고 믿고 싶다. 챗GPT를 활용할지 말지는 알아서 판단할 일이다. 사실 작가가 창작에 활용하는 영역은 어린 시절의 기억에서부터 몇 년 전에 본 드라마, 엊그제 본 유튜브, 방금 검색한 구글까지… 얼마나 방대하고 다양한가.

그러나 AI 기술의 발전 속도는 어지러울 정도로 가파르다. 인간 생활의 모든 영역에 침투하고 있으며, 특히 창작자의 작업 과정에 영향을 미친다는 사실은 외면할 수 없는 현실이다.

2024년 시점에서 드라마 작가가 AI에 대처하는 방법으로 세 가지의 길이 있어 보인다.

① AI를 전혀 이용하지 않고 전통적인 글쓰기 방법을 고수하는 길이다. 하나의 예를 들자면, 프랑스 소설가 아니 에르노처럼 자신이 직접 경험하고 느낀 사실만 대본으로 쓰는 것이다. 챗GPT가 절대 쓸 수 없는 이야기를 쓰는 작가다.

② 챗GPT 같은 생성형 AI를 옆에 끼고 대본 작업을 한다. Open AI의 환경 설정 탭에 들어가 챗GPT를 당신의 '보조 작가'나 '공동 작가'로 세팅하면 된다.

③ 간단한 자료 조사 같은 잔심부름만 시킨다. 대본 작업은 절대로 시키지 않는다. 초고라 할지라도 AI에게 대본을 맡기는 건 작가의 글 쓰는 감각을 심각하게 훼손할 거라는 경각심 때문이다.

당신은 어떤 길을 선택할 것인가?

# 신인 작가의 작업 환경

다음은 작가 지망생이나 신인 작가들이 가장 궁금해하는 것들이다.

· 작가 데뷔의 길을 보조 작가로 시작해야 하나?

· 신인 작가 입장에서 보조 작가와 일할 때 가이드라인은?

· 공동 작가의 제안이 들어왔는데 해도 될까?

· 내 대본이 표절을 당한다면 어떻게 대처해야 할까?

· 제작사와 계약할 때 주의할 것들은 무엇이 있을까?

지금부터 차근차근 알아보자.

## 보조 작가로 일하기

돈도 벌 겸, 제작 경험도 쌓을 겸, 선배 작가에게 배우며 공동 작가의 길도 모색할 겸 해서 많은 작가 지망생들이 보조 작가 경력을 쌓으며 작가 데뷔의 길을 모색한다.

보조 작가의 업무 만족도는 어떤 작가를 만나느냐에 따라 천차만별이다. 보조 작가를 도구적으로 쓰는 작가도 일부 있지만, 교육과 성장의 관점에서 이끌어주는 좋은 작가들도 있다. 먼저 전자의 경우를 들어보자.

· 스트레스 가득한 작가의 감정 쓰레기통이었다.
· 합숙하느라 집에도 못 가고 페이도 적고, 어디 또 이런 막노동이 있나 싶다.
· 초고를 쓰면 메인 작가가 수정해서 방송사에 보낸다. 그는 수천을 받지만, 나는 어떤 금전적·인간적 보상도 받지 못했다.
· 텃밭 농사부터 애견 돌봄까지 작가가 별의별 일을 다 시킨다.

하지만 나는 아래와 같은 미담을 더 많이 들었다.

· 인격적이고 나이스한 작가를 만나 많이 배웠고, 결국 그 작가의 사단으로 들어가 공동 작가로 데뷔했다.
· 우리는 한 팀이었다. 감독, 제작사, 배우들의 어이없는 요구와 시달림에도 불구하고 서로 끈끈한 버팀목이 되었다.
· 까칠하고 무서웠지만 실력은 탁월해 어깨너머로 많이 배웠다. 힘들었던 만큼 많이 성장했고, 지금도 고맙다.
· 미니시리즈 작업의 최전선을 온몸으로 겪어내며 작가의 길이 나에게 맞는지

최종 점검하는 시간이었다. 작가 선생님과 관계는 원만했지만, 개인적으로 '드라마 작가'가 나에게 맞지 않다고 느꼈다. 깨끗이 손 털고 다른 인생을 살고 있다.

· 제작사에서 열정 페이만 지급했는데, 통 큰 '작가 언니'가 방송 끝날 때 두둑이 챙겨주어 눈물이 났다.


보조 작가를 미래의 동료 작가로 인식하고, 깊은 책임감으로 훈련·성장시키는 작가들을 볼 때마다 나는 깊은 감명을 받는다. 작가 지망생, 신인 작가의 성장에 이런 작가들과의 공동 작업보다 더 훌륭한 시스템을 찾기란 어려울 것이다. 이런 선배 작가들은 신인 작가의 자기 객관화에도 큰 도움을 준다.

보조 작가는 필수가 아닌 선택 사항이며, 보조 작가가 되기 위해서는 면접 과정을 거쳐야 한다. 혹 보조 작가로 일해보고 싶다면, 메인 작가의 작업 스타일, 업무 시간과 공간, 성격에 대해 미리 알아볼 필요가 있다.

## 보조 작가와 일하기

신인 작가라도 라인업 후보에 오르면 채널이나 제작사로부터 작업실과 보조 작가를 지원받을 수 있다. 늘 혼자 작업해왔기 때문에, 혹은 다른 작가와 함께 일하면 중심이 흔들릴 것 같아 보조 작가를 사양하는 작가도 있다. 스타 작가 중에서도 보조 작가 없이 혼자 일하는 경우도 있고, 심지어 어떤 작가는 카페에서 글이 더 잘 써진다며 작업실도 마다한다. 작가의 작업 방식은 이럴 때도 각각 다르다.

신인 작가 입장에서 보조 작가를 둘 때 검토해야 할 것들은 무엇이 있을까?

· 직접 보조 작가를 인터뷰하고, 함께 일할지 결정한다.
· 보조 작가의 역할을 사전에 분명히 정해둔다. 보통 메인 작가가 보조 작가에게 가장 기대하는 일은 기획안과 대본에 대한 첫 번째 피드백, 에피소드 아이디어, 대본 수정 아이디어, 다음 회 구성안, 그리고 일부 씬의 집필 연습이다. 작가가 쓴 대사를 좀 더 감칠맛 나게 고쳐주는 감각도 기대한다.
· 자료 조사, 취재 대행, 레퍼런스 작품 모니터, 제작사와의 PPL 협의 창구, 현장 제작진과의 소통 창구 등의 역할도 보조 작가의 중요한 업무다.
· 메인 작가로서 리더십, 책임감, 독립심을 지킨다. 보조 작가와 자신 사이에 경계선을 설정한다.
· 인간관계보다는 업무 관계에 초점을 맞춰 시간·감정 소모를 최소화한다.
· 합숙이나 공동 생활보다는 대본 회의 등 필요한 시간에만 대면하는 것이 낫다.

## 공동 작가로 함께 일하기

5:5 상호 평등한 드라마 공동 작업이 가능할까? 작가마다 작품 세계

와 인간에 대한 관점, 지성과 어휘력, 감정과 센스가 다르기 때문에 쉽지 않은 문제다. 대본 작업에 들이는 시간과 몰입도, 결과물의 퀄리티, 평가 기준도 같을 수 없다. 공동 작업을 하다가 서로 뼈아픈 상처만 남긴 채 팀이 깨지는 경우가 허다하다.

예능 출신 작가들은 공동 작업을 상대적으로 쉽게 받아들이는 편이다. 예능 프로 자체가 꼭지별, 회차별로 작가가 다르고, 드라마 쪽과 달리 선후배 관계를 의식하며, 팀플레이를 해야만 하는 시스템이라 그런 듯하다. 〈응답하라〉, 〈슬기로운 의사생활〉 시리즈는 예능 출신 작가들의 공동 회의와 창작으로 성과를 낸 작품이다. 서로를 잘 알고, 서로의 인격과 역량, 집필 스타일을 신뢰한다면 공동 작업이 수월할 것이다. 공동 작업 작가들 중에 자매나 부부가 많은 것도 그런 까닭이다.

드라마 공동 집필은 서로 다른 시각을 합쳐나가며 대본을 보다 풍부하고 색다르게 만들 수 있다는 장점이 있다.

공동 작업의 방식도 다양하다. 시놉시스와 대본을 각각 나눠 쓰는 경우도 있고, 한 작가가 초고를 쓰면 다른 작가가 수정고를 쓰는 경우도 있다. 구성 회의를 통해 시퀀스와 씬을 나누고, 시퀀스별로 각각 맡아 쓰기도 하며, 로맨스에 약한 작가는 로맨스 부분만 고쳐 쓰는 작가와 공동 작업하기도 한다. 제1작가(메인 작가)가 대본 전체를 쓰면, 제2작가(서브 작가)는 대사만 다듬기도 하고, 그 반대의 경우도 있다.

| 공동 작업의 장점 | 공동 작업의 단점 |
|---|---|
| 다양한 관점과 아이디어 통합 | 의견 충돌과 감정 에너지 소모 |
| 의견 교환으로 창의력 증대 | 캐릭터와 톤앤매너의 일관성 결여 |
| 문제 해결 능력 향상<br>다른 관점에서 보기 | 작가 개인의 고유 스타일 희석·증발 |
| 작업 속도와 효율성 증가 | 의사 결정 지연<br>프로젝트 진행 지연 |
| 감정적 지원과 동기 부여<br>스트레스 완화 | 책임 소재의 모호성과 책임 회피 |
| 구성력·캐릭터 빌딩·대사력 상호 보완 | 작업 분담의 어려움 |
| 비판적 검토와 피드백이 용이함 | 비효율적인 커뮤니케이션<br>오해와 불신 |

공동 작가 사이에 의기투합과 신뢰가 오래 지속된다는 보장은 없다. 채널이나 제작사의 요청에 의해, 또는 작가 자신의 필요에 의해 다른 작가와 공동 작업을 해야 한다면, 작업 규칙부터 미리 세워놓자.

· 제1작가와 제2작가를 정한다. 제1작가가 방송 화면 크레딧에 먼저 나오는 것은 당연하다.
· 이견의 정리 방식을 정한다. 5:5 결정권은 공평하고 이상적으로 보이나 실제로는 비현실적이며, 시간과 감정 소모가 심각할 수 있다. 정해진 시간 안에 의견이 합쳐지지 않을 경우 제1작가가 결정하고, 제2작가가 무조건 따른다

는 식으로 명시해야 한다.

· 최종본 제출 작가가 누군지 분명히 정한다.

· 공동 작업이 중단되거나 중도 하차 시 극본료 및 보상, 저작권 인정 범위를
  정한다.

위 내용을 계약서에 명시해야 한다. 그런데 문제는 공동 작업의 주도권이 작가가 아닌, 채널의 EP나 감독에게 있는 경우다. 메인 작가, 서브 작가를 정해두고도 두 작가에게 각각 대본을 받아, 그중 하나의 대본에 손들어주는 경우도 자주 생긴다. 선의의 경쟁이라고 하겠지만, 그런 경쟁은 절대 선의의 경쟁이 아니다. 공동 작가들 사이의 경쟁은 갈등과 반목, 불화로 번져 작업하는 내내 엄청난 스트레스가 된다. 공동 작업의 주도권이 채널이나 감독에게 있다면, 작업을 시작하기 전에 위와 같은 규칙을 미리 협의하는 게 바람직하다.

## 표절 문제

〈푸른 바다의 전설〉, 〈태왕사신기〉, 〈선덕여왕〉 등 여러 드라마에서 표절 소송이 발생했는데, 재판에서 표절 소송 원고의 손을 들어준 경

우는 〈여우와 솜사탕〉이 유일하다.*

표절 논란이 생기는 경우는 흔히 이렇다.

어느 작가가 제작사나 공모전에 대본을 제출하고 몇 년이 지나, 그 대본의 핵심 콘셉트와 스토리가 유사한 작품이 방송되는 걸 목격한다. 모티브나 주인공의 직업, 성격 그리고 몇몇 에피소드가 겹친다며 본인 작품이 도용, 표절됐다고 주장한다. 미디어에 기사화되고, 시청자 게시판에 항의가 빗발친다. 오랜 공방전 끝에 대중의 관심이 사라진 이후, 대부분 '이유 없음'으로 기각된다.[39]

표절은 심각한 범죄 행위다. 작가는 시청자의 마음을 훔쳐야지, 다른 작가의 글을 훔치면 안 된다. 그러나 모티브만으로 표절 여부를 결정한다면 예술 작품 대부분이 표절이다. 우리는 예술 작품을 모티브로 감상하지 않고, 작가의 고유한 터치, 표현 방식으로 감상한다. 또한, 드라마에는 '클리셰'가 자주 등장한다. 시청자는 과거의 시청 경험이나 선입견으로 드라마를 보고, 작가들은 그런 습관을 이용하곤 한다. 특정 장소에서 특정 대사나 사건이 아주 비슷하게 전개될 개연성이 큰 것이다.

물론 대놓고 표절하는 작가들도 있다. 보조 작가에게 미드 네 편 모

---

* 〈여우와 솜사탕〉의 경우, 당대 문화 권력인 김수현 작가가 원고였고, 피고는 공모 당선된 지 얼마 안 된 신인 작가였다.

니터를 시킨 후 각 작품마다 씬 구성표를 만들게 한 뒤, 이리저리 짜 깁기하여 한 편의 새 구성안을 만들어낸 경우도 있다고 들었다.* 오래 전, 일본 드라마를 대놓고 베낀 어느 드라마가 방송되자 시청자들의 분노가 폭발했고, 이에 방송사는 표절 사실을 확인한 후 16부작을 4회 만에 조기 종영시켰다. 이런 표절 사례는 극단적인 경우에 해당한다.

공모전 심사를 하다 보면 비슷한 내용의 대본들이 더러 보인다. 장르와 소재가 비슷하면 내용도 비슷해지는 것이다. 어쩌다 지상파 아침 드라마를 볼 때면 언제나 귀에 익은 대사들이 나온다. 한정된 예산에, 제한된 시청 층에, 비슷한 세트 안에서 대사 중심으로만 갈등을 몰아 가다 보니, 그런 현상이 발생할 수밖에 없다고 관계자들은 말한다.

그럼에도 당신의 작품이 표절당할 가능성은 언제 어디서나 상존한 다. 이를 막기 위해선 첫째, 준비 중인 작품의 세부 스토리를 아무 데 서나 말하지 않는다. 둘째, 당신의 대본을 '한국저작권위원회(www. copyright.or.kr)'에 등록해놓는다.

당신의 대본이 다른 누군가에 의해 표절을 당했을 때는 어떻게 대 처해야 할까. 첫째, 표절 내용을 정확히 확인한다. 둘째, 표절이 명확히 확인되면 변호사·작가협회·전문가를 찾아가 상의한다. 이 두 과정이 제일 중요하다. 표절이 구체적으로, 명확하게, 일정한 분량으로 확인

---

* "1~2편을 베끼면 표절이지만, 4편을 짜깁기한 건 제2의 창조."라는 게 그 작가의 주장이라고 한다. 이 작업에 참여했던 작가한테 직접 들었다.

되어야 한다. 콘셉트나 장소, 한두 마디의 대사, 고유 명사가 같다는 것으로 표절을 주장하기에는 입증의 어려움이 있다. 셋째, 검토 결과 표절이 확실하면, 표절 상대방에게 표절 행위 인정과 공식 사과, 대본 폐기를 요구한다. 넷째, 인정 및 사과와 별도로 물질적·정신적 피해를 입었을 경우 민형사상 소송에 들어간다.

## 제작사와의 갈등

공모전에 당선되면 채널과 1, 2년 정도 계약을 맺고 작품을 준비하게 된다. 순조롭게 진행되어 시리즈 한 작품이 제작·방송되면 제작사로부터 계약하자는 전화가 온다. 제작사가 채널보다 작가 섭외에 더 적극적이며 기민하게 움직이고, 작가료도 많이 주는 편이다. 제작사는 소수의 계약 작가들만 '집중 관리'하는 반면 채널은 제작사보다 편성 잡는 데 더 유리하다며 가능성 있는 신인 작가들을 붙잡는다.

시리즈 한 작품에 보통 3년을 기한으로 채널·제작사와 계약하게 되는데, 그 기한 안에 방송을 마칠 수 있다면 아주 다행인 일이다. 기획·대본 집필 과정이 더디거나, 시리즈 4회 대본을 완성해 제출하더라도 편성을 못 받는 경우가 자주 생긴다.

공모 당선 출신 신인 작가의 경우, 시리즈 12부작 한 편을 제작사와 계약할 때 회당 고료는 천만 원 안팎(2024년 기준)이다. 회당 천만 원이라 치면, 12부 전체 고료 1억 2천만 원 중 1/3인 4천만 원 정도를 계약

금으로 선지급 받는다. 1/3은 채널과 편성 계약 확정 시, 나머지 1/3은 방송 이후 받는 걸로 계약한다. 3년 안에 12부작 시리즈가 방송된다는 건 요즘 현실에서 최선의 경우를 상정한 것이다. 계약하자마자 제출한 대본이 채널에서 인정받아 '대본 작업 → 캐스팅 → 사전 제작 → 편집 과 방송'의 과정을 따박따박 차질 없이 거쳐도 3년이 소요된다. 원작 이 있는 경우나, 공모작 자체가 편성되는 경우에는 2년 안에 제작되기 도 한다.

2년이건, 3년이건 이런 운 좋은 경우는 소수에 그친다. 제작사가 집필 계약을 맺은 많은 작가들 중에서는 스타 작가도 있지만, 공모 에 당선됐으나 아직 데뷔하지 않은 신인 작가들도 많다. 제작사마다 60~70퍼센트의 계약 작가가 편성을 받지 못한 상태에서 대기 중이 다.* 계약 기간이 지나면 계약을 연장하거나 해지하는 순서를 밟는다. 방송까지 못 가고 계약을 해지하게 되면, 처음 받은 계약금 4천만 원 이 3년 수입의 전부가 되기도 한다. 빡빡한 제작사는 그 계약금마저도 일부 반환 요청하기도 한다. 그래서 어떤 작가는 제작사와의 작품 계 약이 '고리 사채'를 빌리는 것과 다름없다고 말하기까지 한다.

대체 이게 무슨 말인가? 공모전에 당선되어 제작사와 시리즈 계약 을 맺고 소속 작가로 활동하는 게 가장 이상적인 코스라고들 하는데,

---

* 60~70퍼센트라는 수치는 2023년 9월 몇몇 대형 제작사와의 면담, 통화를 통해 어림잡아 계 산한 것이다.

고리 사채라니? 물론 일부 작가들은 순조롭게 작품이 론칭돼 더 높은 고료, 더 좋은 조건으로 다시 계약하기도 한다. 하지만 그렇게 되지 못했을 때, 계약이 고난의 족쇄가 되기도 하는 것이 리얼리티다. 그러므로 제작사에서 계약 요청이 왔을 때 무조건 기쁘게 받아들이지 말고, 신중히 검토해야 한다. 먼저 제작사의 평판부터 알아봐야 한다. 그 제작사와 계약했던 작가들이 어떤 평가를 내리는지가 중요한 체크 포인트다. 인맥이 제한적일 때는 작가 아카데미에서 만난 선배 작가나 강사에게 조언을 구하고 제작사의 편성 영업 능력도 살펴봐야 한다.

드라마 성공 경험이 많은 몇몇 작가들이 제작사와 계약하지 않고, 작가 중심의 제작사를 만들거나 작가 에이전시를 내세우는 것도 나름 합리적인 이유가 있는 것이다. 신인 작가에게는 쉽지 않은 일이겠지만, 작가들과의 연대나 공동 에이전시를 통해 채널·플랫폼과 작품 계약을 시도해보는 것도 하나의 방법이 될 수 있다.

작가에게 계약금의 일부 반환을 요구하는 제작사의 입장도 일리가 있다. 계약 기간 안에 편성되지 않으면 헛돈을 날리게 되며, 감사의 지적 사항이 되고, 주주들에게 경영 실책으로 비춰질 수 있다. 계약 기간 동안 계약금 이외에도 작업실 유지비, 보조 작가 급여 등의 경상비를 꾸준히 지출하고 있었으니 손실이 불어나고 있는 것이다. 제작사의 눈에 작가의 기회비용은 보이지 않고, 그들의 손실만 보인다.

편성이 확정되더라도 저작권의 권리문제, 해외 수익의 배분 문제 등으로 갈등이 생기기도 한다. 이렇게 제작사와 갈등이 생기면 작가들은 불안하고 초조하다. 제작사와 싸우자니 신인 작가일수록 '업계의 평판'이 두렵다. 어디까지 양보하면 좋을지 전전긍긍이다. 작가가 부당하게 피해 보는 것을 막기 위해 작가협회 주도로 '표준계약서'가 생겼지만, 예외의 상황들이 계속 발생하며, 계약서 조항에 아랑곳하지 않고 소송을 운운하는 경우도 있다. 제작사의 요구가 매우 부당하다면, 어떻게 대처해야 할까?

- 1단계: 개인적인 감정과 계산으로 대처하는 것은 금물이다. 제작사의 선의를 기대하지 말라.
- 2단계: 작가협회와 상의하거나 작가 세계를 잘 이해하고 있는 변호사와 접촉하여 향후 '대응 방식'을 수립한다.
- 3단계: 계약서를 토대로 변호사의 자문을 얻어, 작가의 요구 사항을 제작사에 문서로 전달한다.
- 4단계: 이후의 상황 전개는 '대응 방식'에 따라 필요한 행동을 하기로 하고, 발 뻗고 잔다.

보통은 변호사 선임이나 소송까지 갈 것도 없이 3단계에서 문제가 해결된다. 제작사는 작가의 이런 대응을 미처 예상하지 못할 수도 있다. 입으로 말하기는 쉽지만 실제로 감행하기 어려운 것이 소송이다. 업계에서 이런 일로 입에 오르내리는 것이 제작사 입장에서도 좋을 리 없다. 단호하고 분명한 입장을 보여준 다음 유연한 자세로 협상하라.

# 드라마 작가의 마음 돌보기

드라마 작가는 그 어느 직업군보다 스트레스가 많다.

신인일 경우, 생계와 정체성 문제도 감당해야 한다. 가족과 친구들이 방송에서 당신의 드라마를 언제 볼 수 있느냐고 물을 때, 서류의 '직업' 칸을 채울 때, 작가라고 했더니 사람들이 무슨 드라마를 썼냐고 물을 때, 작가는 자신의 현재 좌표를 돌아보지 않을 수 없다. 공모작 당선까지도 길이 험난하지만, 당선 이후 데뷔하기까지도 만만치 않다. 편성이 될 수 있을지 늘 불안하며, 편성이 되더라도 시청률 등 성과 문제가 생기고, 그런 과정에서 감독·제작사·채널과 갈등을 겪으며 의심과 불신이 이어진다. 실패의 두려움을 이겨내고 작품을 성공시키자 이번엔 질투와 악플이 급증한다. 시작부터 끝까지 모든 과정이 장애물 경주와 다름없다. 이럴 때 종교에 의지하는 작가도 있고, 게임으로 스트레스를 푸는 작가도 있다.

당신은 어떤 방법으로 스트레스를 이겨내는가? 드라마 작가로서는 물론, 일상을 살아갈 때 부딪히는 괴로움과 불안감을 이겨내는 데 도움이 되는 방법들을 모았다. 모두 내가 직접 해봤고 효험도 봤다.


### 1. 운동과 춤

두려움과 스트레스는 작가의 친구다. 늘 따라다닌다. 심해지면 범불안장애, 공황장애, 불면증, 우울증, 무기력증이 동반된다. 이 친구들을 어떻게 떼어놓을 수 있을까? 최선의 처방전은 운동이다. 요즘 수많은 인플루언서들과 의사들이 입을 맞춘 것처럼 운동의 치유력을 강조하고 있다.

운동할 때 우리의 뇌는 스트레스의 강력한 독성으로부터 뇌세포를 보호하는 영양 인자를 분비한다.[40] 무라카미 하루키에게 우리가 배울 점은 그의 하루 루틴인 새벽 글쓰기와 달리기다.

대본 작업은 시종일관 체력전이기에 더욱 운동이 중요하다. 한 자세로 의자에 오래 앉아 있으면 척추에 무리가 가고, 두개골은 무거워지며, 엉덩이 근육이 소실된다. 피로한 몸과 정신으로 글 쓰는 일이 반복되면 결국 대본의 질이 떨어진다. 운동은 뇌력을 키운다. 가벼운 스트레칭만으로도 전전두피질이 활성화된다.[41]

스트레스가 특히 더 심한 날에는 나만의 막춤으로 날려버리자. 빠른 박자의 테크노 음악이 좋다.[42] 음량을 키우고, 층간 소음을 조심하며 온몸을 마구 흔들어보자.* 테크노 음악은 특유의 빠른 박자, 반복적인 리듬, 미래지향적인 소리로, 집중력과 창의력을 높여준다는 연구 결과들이 있다.

## 2. 산책, 또는 잠깐 자연에 머물기

걷는 동작은 뇌에 일정한 진동을 주어 헝클어진 머릿속을 정리해준다. 걷다 보면 불현듯 대본의 해결책이나 새로운 아이디어가 떠오르기도 한다. 그냥 멈춰 서서 하늘의 구름, 또는 달과 별을 잠시 바라보자. 아무 생각 없이 우주를 보자. 당신은 우주적 존재다. 당신이 없으면 우주도 없다.

## 3. 나를 무조건 믿어주는 사람과 대화하기

작업에 몰두하다 보면 하루에 한 마디도 안 할 때가 있다. 묵언을 즐기는 사람도 있겠지만, 대화와 수다는 스트레스를 날려주는 확실한 방법 중 하나다. 문제는 누구랑 하느냐는 것인데, '충조평판' 하지 않는 사람을 골라야 한다. 애정 어린 충고, 솔직한 조언, 객관적인 평가, 합리적인 판단 모두 필요 없다. 무조건 나를 공감해주기만 하면 된다.[43]

---

\* 내장 코어 근육이 흔들릴 정도로 흔들어보자. 나만의 예술 창작 공간 '예플(Yeple)', '기플(Giple)'에 들어가자마자 테크노를 틀고 춤을 추며 작업을 시작한다. 음악은 장소를 말 그대로 예술과 기쁨의 공간으로 바꿔준다.

## 4. 나 자신과의 대화

당장 그런 사람이 마땅히 떠오르지 않으면 더 좋은 사람을 만난다. 바로 당신 자신이다. 나만의 공간에서 혼자 펑펑 울기도 하고, 하하 웃기도 하고, 이 말 저 말을 던져본다. 보는 사람이 없으니 아무 상관없다.

## 5. 스마트폰 꺼두기

가장 어려운 일이다. 대본을 쓰다가 검색해야 할 때가 있으니까. 그러다가 메시지 온 게 있어서 답장하고, SNS에 들어가고, 포털 뉴스에 들어가고, 유튜브 한두 개 보다 보면 한두 시간이 훌쩍 간다. 뇌가 스마트폰의 작은 자극에 반응하는 것이다. 요즘 사람들은 스마트폰을 마치 장기의 일부처럼 몸에 지니고 살기 때문에 여기저기 도파민 중독자가 창궐하고 있다. 도파민 중독은 우리를 무기력하게 만들고 우울감을 자아내며 체력과 시간을 소진시킨다.

대본 작업 시간, 혹은 운동이나 산책 시간만큼은 폰을 꺼두자. 엉뚱한 여론 조사 전화나 오지, 긴요한 전화는 자주 오지 않는다. 잠시 스마트폰을 꺼두는 것만으로 세상을 특별하게 사는 기분이 들 것이다.

## 6. 당분간 드라마 안 보기

어떤 작가들은 드라마를 볼 때 분노와 좌절감이 올라온다고 한다. '저런 대본도 방송되는데, 내 대본은?', '저 장면 내가 쓴 대본과 똑같은데 공모전에 제출했던 게 혹시?' 보고 있는 드라마가 너무 재미있으면 저도 모르게 영향을 받아 집필하던 드라마의 기획의도와 톤앤매너가 흔들리기도 한다. 대본 작업할 때 드라마를 아예 보지 않는 것도 방법이다.

### 7. 명상과 요가

작가는 감정 씬을 쓸 때 그 캐릭터가 되어 쓸 수밖에 없다. 그래야만 잘 써진다. 작가는 갈망과 혐오가 충만한 인물이 느끼는 슬픔과 기쁨을 오롯이 자신의 감정처럼 받아들인다. 인물의 고난을 세세히 묘사하면서, 그들의 아픔·슬픔·고통을 직시하면서 대본을 써 나가는 것이다. 그런 씬을 쓰고 나면 에너지가 고갈되고 마음도 축 늘어진다.

이때도 자기 객관화와 유체 이탈이 도움이 된다. 사르트르는 "인간은 자신이 눈물을 흘리고 있다는 사실을 알아차리는 순간 더 이상 슬프지 않게 된다."라고 말한다. 자신의 감정을 객관적으로 떨어져서 바라보면, 그 감정에서 분리된다는 말이다. 감정과 생각은 내가 아니라는 '알아차림(awareness)'이 바로 명상이다. 명상을 통해 평정심을 회복할 수 있다면, 작가는 앞 씬의 감정을 비우고 다음 감정을 쓸 수 있는 에너지로 자신을 채울 수 있지 않을까.

반가부좌 자세로 눈을 감고 앉아 있는데 평정심은커녕 무릎이 저리고 머릿속이 생각으로 끊임없이 휘몰아친다면? 방법을 바꿔야 한다. 움직임 명상, 그중에서도 요가 명상이 드라마 작가에게 적합하다. 요가는 뭉친 등세모근(승모근)을 스트레칭으로 풀어주고, 호흡으로 감정을 비워내준다.[44] 근처의 요가 수련원을 다니거나, 쉬는 시간에 요가 명상 유튜브를 보며 10분만 자세를 잡아보자. 상·하체의 균형을 잡아주며 척추를 길게 늘려주는 '아도무카 스바나사나(견상 자세)'만으로도 몸과 마음이 시원해진다.

### 8. 자기 자신을 무조건 사랑하기

드라마 작가가 된다는 것은 자신의 시간과 노력을 타인의 평가에 맡기는 인생을 살겠다는 선택이다. 이 과정에서 대본이 곧 '나'는 아니라고 마음먹어도, 열린 마음으로 배우겠다는 의지를 다져도 작가는 상처받지 않을 수 없다. 대본이 뜻대로 써지지 않을 때도 막막하고 괴롭다.

작가는 자주 아프고 외롭다. 그때 당신 자신의 조건 없는 사랑이 절실히 필요하다. 당신 자신이 상처받은 감정을 스스로 안아주고 보살펴줘야 한다. 당신마저 자신을 사랑하지 않으면, 당신의 내면과 감정은 그 어디에서도 위로받을 수 없다.

"Love myself. Respect myself."

당신 스스로 당신을 무조건 사랑하고, 무조건 존중하라.

당신은 당신 스스로 지켜내야 한다.

### 9. 다음 작품 시작하기

당신에게 가장 즐거운 일은 당신만의 이야기를 만들고, 대본을 쓰는 일이다. 가장 즐거운 일을 지금 다시 시작하라.

# 출항, 모험의 시작!

대학 시절 새 노트를 사면 첫 페이지에 항상 이렇게 적었다.

There are always various possibilities.

The only thing that doesn't change for me is that I always change.

유일하고 절대적인 진리는 없다는 것.

답은 하나가 아니라는 것.

다양한 해결책, 여러 갈래 길이 있다는 것.

나는 달라진다는 것.

달라진다는 것은 배우고 변화하며 성장한다는 것.

이 책에도 '답은 하나가 아니다'라는 나의 모토가 깔려 있다. 인생에서도, 드라마에서도 단 하나의 정답은 없다고 생각한다. 정답이 하나인 것은 수능에나 존재하지, 삶에서는 강박이거나 폭력, 위선인 경우가 많다. 이 책은 '이렇게 쓰면 된다'는 단 하나의 법칙을 주장하지 않는다. 다양한 측면에서 여러 접근법과 옵션을 주려고 했다. 그중 어떤 것들은 당신에게 지금 당장 어울리겠지만, 어떤 것들은 시간이 지난 후에 좀 더 잘 보일지도 모른다.

이 책에 쓴 방법들은 내가 직접 체험했거나 공부한 것들이다. 어떤 방법들은 이 책을 쓰는 과정에서 얻어졌다. 책을 쓰며 깨달은 것들을 이전에 미리 알았다면 얼마나 좋았을까.

어떤 독자들은 이 책을 쓴 저자의 포지션이 정확히 무엇인지 혼란스러울지도 모르겠다. 감독인지, 채널이나 플랫폼 쪽인지, 작가 쪽인지. 4장에 등장한 캐릭터처럼 나 역시 다면체성을 가지고 있다. 어떤 내용은 감독 입장에서, 어떤 내용은 심사위원이나 지상파 의사결정권자 입장에서, 또 어떤 내용은 제작사 프로듀서 입장에서 집필했다. 그러나 이 책의 중요한 내용들은 작가 입장에서 썼음을 분명히 말할 수 있다. 이 책을 쓰는 동안 작가인 당신을 좀 더 알게 되었고, 나 자신도 다시 돌아보게 되었다.

그렇다. 나도 당신처럼 창조 충동이 있다. 나도 지금 쓰고 싶은 스토리가 있다. 나도 지금 신인 작가인 당신과 같은 줄에 앉아 있다. 나는 당신이다.

이런 마음이 들수록 당신에게 나의 경험과 학습을 더 잘 다듬어서 나눠주고 싶어졌다.

이 책의 제목으로 '스틸'이 운명처럼 다가왔을 때, '마음을 훔치다'라는 의미와 함께 내 눈앞에 반짝이며 나타난 단어들이 있다. Steady, Try, Enjoy, Aware, Learn! 'steal'의 철자로 시작하는 단어들이다.

Steady 꾸준히

Try 도전하되

Enjoy 과정을 즐기며 지금 이 순간의 행복을 누리고

Aware 나 자신의 감정·생각·행동을 알아차리는 동시에

부족함과 훌륭함도 알아차리고

Learn 끊임없이 배우며 성장하기

이 책 전반에 심어져 있는 핵심 키워드이기도 하다. 이 다섯 개의 단어가 바로 오디언스의 마음을 빼앗는 스틸이다. 사실 이것이 전부다.

결심했다면 되돌아보지 말고 앞으로 전진하라. 비관주의자들을 멀리하라. 타인의 신념이 당신 안으로 들어오게 하지 말라. 삶은 당신이 상상하는 것보다 더 좋은 것들을 당신에게 준다.

작가로서 당신만이 쓸 수 있는 작품은 어디에서 나오는가?

당신의 가슴만이 당신의 작품을 독창적인 걸작으로 탄생시킨다. 작

가로서 당신의 직관은 당신만의 디테일한 어프로우치이며, 당신만이 할 수 있는 특별한 터치이고, 당신만의 감각이 표현되는 글이다. 직관은 불현듯 발휘되는 마법처럼 보이지만, 사실은 지극히 평범하다.[45] 드라마 작가에게 직관이란 '끝없는 이야기 바다'를 항해하며 얻은 여정의 소산이다. 직관은 끊임없는 연습과 탐구의 산물이다.

충분히 연습하고 탐구했다면, 이제 당신만의 고유한 것을 보여주길 바란다.

당신만의 독특한 분위기, 당신만의 감각, 당신만의 사랑, 당신만의 이야기를. 그 누구도 흉내 낼 수 없는, 챗GPT가 아무리 업그레이드되어도 써낼 수 없는 당신만의 드라마를 보여달라.

당신이 늘

건강하길

행복하길……

## 감사의 글

제일 먼저 황유영 작가님께 감사드립니다.

"엔딩 등대로 드라마 작법서를 써봐요."

2018년 4월 황유영 작가님이 저에게 해준 이 한마디가 오랫동안 잠재의식에 머물다 2023년 6월부터 싹을 틔웠어요. 덕분에 제 인생에 이 책을 남기게 되었으니 얼마나 고마운지요.

원고를 읽자마자, 신인 작가들에게 해주고 싶은 이야기가 이 책 속에 모두 들어 있다고 말씀해주신 송재정 작가님, 초고의 부족한 점을 짚어주신 권순원·박상욱 작가님, 이 책의 실용성을 높이 평가해주신 이성은 작가님, 수정고를 읽고 뜨겁게 응원해주신 마진원 작가님께 감사드립니다. 공모 당선 작가 입장에서 이 책을 검토해주신 문하연·김라현 작가님의 의견도 큰 도움이 되었습니다. 오늘날의 제작 현실을 반영할 수 있도록 조언을 아끼지 않은 김성욱 감독님, 신박한 수정 의견을 내준 오다영 감독님 고맙습니다. 이 책의 내용에 섬세하게 공감해준 김지훈 감독님의 따뜻한 열정은 원고를 집필하는 동안 큰 힘이 되었습니다. 초고를 다른 관점에서 검토할 기회를 준 권오형 프로듀서님, 오종록 감독님, 저의 서툰 그림과 손글씨를 그대로 책에 실으라고 강요한 김진만 감독님, 독자들에게 좀 더 다가갈 수 있는 팁을 제안해준 남지은 기자님께도 고마운 마음을 전합니다. 첫 장부터 마지막 장까지 세심하게 원고를 검토해주신 송민경 작가님, 깊은 감사와 존경을 드립니다.

원고를 검토하는 과정에서 작가와 감독을 비롯한 현업의 많은 분들이 이 책의 필요성과 유용성을 한결같이 강조해서 언급해주셨습니다. 이분들의 피드백 덕분에 저는 이 책에 대해 더욱 굳게 확신할 수 있었습니다.

이 책의 출판을 흔쾌히 받아주신 북로그컴퍼니의 김정민 대표님께 특별히 감사드립니다. 김나정 편집자님은 이 책을 알차게 만드는 데 큰 역할을 했지만, 저에게 놀라운 경험까지 안겨주었습니다. 이 책을 수정·교정하는 협업 과정에서, 이 책의 가치를 제가 직접 체험하게 된 것입니다. 예방주사용 백신을 처음 만든 에드워드 제너가 자신의 몸에 직접 주사해 백신이 효과가 있는지 알아본 것처럼, 저도 제가 서술한 방법들을 이용해 이 책을 수정하고 발전시켰습니다. 협업 과정을 통해 이 책의 가치를 새롭게 인식하게 해주었을 뿐 아니라, 배우고 성장하는 즐거움, 책을 만드는 기쁨까지 맛보도록 해주신 편집자님의 혜안과 노고에 깊이 감사드립니다.

집필 과정에서 새로운 통찰력을 안겨주고 '엔딩 등대'의 개념을 인생의 항로를 비춰주는 등대로 확장시켜주신 'That Korean Girl 돌돌콩' 전선영 박사님께 감사의 마음을 전합니다.

끝으로 저의 작업실에도 고맙다고 말하고 싶어요.
창밖으로 아름다운 강줄기가 휘어가는 환상적인 작업 공간 '예플', '기플'은 어떤 언어로도 표현할 수 없는 마법의 공간이었어요.
그 특별한 공간과 시간은 항상 제 마음속에 남아 있을 겁니다.

참고 자료

1　제프리 슈워츠, 이은진 옮김, 《강박에 빠진 뇌》, RHK, 2023년, 20쪽

2　가보 마테, 류경희 옮김, 《몸이 아니라고 말할 때》, 김영사, 2015년, 484쪽

3　로랑 티라르, 조동섭 옮김, 《거장의 노트를 훔치다》, 나비장책, 2007년, 48~56쪽
　　"좀 다른 것을 만들려고 온 힘을 다 쏟아부었지만, 결국 평생 똑같은 영화만 만들었
　　다."는 소테의 인터뷰 답변도 퍽 인상적이었다. 〈햇빛 속으로〉, 〈맛있는 청혼〉, 〈네
　　멋대로 해라〉, 〈나는 달린다〉, 〈맨땅에 헤딩〉 등의 미니시리즈를 연출한 나도 그런
　　기분을 느끼기 때문이다.

4　유튜브 〈That Korean Girl 돌돌콩〉 콘텐츠 중 김주혜 작가 인터뷰 편, 2023년 7월
　　6일
　　https://youtu.be/7e33SMPSOkY

5　로라 후앙, 이윤진 옮김, 《엣지 EDGE》, 세계사, 2023년, 212쪽

6　앤드루 호튼은 캐릭터의 카니발성을 '캐릭터 안의 수많은 목소리들이 욕구, 취향, 한
　　계, 즐거움, 리듬 등으로 존재하며 끊임없이 변화한다.'로 개념 짓는다. (앤드루 호튼, 주
　　영상 옮김, 《캐릭터 중심의 시나리오 쓰기》, 한나래, 2007년, 27쪽)

7　가보 마테, 류경희 옮김, 《몸이 아니라고 말할 때》, 김영사, 2015년, 338~345쪽
　　이 책은 가족이나 연인 등 인간관계에서 비롯된 감정의 문제, 스트레스, PTSD가 심
　　각한 질병을 일으킨다는 사실을 다양한 연구와 사례로 설득력 있게 보여준다.

8　유튜브 〈러브포레스트〉 콘텐츠 중 '부정적 감정을 내 편으로 만드는 삶', 2023년
　　6월 29일
　　https://youtu.be/MyTl5x19mcc

9　주디스 웨스턴, 권경원 옮김, 《감독을 위한 영화 연기 연출법》, 비즈앤비즈,
　　2009년, 145쪽

10　James Baldwin, "All art is a kind of confession." (Jon Winokur, 《Writers on Writing》,
　　Running Pr, 1990년, 19쪽)

11　김주환, 《내면소통》, 인플루엔셜, 2023년, 156~169쪽

12  앞의 책, 193쪽

13  양귀자, 《모순》, 쓰다, 2013년, 298쪽

14  숀케 아렌스, 김수진 옮김, 《제텔카스텐》, 인간희극, 2023년

15  씨네21, 〈씨네21-우리의 마음이 글이 된다면〉, 2023년 03월호, 34쪽
    어떤 작가들은 동시에 2~3편의 '프로젝트'를 굴린다.

16  '요약은 함정이다.' (리사 크론, 홍한결 옮김, 《스토리만이 살길》, 부키, 2022년, 316~324쪽)

17  데이비드 하워드, 심산스쿨 옮김, 《시나리오 마스터》, 한겨레출판, 2007년,
    335~344쪽
    데이비드 하워드, 심산 옮김, 《시나리오 가이드》, 한겨레출판, 2022년, 46~49쪽

18  조지프 캠벨, 이윤기 옮김, 《천의 얼굴을 가진 영웅》, 민음사, 2018년
    크리스토퍼 보글러, 함춘성 옮김, 《신화, 영웅 그리고 시나리오 쓰기》, 비즈앤비즈,
    2013년

19  해럴드 블룸, 손태수 옮김, 《세계문학의 천재들》, 들녘, 2008년, 337쪽

20  유튜브 〈김주환(Joohan Kim)의 내면소통〉 콘텐츠 중 '사랑-연애하면 불행하고, 사랑
    해야 행복하다', 2023년 1월 22일
    https://www.youtube.com/live/vNqK0GhTP6s

21  Anthony Silard, "Our New Age of Anxiety.", 〈Psychology Today〉, 2020년 10월
    13일

22  Jim Stone, "5 Sources of Stress and Anxiety in the Modern World.", 〈Psychology
    Today〉, 2017년 3월 20일

23  애나 렘키, 김두완 옮김, 《도파민네이션》, 흐름출판, 2022년, 87쪽

24  주디스 웨스턴, 권경원 옮김, 《감독을 위한 영화 연기 연출법》, 비즈앤비즈,
    2009년, 190쪽

25  데이비드 하워드, 심산 옮김, 《시나리오 가이드》, 한겨레출판, 2022년, 45쪽

26  유튜브 〈That Korean Girl 돌돌콩〉 콘텐츠 중 김주혜 작가 인터뷰 편, 2023년 7월

6일

https://youtu.be/7e33SMPS0kY

이 인터뷰에서 김주혜 작가는 다음의 표현으로 엔딩의 중요성을 재차 강조했다. "조지 선더스라는 미국 작가가 그랬어요. 스토리란 레이싱 카처럼 뱅글뱅글 돌다가 마지막 목적지까지 독자를 데려가는 것이라고요."

작가 토니 모리슨은 스토리를 엔딩에서 시작한다. "I always know the ending; that's where I start." 캐서린 포터는 엔딩을 모른 채 글을 시작할 수 없다. "If I didn't know the ending of a story, I wouldn't begin. I always write my last page first." (Jon Winokur, 《Writers on Writing》, Running Pr, 1990년, 37~39쪽)

27  김주환, 《내면소통》, 인플루엔셜, 2023년, 270쪽

28  대니얼 조슈아 루빈, 이한이 옮김, 《스토리텔링 바이블》, 블랙피쉬, 2020년, 18쪽

29  앤드루 호튼, 주영상 옮김, 《캐릭터 중심의 시나리오 쓰기》, 한나래, 2007년, 203쪽

30  프랑수아 트뤼포, 곽한주 외 옮김, 《히치콕과의 대화》, 한나래, 1994년, 81~83쪽
사실 이 말을 처음 한 사람은 안톤 체호프다. '체호프의 총'이라는 클리셰 법칙인데, 스릴러의 거장 히치콕이 다시 강조했다.

31  유튜브 〈Brains On Trial〉 콘텐츠 중 'What is the Default Mode Network', 2013년 3월 13일
https://www.youtube.com/watch?v=JCB5ZKi2XPI

32  2002년 11월 연수차 떠나 수강했던 UCLA Extension 시나리오 수업(Writing Screenplay)에서 교수의 판서를 옮겨 적었다.

33  제프리 슈워츠, 이은진 옮김, 《강박에 빠진 뇌》, RHK, 2023년, 84~85쪽

34  앤드루 호튼, 주영상 옮김, 《캐릭터 중심의 시나리오 쓰기》, 한나래, 2007년, 205쪽
윌리엄 포크너의 충고다.

35 프랑수아 트뤼포, 곽한주 외 옮김,《히치콕과의 대화》, 한나래, 1994년, 120쪽
  1962년 8월 63세의 히치콕이 30세의 트뤼포와 인터뷰하며 한 말이다. 이 인터뷰
  집은 영화 〈400번의 구타〉와 더불어 트뤼포가 남긴 가장 훌륭한 작품이라고 생각
  한다.

36 애나 렘키, 김두완 옮김,《도파민네이션》, 흐름출판, 2022년, 79~85쪽
  저자는 "쾌락은 필연적으로 고통을 주고, 충분한 고통은 쾌락을 준비한다."라고 말
  한다.

37 유튜브 〈스터디언〉 콘텐츠 중 '황농문 몰입 아카데미 대표 편', 2023년 7월 15일
  https://youtu.be/OVFfPvOsvjc

38 뉴시스, 〈'마스크걸' 1.5배속 vs '무빙'은 '정속'…디즈니+ '無배속' 고집하는 이유〉,
  2023년 9월 3일

39 윤석진,《한국 텔레비전드라마의 표절 논란 실태 조사 보고서》, 북마크, 2022년

40 제니퍼 헤이스, 이영래 옮김,《운동의 뇌과학》, 현대지성, 2023년, 45쪽

41 위의 책, 228쪽

42 위의 책, 47쪽

43 정혜신,《당신이 옳다》, 해냄, 2018년, 106~109쪽

44 티스토리 블로그 고래의 여행, '요가와 명상: 혜택과 실천 가이드', 2023년 9월 6일
  또한, 마음을 진정시키고, 스트레스를 감소시키며, 머리를 맑게 하고, 집중력을 높여
  주며, 감정의 균형을 잡아주고, 에너지 수위를 올려주며, 창의력을 향상시킨다.

45 스콧 영, 이한이 옮김,《울트라러닝, 세계 0.1%가 지식을 얻는 비밀》, 비즈니스북스,
  2020년, 251쪽